19, 90

'Een klein meesterwerk.' – Michèle Roberts, *Independent on Sunday*

'Een volkomen onverwacht boek [...] onstuimig, pijnlijk, soms duister en gek. Van al het materiaal heeft ze iets gemaakt dat onweerstaanbaar geestig is, vol merkwaardige types, vol opbeurende veerkracht en geslepen gevatheid. Een gedenkwaardig verhaal over het overtreden van regels en over de vlucht van huis en haard.' – *Sunday Times*, Book of the Year

'Dit is niet alleen een prachtig persoonlijk verhaal, maar ook een belangrijk onderdeel van ons collectief geheugen.' – *Daily Telegraph*

'Dit had het verdrietigste boek ter wereld kunnen worden, maar dankzij Lorna Sages liefde voor het detail, haar exuberante weergave van de vitaliteit van dit slimme, taaie meisje dat zulke verschrikkelijke moeilijkheden heeft overwonnen, is dit een van de mooiste boeken die ik ooit gelezen heb.' – Doris Lessing

'Een wonderbaarlijk mooi boek. *Kwaad bloed* is een persoonlijke geschiedenis, maar geschreven met zoveel inzicht dat je het met een sociaal document kunt vergelijken. Vrouwen hebben dergelijke boeken nodig, maar mannen waarschijnlijk nog veel meer, om hun het broodnodige begrip voor opgroeiende meisjes bij te brengen.' – Margaret Forster

'*Kwaad bloed* verdient een plaats naast Edmund Gosses *Father and Son* als een klassiek jeugdverslag. Dit is het verhaal van Sage, maar terwijl ze het vertelt, brengt ze op een geestige en tedere manier een hommage aan iedereen die haar mede gemaakt heeft tot wie ze is – een zeldzaam intelligente schrijfster.' – Claire Tomalin

'Mijn boek van het jaar is de opmerkelijke autobiografie van Lorna Sage. Dit is een levendig, eerlijk, genereus en choquerend verhaal over een jeugd in de jaren vijftig en een liefdesaffaire tussen teenagers. Het is een schitterende transformatie van pijn in verlossing - ik geloof niet dat dat woord te groots is. Een ontroerend testament.' – Margaret Drabble

'*Kwaad bloed* is meer dan een autobiografie; het is een briljante weergave van de aard van het gezinsleven en van persoonlijke herinneringen; het is een experiment waarin de mythes van de eigen kindertijd verkend worden, en waarin de ambivalentie, waarmee iedereen op zijn of haar verleden terugblikt, perfect tot uitdrukking komt.' – *Times Literary Supplement*

'Lorna Sage levert het broodnodige bewijs dat literatuur iets kan laten gebeuren.' – Marina Warner

D1385599

Lorna Sage

Kwaad bloed

Vertaald door Marian Lameris en
Liesbeth Teixeira de Mattos

Uitgeverij Atlas – Amsterdam/Antwerpen

De vertalers ontvingen voor deze vertaling een werkbeurs
van de Stichting Fonds voor de Letteren

© 2000 Lorna Sage
© 2004 Nederlandse vertaling: Marian Lameris en
Liesbeth Teixeira de Mattos
Oorspronkelijke titel: *Bad Blood*
Oorspronkelijke uitgave: Fourth Estate Ltd., Londen

Omslagontwerp: J. Tapperwijn/Studio Eric Wondergem
Omslagillustratie: Lorna Sage, 1948

ISBN 90 450 1135 2
D/2004/0108/571
NUR 302

www.boekenwereld.com

Inhoud

DEEL EEN

I   De schapen en de bokken   9
II   Op school   25
III   Grootmoeder thuis   39
IV   De erfzonde   56
V   Erfzonde, nogmaals   77
VI   De dood   93

DEEL TWEE

VII   Doorzonwoning   113
VIII   Een ordentelijk huwelijk   129
IX   De rimboe   147
X   Nisi Dominus Frustra   164
XI   Het gezin   182
XII   Het gezin, vervolg   200

DEEL DRIE

XIII   All Shook Up   219
XIV   Love-fifteen   236
XV   Sunnyside   254
XVI   Een dochter voor de duivel   272
XVII   Crosshouses   288
XVIII   Achttien   305

Nawoord   318

DEEL EEN

I

De schapen en de bokken

Grootvader liep met wapperende rokken over het winderige kerkhofpad en ik hield me aan hem vast. Hij verzon vaak
een of andere bezigheid in de sacristie, een excuus om uit
de pastorie weg te kunnen (met een trap tegen de uitgezet-
te deur, vloekend) en zolang hij mij meenam kon hij niet
veel kwaad. Ik was een blok aan zijn been; hij paste op mij
en ik op hem. Hij was graag verder van huis gegaan, maar
de benzine was op de bon. In de kerk was hij tenminste veilig. Mijn grootmoeder kwam er nooit – behalve die ene keer
tussen zes planken, maar dat was pas jaren later, toen ze bij
hem werd begraven. Samen rottend tot in de eeuwigheid,
uiteindelijk één vlees na een leven vol wederzijdse haat.
Maar tijdens haar leven kwam ze nooit op zijn terrein; eenmaal binnen het hek van het kerkhof was hij op zijn eigen
gebied, in zijn element. Hij was goed in begrafenissen,
broodmager en doorgroefd als hij was, getekend door sterfelijkheid. En dan had hij ook nog op een van zijn ingeval-
len wangen een litteken van de keer dat hij weer eens straal-
bezopen en onbekwaam was thuisgekomen en grootmoeder
hem met het vleesmes te lijf was gegaan.

Maar dat was toen ze nog 'met elkaar praatten', voor mijn
tijd. Nu staken ze bijna alleen nog monologen af en ver-
wensten elkaar als de ander zich had omgedraaid, en dan
liep hij stampend het huis uit en maakte zich (met mij) uit
de voeten tussen de graven, langs de taxusboom met het
holletje waar de kat haar jongen kreeg en al die grafkelders
die zouden verklaren waarom het bij nat weer zo stonk in

de kelders van de pastorie. Rechts van ons lag de kerk; links van ons het uitgestrekte kerkhof, doorsneden door een breed grindpad dat vanaf het kerkportaal naar een lager gelegen grasveldje met een oorlogsmonument liep, en vervolgens – aan de andere kant van de weg – naar het meer. Vanwege deze indrukwekkende entree was de kerk in trek voor trouwerijen, maar grootvader liep uiteraard niet warm voor de huwelijksceremonie. Van begrafenissen genoot hij, misschien omdat hij vond dat hij zelf levend begraven was.

Op een dag bleven we staan om naar de grafdelver te kijken, die een schedel opgroef – het was een oud kerkhof, waar de graven al een paar keer waren geruimd – en grootvader veegde de aarde van de schedel en zei op gedragen toon: 'Ach, arme Yorick! Ik heb hem gekend...' Ik dacht dat hij ter plekke iets verzon. Toen ik wat ouder was en *Hamlet* zag en begreep waar hij het vandaan had, vroeg ik me af wat er in hem was omgegaan. Ik vermoed dat hij in die scène zijn eigen situatie uitgebeeld zag: verbannen naar een afgelegen, ongeletterde plattelandsparochie, zijn talenten verspild, enzovoort. Aan de andere kant bood zijn positie hem ruimschoots gelegenheid om zich over te geven aan verhulde, wrange grappen, dramatisch te doen en zijn ironische opmerkingen te koesteren, dus op een bepaalde manier had hij het naar zijn zin. Destijds dacht ik dat je als priester nu eenmaal zo was: dat je dan knokig en welbespraakt was, een luchtje om je heen had hangen (tabak, kaarsvet, zure tafelwijn) en maar wat voor je uit praatte. Zijn teleurstellingen hoorden er in mijn ogen ook bij, net zoals zijn priesterboordje en zijn toog. Ik was net een ganzenkuiken dat achter de eerste de beste moederfiguur aan loopt die het ziet – hij was mijn zwarte baken.

Hij was in elk geval gemakkelijk van veraf te herkennen. Maar Hanmer was een dorp waar de mensen samenvielen met hun beroep. Het was niet zozeer dat ze 'hun plaats kenden', als wel dat die plaats bezit van hen nam, zodat ze allemaal van meet af aan wisten wat ze zouden worden. Hun namen hielpen mee om dit beeld in te kleuren. De grafdelver heette echt Downward. De smid, die bij het meer woonde, heette Bywater. Nog veelzeggender was dat de familie die de meeste grond in het dorp bezat Hanmer heette, net als het dorp. De Hanmers waren met Willem de Veroveraar meegekomen en helemaal naar de grens van Wales getrokken, en sindsdien woonden ze op dit afgeronde strookje land dat Engeland in stak, op dit vooruitgeschoven stukje Flintshire (Flintshire Maelor) zoals het destijds heette, omsloten door Shropshire, Cheshire en – aan de Welshe kant – Denbighshire. Het district Maelor had geen steden, alleen dorpen en gehuchten. Het eigenlijke Flintshire lag wat verderop en was (toen nog) een industriestreek, waardoor het in de praktijk hemelsbreed verschilde van die landelijke parochies, die erin berustten dat ze bij elke verkiezing een Labour-parlementslid kregen. In Hanmer begrepen we heel goed, bijna met trots, dat wij van dat alles geen deel uitmaakten. We konden wel gaan stemmen, maar op de streekkaart maakte onze voorkeur niet veel uit en voor ons telden eigenlijk alleen de dorpen waar we te voet of op de fiets konden komen.

De oorlog had hier wel enige verandering in gebracht, zij het minder dan je zou verwachten, want boeren waren vrijgesteld van militaire dienst en de boerenzoons waren niet opgeroepen, tenzij ze veel broers hadden of uit een pachtersgezin met weinig land kwamen. Dus het Hanmer van de jaren veertig leek in veel opzichten op het Hanmer van de jaren twintig, of zelfs op het laat-negentiende-eeuwse Hanmer, behalve dat het armer, dunbevolkter en achterlijker was – in de loop der jaren was het steeds meer een eiland in de tijd geworden. We spraken ook geen Welsh, zodat we nauwelijks nationalistische gevoelens hadden, alleen wisten we dat we hoe dan ook *bleven zitten waar we zaten*, en daarmee uit. Het was ook heel on-Welsh dat Hanmer geen protestantse kerk had die met grootvaders kerk wedijverde: het was uitgesloten dat de Hanmers land zouden verpachten aan non-conformisten, en het dorp kende geen traditie van dissenters, behalve dat er dorpelingen waren die helemaal niet naar de kerk gingen. Maar grootvaders kerk werd goed bezocht, deels omdat hij in de omtrek bekendstond om zijn preken, en deels omdat hij tot de High Church behoorde en hechtte aan uiterlijk vertoon, koorknapen en frequente uitreiking van de communie. Maar niet frequent genoeg om de hoeveelheid wijn te verklaren die hij erdoorheen joeg. Ten slotte stopte de kerk de bevoorrading en kregen de communicanten met water aangelengde Sanatogen van de drogist in Whitchurch, dat net over de grens in Shropshire lag.

De misstappen die zijn promotie in de weg hadden gestaan leken hem door zijn parochianen nauwelijks aangerekend te worden. Misschien verwachtten ze van hun priester dat hij deskundig was op het gebied van de zonde. In elk geval was hij 'een type'. In mijn kinderlijke waarneming bestond de bevolking van Hanmer uit types en de rest, uit enkelingen en de massa. Boven aan de sociale ladder had je de enkelingen: één priester, één notaris, iedere boer werd aangeduid met de naam van zijn boerderij en was dus *sui generis*. Toegegeven, we hadden twee dokters, maar dat waren broers en ze hadden samen één praktijk. En er was één politieagent, één kroegbaas, één wijkverpleegster, één slager, één bakker... Kleine pachters en boerenknechten behoorden tot de massa en hadden bovendien vaak grote gezinnen. Ze waren onherroepelijk meervoudig, werden geacht inwisselbaar te zijn (allemaal even lamlendig), en kregen alleen als groep een naam. De deugden en ondeugden van degenen die in enkelvoud voorkwamen werden eigenaardigheden. Zij waren schilderachtig. Zij werden nooit onder één noemer gebracht en nooit beoordeeld aan de hand van een norm. Voor een klein kind was het eigenlijk een zegen om in Hanmer op te groeien: de volwassenen speelden allemaal de rol waarvoor ze in de wieg waren gelegd. Je wist wat je te wachten stond. En dat was een gat, volgens grootmoeder. Een dooie boel. Een mestvaalt. Ze schudde een trillende vuist naar de mensen die elke zondag langs de pastorie naar de kerk liepen, ook al konden ze haar achter de spijlen en vuile ruiten waarschijnlijk niet zien. Ze kon mijn idee van een idylle er niet mee verstoren. Ze leefde in een andere dimensie, zoals ze zelf ook zei. In haar wereld had je straten met stoepen, etalages, trams, treinen, tearooms en bioscopen. Ze ging nooit uit, behalve om dat verloren paradijs te bezoeken: eerst met de taxi naar het station in Whitchurch en vervolgens met de trein naar Shrewsbury of Chester. Dat was het échte leven. De rest van de tijd – meestal dus, want er was nooit geld – dienden geparfumeerde zeep en chocolaatjes als vervanging. Ze had zich een levenswijze aangemeten waarmee ze zich vastberaden tegen haar lot verzette. Hij mocht de priester spelen, zij weigerde de vrouw van de priester te zijn. Ze hadden hun eigen kamer, ieder aan een andere kant van het huis, en zij bracht een groot deel van de dag in bed door. Ze had astma en ze werd al ziek als ze hem en zijn tabak róók. 's Avonds bleef ze laat op, in haar eentje, en dan zat ze in de *News of the World* over schandalen en moorden te lezen, onder de lamp, tussen de muizen en de zilvervisjes in de keuken (ze hamsterde boven op haar kamer kolen en brandhout voor de open haard om die zo nodig opnieuw aan te steken). Ze deed nooit open als er iemand aan de deur kwam, sprak nooit iemand, deed geen huishoudelijk werk. Ze gaf alleen om haar zuster en haar jeugdvriendinnen in Zuid-Wales en – misschien – om mij, want ik had blond haar en blauwe ogen en ik was een meisje, dus het zou kunnen dat ik bij háár kant van de familie hoorde. Ze dacht dat mannen en vrouwen tot verschillende rassen behoorden en dat het op zijn zachtst gezegd waanzin was om die op wat voor manier dan ook samen te brengen. 'Die bok', mijn grootvader, had haar het huwelijk en de marteling van twee zwangerschappen in gekletst, en dat was onvergeeflijk. Als ze terugdacht aan haar val sidderde ze van woede. Ze was klein van stuk (nog geen anderhalve meter) en even dik en poezelig als hij mager en tanig was, dus haar theorie van de verschillende rassen leek heel aannemelijk. Toen ik voor het eerst het rijmpje over Jack Sprat hoorde (Jack Sprat hield niet van vet, en mager was niets voor zijn vrouw, dus at de een wat de ander liet staan, en de ander wat de een niet wou) dacht ik dat het over hen ging. Achteraf begrijp ik dat zij, naast de drank (en de vrouwen), een van de factoren was geweest waardoor hij niet hogerop kwam in de Kerk. Haar wraak was zoet, maar daar stond tegenover dat ze zelf op die mestvaalt moest wonen.

Mijn grootouders verspreidden in de pastorie een zo doordringende en overheersende sfeer dat alles wat daar gebeurde een zaak van hen tweeën leek. In feite lag het anders. Mijn moeder, hun dochter, was er ook nog; maar als ik terugkijk op mijn vroege jeugd zie ik haar alleen als een bedeesde, tengere schim die met stoffer en blik op haar knieën de trap veegde of in de bijkeuken de was deed. Ze hadden haar na haar huwelijk de rol van huissloof toebedeeld – mijn vader diende in het leger en ze had geen eigen leven. Zij was degene die opendeed als er iemand aan de deur kwam en zij probeerde de schijn op te houden, een allang verloren strijd. Ze droeg haar blonde haar in een rolletje in haar nek en ze was mooi, maar ze lachte niet graag. Ze had valse voortanden – nogal slecht gemaakte kronen – omdat ze als tiener, in haar haast tussenbeide te komen toen ze elkaar weer eens naar het leven stonden, van de trap was gevallen en haar eigen tanden had gebroken. In die jaren was

Mijn grootouders, mijn moeder en ik

ze waarschijnlijk hoe dan ook niet in de stemming om te lachen. Ze komt me nog niet duidelijk voor de geest, net zomin als mijn vader. Mijn enige vroege herinnering aan hem is dat ik werd opgetild door een man in uniform en dat ik over zijn rug kotste. In de pastorie was hij niet geliefd, al kan het niet anders of grootvaders schamele salaris werd met zíjn wedde aangevuld.

Mijn grootouders kenden geen dankbaarheid. Ze waren er beiden zo van overtuigd door het leven beetgenomen te zijn, ze hadden hun levenslange wrok zo grondig doorgespit dat ze récht hadden op diensten, aalmoezen, alles wat er te krijgen was. In hun loopgravenoorlog hadden ze mijn moeder en haar broer als gijzelaars gebruikt en voor het overige verwaarloosd, omdat ze zo in elkaar opgingen, op hun manier, dat ze niet veel gevoel over hadden. Met mij was het anders: omdat ze niet meer echt ruzie maakten hadden ze alle tijd en kreeg ik van beiden het beste. Hielden ze van me? Dat is een irrelevante vraag. Zeker is dat ze me allebei verwenden, voornamelijk door me de valse indruk te geven dat ik bijna voortdurend recht had op aandacht. Ze speelden een spel. Zíj leken wel kinderen, als je bedenkt dat kind zijn onder andere betekent dat je een soort parasiet bent en dat je je zelfbewust en brutaal door het leven moet slaan. Ik moet en zal. Ze wisten alles van 'ik moet en zal', en toen ik een jaar of drie, vier was had ik veel meer met hen gemeen dan met mijn moeder. Bovendien deden ze niet onder voor de enge monsters in de sprookjesboeken. Grootmoeder dacht dat je kinderen je genegenheid toonde door met je lippen te smakken en te zeggen: 'Wat ben je toch een snoepje, ik kan je wel opvreten!' En je geloofde haar direct, gezien haar passie voor suiker. In elk geval hechtte ik genoeg geloof aan wat ze zei om een aangename rilling van angst te voelen. Ze hield ook van knijpen en soms, als woorden tekortschoten, siste ze van haat.

Het huiselijk leven in de pastorie had iets griezeligs dat niet strookte met het huis, een bescheiden achttiende-eeuws pand van verweerde baksteen, met lage plafonds, zolders en aan de achterkant een aparte trap voor de dienstbodes die we niet hadden. De ramen aan de voorkant boden zicht op een pleintje waar alleen bezoekers en kerkgangers over liepen. Het spijltjesraam van de keuken keek erop uit, maar dat raam maakte geen vriendelijke indruk, en de zijkamer aan de andere kant van de voordeur was leeg en ongebruikt, zodat het huis in zichzelf gekeerd leek, al was het dat eigenlijk niet. Een klop op de deur veroorzaakte een plotseling geredder om alles aan kant te krijgen (mijn grootmoeder had tijd nodig om zich terug te trekken, als ze tenminste niet in bed lag, en ik moest mijn gezicht met een waslapje laten boenen) voor het geval de bezoeker iemand was die we binnen moesten vragen en in de zitkamer aan

De pastorie van Hanmer voor de oorlog

de achterkant moesten ontvangen, die weliswaar een beetje vochtig en verwaarloosd was, maar die we altijd 'netjes hielden voor het geval dat'.

Als de bezoeker uitsluitend voor kerkelijke zaken kwam, werd hij naar grootvaders studeerkamer op de bovenverdieping gebracht, waar tegen alle wanden boekenkasten stonden vol boeken waarvan de auteursnamen en titels op de rug onleesbaar waren gemaakt, als voorzorg tegen eventuele lezers die plotseling hevig geïnteresseerd waren in Dickens of Marie Corelli. Zijn studeerkamer kwam uit op zijn slaapkamer die naar hem rook en, door de schaduw van de taxusboom, donker was. Aan de andere kant van de overloop lag de kamer van mijn moeder, waar ik als klein meisje ook sliep, en als je rechts de hoek om ging kwam je bij de kamer van mijn grootmoeder, geurend naar Pond's-gezichtscrème, poeder, parfum, vlugzout, haar stadskleren in de mottenballen, met kolen en aanmaakhout opgetast onder het bed, en rondslingerend ondergoed en kousen.

Op deze verdieping hadden we ook een imposante wc, met behang met een motief van op een tak neergestreken pauwen, een en al verstrengelde veren en twijgen waar je uren naar kon kijken – en dat deed ik ook, met bungelende benen op de hoge houten bril. Als je doortrok gorgelden en suisden de watertanks op zolder. Op de vloer van de andere zoldervertrekken lagen op kranten langzaam verschrompelende appels te drogen. Het was geen spookachtig huis, ondanks de angstaanjagende kelders en het feit dat we aangewezen waren op kaarsen en olielampen. Dat gold trouwens voor heel Hanmer, afgezien van de boeren die hun eigen aggregaat hadden. In de keuken werd de thee de hele dag op de rand van het fornuis warm gehouden en iedereen at wanneer het hem uitkwam.

Er was een woord dat bij het huis hoorde: 'onderhoudsbijdrage'. Het was een van de eerste lange woorden die ik kende, want het werd als een mantra herhaald. De Kerk legde de bewoners van de pastorie een soort heffing op om zijn vervallen onroerend goed van de ondergang te redden en die zes lettergrepen waren de sleutel. Als grootvader nou maar kon besparen op de onderhoudsbijdrage, dan zou er eindelijk luxe en welstand gloren, en misschien zou er dan wat geld overblijven. Lekkages, schimmel, gebroken ruiten, gammele scharnieren (waarvan we er meer dan genoeg hadden) waren welbeschouwd een mogelijke bron van inkomsten. Ik weet niet of het hem ooit is gelukt. Het woord bleef maar rondzingen, dus hij zal wel nooit meer dan een kleine korting hebben gekregen en er was nooit iemand die de lekken repareerde. Zeker is dat we vaak op zwart zaad zaten en altijd schulden hadden. Voedseldistributie en textielbonnen moeten een godsgeschenk geweest zijn, want die verschaften ons een dekmantel voor onze armoede. Zolang de schaarste duurde, kon de pastorie zijn dubieuze aanspraak op deftigheid handhaven. Sjofelheid had iets deugdzaams. Grootvader had zijn versleten toog, grootmoeder haar mottenballengarderobe en mijn moeder had een paar jurken van voor de oorlog die nog net voldeden. Ons ondergoed was vergeeld en zat vol gaten, en het elastiek was eruit. Wat we daar in huis overheen droegen was al net zo haveloos: vervilte truien, sokken en kousen met ladders en lubberend rond de enkels, overal veiligheidsspelden. Als we de deur uit gingen konden we ermee door, ook al was mijn jas eerst te groot (ik zou er wel in groeien) en toen ineens te klein, zonder dat hij ook maar één dag had gepast.

In die jaren droeg bijna iedereen van die slechtpassende plunje die was bedacht voor burgers in oorlogstijd – praktische kleuren, kriebelende stoffen, zomen waaraan je kon zien dat ze waren uitgelegd omdat ze niet verschoten waren, bobbelige oprijgen. De werkelijke krakkemikkigheid en onverschilligheid van ons huishouden kwam niet tot uiting in onze kleren, maar in een intiemer soort armoedigheid: we wasten bijvoorbeeld nooit de lichaamsdelen die toch niemand zag. Dit was bijna een principekwestie in de pastorie, het gaf aan hoe vijandig we tegenover de buitenwereld stonden, hoe anders we waren. Onder onze kleren was de beschaving in verval. En dat had niets met geld te maken.

Grootmoeder had haar geparfumeerde stukken zeep, maar ze gebruikte ze niet – ze kocht ze omdat ze lekker roken en bewaarde ze in vloeipapier in laden en koffers. Haar verhaal was dat haar huid te gevoelig was voor water en zeep. We hadden zelfs een badkamer, maar om de een of andere reden was er voor ons maar één manier om ons te wassen: we kookten water, goten het in een kom en wasten één plekje per wasbeurt – een heel klein plekje, en meestal hetzelfde. Op de achterblijvende waterlijnen, in mijn geval om mijn hals, polsen en benen, werd van tijd tot tijd vertwijfeld geboend. Haren vormden ook een probleem, een knoop van zorgen: meestal werd het borstelen van mijn haar al zo traumatisch gevonden, ook zonder dat het bij het wassen opnieuw in de knoop raakte, dat mijn vlechten soms dagen

Ik op het grasveld van de pastorie

achter elkaar niet uitgehaald werden. Ook onze heimelijke smoezeligheid maakte ons bijzonder. Als andere kinderen vies waren betekende het dat ze ordinair waren, dat hun ouders hen schandalig verwaarloosden en verslonsden, dat je iets kon oplopen als je met ze omging. Een van grootmoeders favoriete scheldwoorden was zelfs 'vies' – dorpelingen waren vies, bezoekers waren vies, ik mocht niet met vieze kinderen spelen. Er waren dus twee verschillende soorten vuil, het hunne en het onze. Zoals dat hoorde in de pastorie was het een uiterst metafysisch onderscheid.

Als om de kwestie aanschouwelijk te maken stond naast ons, ook uitkijkend op het pleintje, een zestiende-eeuws, bouwvallig vakwerkhuisje, propvol kinderen met wie ik niet mocht omgaan – de Duckets, een van de meest schaamteloze clans van Hanmer. De muur die hen van ons scheidde voorzag mij van een uitkijkpost vanwaar ik in hun achtertuin kon kijken. Onze kant bestond uit een grasveld met bloembedden en appelbomen, en was verwaarloosd, overwoekerd en vredig. Hun kant was net een bomkrater, een modderig, omgewoeld stuk grond met verwrongen onderdelen van oude kinderwagens, fietsframes en halfbegraven potscherven tussen woekerend onkruid en bessenstruiken. De Duckets belichaamden wat mijn grootmoeder met 'vies' bedoelde: ze waren openlijk arm (de vader was landarbeider), ze fokten bij de wilde konijnen af, ze barstten uit hun huis en liepen gewoon in hun tot op de draad versleten afdankertjes de straat op.

In de pastorie was het een verborgen beestenbende, maar bij de Duckets stond de deur altijd open, zodat je zag hoe mevrouw Ducket met krulspelden in haar haar en zonder kousen op haar pantoffels ronddraafde, of – nog schandaliger – met een kop thee en een peuk op een stoel zat. Ze hadden geen geheimen. Hun keukenafvoer (recht tegenover ons) braakte een trage stroom slijmerig sop en theebladeren in de open goot langs de hoofdstraat van het dorp. De Duckets hielden keffertjes en magere katten en liepen met jonge poesjes en fretten in hun zakken; ze gingen niet naar de kerk, hoewel er soms een paar kinderen opgedirkt en wel naar de zondagsschool werden gestuurd. Voor mij was het pleintje verboden terrein, maar zij werden zonder meer het huis uit gejaagd, als het niet door de voordeur was dan wel door de achterdeur, weer of geen weer, met grove sneden brood met pruimenjam in hun knuisten. Ze hingen over onze muur en plukten onze appels, volgens grootmoeder. En (het toppunt van gruwelijkheid) ze hadden luizen in hun haar.

De Duckets gaven me een eenzaam gevoel. Zelfs de luizen waren eerder fascinerend dan angstwekkend. Het lukte me een paar keer om door het gat in ons hek met Edna te 'spelen', het meisje dat in leeftijd het minst met mij scheelde. Zij zat gehurkt op het pleintje, ik zat gehurkt op het plaatsje van de pastorie; ik wurmde mijn poppen een voor een door het gat en dan mocht zij ze bekijken en terugwurmen. Maar verder klom ik, zodra ik mijn eigen gang kon gaan, op de muur en zat daar dan schrijlings naar de Duckets in meervoud te kijken. Ik kon niet vaak mijn eigen gang gaan. Grootvader en ik moeten bijna dagelijks in de kerk rondgescharreld hebben en de galmende ruimtes, de gebrandschilderde ramen en de geur van Brasso, chrysanten, vochtige eiken kerkbanken en roestvlekken op de koorhemden waren bedwelmende compensaties voor mijn isolement. Hij vertelde me verhalen en las me 's avonds voor het slapengaan voor, en dan was hij vaak de eerste die indommelde, uitgestrekt op de bank, met open mond snurkend, zijn scherpe profiel verlicht door de kaars. Hij ergerde zich zelfs zo aan mijn lievelingsboeken (die we allebei uit ons hoofd kenden) dat hij me op een gedenkwaardige dag, nog voor mijn vierde verjaardag, uit eigenbelang leerde lezen. Daarmee was bezegeld dat ik door hem gevormd was.

Ik wist dat mijn naam uit een van de boeken met de onleesbare ruggen kwam – Lorna uit *Lorna Doone* – en dat hij hem had gekozen. Nu had hij me een speciale sleutel tot zijn wereld gegeven. Daarna waren we nog hechtere bondgenoten, zodat het nooit bij me opkwam hem te verklikken als hij me in de rammelende Singer meenam naar Whitchurch en de Fox and Goose, de pub op Green End. We ondernamen regelmatig zulke expedities. In kringen van drinkebroers kenden ze hem goed en beschouwden ze hem als een geval apart, een cynische en kleurrijke verteller, altijd met zijn priesterboordje waardoor hij er niet helemaal bij hoorde. Ik was het perfecte alibi, omdat noch mijn moeder, noch mijn grootmoeder er enig idee van had dat er zulke verdorven en losbandige pubs bestonden dat ze er een oogje dichtknepen als er kinderen meekwamen. Maar het waren er niet veel, en het kwam ook voor dat ik opeens tussen vroegwijze en nog veel engere kinderen dan de Duckets buiten op de stoep van een van zijn favoriete stamkroegen zat, de Lord Hill, een ongezellige ruimte met een draaideur. Misschien heb ik dat wel thuis verteld, of misschien heeft iemand me daar zien zitten: in elk geval kwam er een eind aan de uitstapjes naar de pub.

Maar niet aan onze samenzwering. Als hij aan zijn preek werkte of met een van de zeldzame bezoekers sprak, zat ik op mijn knieën op het versleten kleed in zijn studeerkamer, trok boeken van de plank en brak me het hoofd over moeilijke woorden. Soms schepte hij er tegenover vreemden over op dat ik al kon lezen, maar meestal werd er van me verwacht dat ik mijn mond hield (daar ging het tenslotte om). Als hij in een erg goede bui was maakte hij weleens een tekening voor me, beginnend in het verdwijnpunt en dan de rest in perspectief. Ik leerde dat trucje ook, nooit erg goed, maar wel zo goed dat iedereen versteld stond. In het begin pasten we op elkaar, maar dat veranderde in een soort scholing, zij het te hooi en te gras. Omdat hij een man was met vele ongebruikte talenten, niet alleen taalkundige en beeldende maar ook muzikale, had ik me al voor ik naar school ging een heel scala van 'vaardigheden' eigen kunnen maken, ware het niet dat ik geen muzikaal gehoor had. Desondanks kreeg ik, zodra ik lang genoeg stil kon zitten, een plaats in het koor – met de strikte opdracht geluidloos mijn mond te openen en te sluiten, precies volgens de tekst. Ik was eigenlijk heel nuttig: ik kon nu eens op de meisjesbank gezet worden en dan weer op die van de jongens (mijn vlechten weggestopt onder mijn muts), afhankelijk van waar de meeste lege plekken vielen. Als ik toekeek terwijl grootvader zich in de sacristie omkleedde, achter hem aan door de kerk liep en luisterde hoe hij de liturgie voordroeg en preekte, dan koesterde ik me in zijn glorie, die op mij afstraalde.

Ik zette vaak in een hoekje van de tuin, dat ik 'de grote

school' noemde, mijn speelgoedbeesten op een rij om ze les te geven en verhalen te vertellen. Meer dan eens liet ik ze daar 's nachts buiten liggen, zodat ik ze de volgende ochtend doorweekt mee naar binnen moest nemen om ze in de oven van het grote keukenfornuis te drogen. Mijn teddybeer, een praktische beer met een slappe buik van een vierkant lapje gebloemd katoen, ging daarna verschroeid door het leven. Een teken aan de wand.

Ik zou niet lang daarna naar school moeten, dat wil zeggen de dorpsschool, waar het onderscheid tussen hun vuil en ons vuil zijn betekenis zou verliezen en die – zoals zou blijken – ook op mijn verwende ziel schroeiplekken zou achterlaten. Er was enige aarzeling om me er voortijdig naar toe te sturen, maar kennelijk werd de verleiding te groot. Als grootvader er niet was, of een kater had, of niet in de stemming was, zwierf ik overlopend van zelfmedelijden door het huis, met wangen nat van de tranen en om de haverklap jammerend: 'Ik verveel me zo-o-o!' Dat was míjn vroegwijze bijdrage aan het bestel van frustratie en 'ik moet en zal', en niemand was ertegen bestand. Als het mooi weer was, ging grootmoeder weleens met me de tuin in, waar we mijn wanhoop uitdreven door met een scherpe schaar de braamstruiken en brandnetels onder handen te nemen en te spelen dat die grootvader of de Duckets of andere mensen op haar zwarte lijst waren ('Jakkes! Goor stuk vuil! Gemene smeerlap!'). Ze had er nog meer plezier in dan ik, maar ze voelde zich vaak te zwak voor zulke spelletjes. Dus ging ik kort na mijn vierde verjaardag naar school, en het hele dorp schrok even op voordat alles weer op zijn plaats viel. Ik kreeg hoofdluis en begon een dubbelleven te leiden: een van de velen – de dorpsschool van Hanmer telde in 1947 ruim honderd leerlingen, in de leeftijd van vier tot veertien – en toch ook het enige kind uit de pastorie. Ik verspreidde het verhaal dat je op het kerkhof mocht spelen als je bij mij speelde.

II

Op school

Soms denk ik dat ik ben opgegroeid in een verdwaald stukje tijd, een enclave van de negentiende eeuw, en misschien is dat ook wel zo. Want hier komen de herinneringen die zich verdringen, scènes uit een overbevolkte, arme plattelandsgemeente.

Eerst kwam het geld voor het warme eten, dan de presentielijst. Dan rolde juffrouw Myra een gebarsten stuk zeildoek uit met daarop in grote krulletters het onzevader. Ze zei de eerste woorden, wij mompelden de rest, raakten bij de schulden uit de maat, en haalden elkaar weer in om eenstemmig te eindigen met: 'In der eeuwigheid. Amen.' Daarna moesten we het met krijt op een brokkelig leitje overschrijven. Na de laatste punt begon je gewoon weer van voren af aan en zo ging je door tot het tijd was om te stoppen. Als je je had vergist spuugde je op je leitje en veegde de fout met je vinger weg, dus vroeg of laat verdwenen alle letters in een grijs waas. Lang niet alle kleuters in de klas leerden op die manier lezen of schrijven. Maar dat kon niemand veel schelen. De zorg van de anglicaanse school in Hanmer was niet zozeer de leerlingen te leren lezen, schrijven en rekenen als wel ze gehoorzaamheid bij te brengen en dingen uit het hoofd te laten leren. Je kon al gauw vol vertrouwen met de anderen mee scanderend het onzevader en de tafels van vermenigvuldiging opdreunen, met de nadruk waar die volgens het ritueel hoorde: 'Twáálf keer twáálf is honderdvierenvéértig. Amen.'

Na een paar jaar in de klas van juffrouw Myra ging je naar

Schoolfoto, 1948

die van haar zuster, juffrouw Daisy, en daarna naar de hoogste klas, die aan de hoofdmeester, meneer Palmer, toebe-
hoorde. Meneer Palmer was een angstaanjagende figuur, een
god op afstand. Zondaars uit de lagere klassen werden naar
hem toe gestuurd voor slaag en deden het onderweg weleens in hun broek. Zijn eigen leerlingen waren ook als de
dood voor hem. Hij hield ze het liefst onzichtbaar vanuit
zijn huis naast de school in de gaten, tot het lawaai zo oor-
verdovend werd dat hij er last van kreeg en hij naar buiten
kwam om ze aan zijn tuchtmaatregelen te onderwerpen.

Hoe hoger de klas waarin je zat, hoe minder formeel onderwijs je kreeg en hoe minder je hoefde te leren. Er waren
breilessen, naailessen en weeflessen voor de oudere meisjes, die in de winter tijdens het speelkwartier rond de kachel zaten te roddelen, met op hun benen een marmerpa-
troon van door de hitte gezwollen rode bloedvaten. De grote
jongens kregen timmerles en werden verder bezigged houden
met asladen legen, kolenkitten vullen en de tuin omspitten. De welgestelde boeren stuurden hun kinderen niet
naar de dorpsschool. De school was bedoeld om dienst-
meisjes en boerenknechten af te leveren en je kon er nog
steeds van uitgaan, of in elk geval ging het onderwijspro-

gramma ervan uit, dat je er niet echt leerde lezen of schrijven.

Niet lang na mijn eerste schooldag kwam er plotseling verandering in dit traditionele parochiale systeem doordat een paar van de oudere kinderen werden overgeplaatst naar het lager vervolgonderwijs, naar de *secondary modern school* vlak over de grens, in Shropshire. Dit dunde het leerlingenbestand uit en temperde het kabaal in de klas van meneer Palmer, hoewel nogal wat onhandelbare opgeschoten kinderen bleven tot ze veertien werden en niet langer leerplichtig waren. Het was bij ons nog nooit vertoond dat iemand slaagde voor de toets aan het eind van de lagere school, die als toelatingsexamen gold voor de *high school* of de *grammar school*; onze kans op toelating was trouwens extra klein doordat de middelbare scholen in de omringende graafschappen maar een beperkt aantal leerlingen opnamen uit de echte rimboe, dat wil zeggen het Maelor-district. Toen ik eraan toe was, was meneer Palmer zo aardig me erdoorheen te slepen. Als hij tijdens zijn surveillancerondjes langs mijn tafeltje liep, liet hij een stompe vinger langs mijn blaadje met sommen glijden, wees veelbetekenend naar een aantal ervan, en liep met twee gekruiste vingers op zijn rug verder. Dus die sommen maakte ik over.

Misschien begon het verdacht te worden dat er bij ons nooit iemand slaagde. De wereld was aan het veranderen, het onderwijs was aan het veranderen, en zelfs in Hanmer werd het langzamerhand ouderwets om te denken dat je schoolopleiding je traditionele plek in de orde der dingen moest weerspiegelen en je genadeloos moest terugwijzen naar waar je vandaan kwam. Toch viel het niet goed als je liet merken dat je er zo over dacht. De zaak van de hiërarchie en de immobiliteit was erbij gebaat alleen de paar kinderen wier familie afweek eruit te pikken en huiswerk mee te geven. Maar meneer Palmer ging niet zover dat hij het nakeek. Wij drieën moesten thuis sommen maken en de volgende ochtend in een hoekje van de klas onze uitkomsten vergelijken. Als we alle drie, of twee van ons, hetzelfde antwoord hadden, dan was dat het goede antwoord. Als we alle drie een ander antwoord hadden – wat vaak gebeurde – dan verdween de staartdeling of breuk in kwestie naar het domein van het onzekere. Meestal deden we hooguit een gooi naar het beste antwoord. Ik vormde me een ontmoedigend platonisch idee over rekenkundige waarheden. Het échte antwoord moest bestaan, maar in een of andere onbereikbare, vage hemel. Ik dacht vaak dat je net zo goed kon bidden ('... honderdvierenvéértig. Amen') om het juiste antwoord te vinden.

Sommen waren mijn kruis. Inzicht in getallen was niet een van grootvaders gaven; we speelden nooit met getallen, die een subcategorie van de onderhoudsbijdrage vormden en waar we niets aan vonden. Toen ik naar school ging was ik gewapend tegen de spuug-en-veegmethode – woorden behielden hun kracht –, maar met de sommen worstelde ik net als alle anderen, want het hoorde niet bij het plan van meneer Palmer (het plan van de school) om te onthullen dat je de vereiste vaardigheden ook kon aanleren. Hij hield er de theorie op na dat wie voor het toelatingsexamen slaagde, toch al nooit op de dorpsschool had thuisgehoord.

Op een dag zette hij zijn leerlingen naast elkaar, liep de rij langs en zei met zwartgallig genoegen: 'Jij wordt putjesschepper, jij wordt putjesschepper...' enzovoort, met uitzondering van het huiswerktrio. Uiteindelijk bleek hij het bij het verkeerde eind te hebben: tegen de tijd dat mijn generatie dorpelingen volwassen was, was er in de landbouw erg weinig werk te krijgen, waren de oude arbeidsintensieve gemengde bedrijven ten slotte failliet gegaan, hadden de boeren hun bedrijf gemechaniseerd, en moesten de kinderen die hij bijna totale ongeletterdheid had toebedacht terug naar de schoolbanken om hogerop te komen. En dat lukte ze, ondanks alles wat de school had gedaan om hen dom te houden. Maar in onze jeugd, in de late jaren veertig, dachten we dat meneer Palmer alwetend was. Hij heerste over een wereldje waarin conformisme, onbegrip, angst en heimelijk verzet aan de orde van de dag waren. Op de dorpsschool van Hanmer deden alle kinderen hun best aan zijn aandacht, en aan die van juffrouw Myra en juffrouw Daisy te ontsnappen. We speelden allemaal stommetje; dát hebben we daar tenminste geleerd.

We moeten een asociaal zootje geleken hebben: stuurs, gesloten, bang, verlegen of giechelend in aanwezigheid van volwassenen. Een stelletje neuspeuteraars en nagelbijters, met korstige knieën, wratten, een huid vol kloven, en ongepoetste tanden. Met andere woorden, we hadden iets gemeen, alsof we familie waren. Gedeeltelijk was dat ook zo, in objectieve biologische zin: zeven of acht grote families leverden samen bijna de helft van het leerlingenbestand. Er waren op school broers, zussen, neven en nichten, die elkaar meedogenloos sloegen, porden en commandeerden, maar uiteindelijk altijd in de bres sprongen voor hun eigen bloed (ingedikt door incest, werd er gefluisterd). 'Blijf van onze Doreen af.' Want anders...

In de kleuterklas leek de belangrijkste voorwaarde om te kunnen overleven dat je grote broers had, of (nog beter) grote zussen – omdat de grote jongens hun eigen afgescheiden schoolplein hadden en zich meestal niet verwaardigden tussenbeide te komen. Maar in feite waren deze onbehouwen, beschermende clans al aan het uitsterven. Heel wat ouders hadden begrepen dat minder kinderen krijgen een van de manieren was om aan de armoede te ontkomen, en wie goed keek ontdekte onder de massa van het ordeloze snottebellenschorem een kleine subklasse van beter geklede, nuffiger en iets fatsoenlijker kinderen. De meisjes droegen haarspeldjes en nieuwe, gebreide vestjes, de jongens waren 'doetjes' (zoals we in Hanmer iedereen noemden die schoon of kouwelijk of bangig was) en werden onophoudelijk getreiterd. Als het aankwam op de keiharde realiteit van het schoolplein had een enig kind – zoals ik, toen nog – hooguit een twijfelachtig voordeel. Omdat ik vies en vroegwijs was en nooit als kind was behandeld, keek ik op de 'doetjes' neer, en dat was geheel wederzijds. En de clans keken op mij neer omdat ik alleen opereerde, schoon was (maar niet heus) en 'verwaand' deed.

Dus het schoolplein was een hel: prikkeldraad maken, knijpen, slaan, trappen, en akelige spelletjes. Ik hoor nog hoe het klinkt als een dik, nat springtouw op de grond kletst. Aan elke kant stond een van de grote meisjes en je moest zonder te struikelen inspringen. Meedoen was net iets minder verschrikkelijk dan aan de zijlijn moeten staan. Ze zeggen (terecht) dat de meeste vrouwen de pijn van een bevalling vergeten; ik denk dat iedereen de pijn vergeet die je als kind voelt als je voor het eerst naar school gaat, het onvermogen, alsof je nooit zult leren je eigen ruimte af te bakenen. Het is dubbel beschamend: het is ook beschamend om eraan terug te denken, om medelijden te voelen met jezelf, met het schurftige kind van toen in het vagevuur van de kleine mensen.

Mijn eerste dagen op school stonden in het teken van de felle krachtmetingen op het schoolplein, bijna duels – met toeschouwers en al – met het enige meisje dat misschien in aanmerking kwam om mijn vriendin te worden. Ze werd inderdaad mijn allerbeste vriendin, jaren later, toen we hand in hand liepen, elkaar zo stevig vasthielden dat het pijn deed, en met zijn tweeën hysterisch giechelden, maar destijds was ze nog mijn gezworen vijand. Gail (ze had zelfs net als ik een gekke naam) had pijpenkrullen, groenbruine ogen en een bleke, gave, licht olijfkleurige huid die strak en glanzend over haar spieren lag, en ze was bijna een jaar ouder dan ik. Ze had onze oorlog toch wel gewonnen, want ze had een groot vertrouwen in haar fysieke kracht en wist op haar vijfde al precies hoe ze zich moest bewegen. Zat ze toen al op ballet? Dat weet ik niet meer. Als volwassene gaf ze gymnastiekles en moderne dans, en zelfs in de tijd van onze pubervriendschap won ze soms een ruzie door mijn pols te verdraaien. Ik was er in elk geval van meet af aan van overtuigd dat ze zich gewoon beter op haar gemak voelde in haar lichaam dan ik – ze kon niet alleen beter gezichten trekken, je bij je haren grijpen, knijpen, krabben of op een andere manier te lijf gaan, maar ze was ook lenig en sierlijk, zodat ze mij het gevoel gaf dat ik een slappe pop was.

Toen ze me eenmaal publiekelijk had ingemaakt, deed Gail of ik lucht was en verzamelde ze elk speelkwartier in haar eigen hoekje haar hofhouding om zich heen. Toch hield ze altijd iets eenzaams. De andere meisjes mochten zich bewonderend vergapen aan haar pijpenkrullen en haar jurken met smokwerk op de schouders en haar witte sokjes die nooit afzakten, maar ze mocht na schooltijd niet op het plein spelen en iedereen wist dat ze elke avond uren moest stilzitten terwijl haar grootmoeder papillotten in haar haren draaide. Maar wat haar echt bijzonder maakte, nog bijzonderder dan de pastorie mij maakte, was dat haar moeder gescheiden was.

Gezien het feit dat heel wat kinderen in Hanmer niet wisten wie hun vader was – al wisten ze wel dat het niet de man was die daarvoor doorging – lijkt het misschien vreemd dat we scheiden zo'n grote maatschappelijke misstap vonden. Maar het was een nieuw verschijnsel en dat pleitte ertegen. Het doorbrak een traditie, was nieuwlichterij en (erger kon niet) boven de stand van Gails moeder. Iemand als lady Kenyon (de Kenyons waren de andere plaatselijke adel, veel rijker en chiquer dan de Hanmers) kon scheiden en dan hadden we het voor de aristocratie niet ongepast gevonden; als de dochter van de garagehouder van het dorp zoiets deed, was het een heel ander verhaal. Wie dacht ze wel dat ze was? De mensen zagen haar als een nieuw soort gevallen vrouw.

Ook in de pastorie werd ze veroordeeld, maar vooral uit jaloezie. Daar zat een geschiedenis achter: voor de oorlog waren mijn moeder en Gails moeder vriendinnen geweest. Ze hadden samen in de kindermusicals gespeeld die mijn grootvader in de parochiezaal op de planken bracht, in de tijd dat hij nog niet in de greep van drank en verbittering was. Mijn moeder, Valma – nog zo'n romantische keuze van grootvader, al weet ik nog steeds niet waar hij die naam vandaan had – en Gails moeder, Ivy, hadden respectievelijk de sprookjesprins en Assepoester gespeeld. Zo stonden ze op een bewaard gebleven foto, twee slanke jonge vrouwen temidden van de voltallige bezetting, met de armen stevig om elkaars middel en een brede, hoopvolle lipstickglimlach, die op de foto zwart en betoverend leek. Als gescheiden vrouw zag Gails moeder er eigenlijk nog hetzelfde uit, behalve dat ze nog magerder was geworden. En ze werkte als taxichauffeur. Terwijl mijn moeder, dankzij een combinatie van huwelijk, armoede en de idiote eisen van haar ouders, bij haar vergeleken in afzondering van de wereld leefde. Dat dreef grootmoeder tot razernij. Ze zei dat Ivy eruitzag als Olijfje uit de Popeye-tekenfilms, of als een dropveter. En dat ze ordinair was. Maar dat was allemaal de kift. Heimelijk vond grootmoeder scheiden vast een goed idee; haar opvatting van het huwelijk was tenslotte dat een man je contracteerde om zijn beestachtigheden met je te kunnen uithalen en dat hij daar de rest van zijn leven voor zou moeten bloeden. Maar naar buiten toe praatte ze mee met de ideeën die in het dorp leefden.

Zelfs de spelletjes op het schoolplein, tussen het porren

en duwen door, gingen over de onveranderlijke orde der dingen. 'En de boer die wil een vrouw,' zongen we, hand in hand in een kring – 'Hee ho, hee ho, de boer die wil een vrouw.' En als het snotterige jongetje in het midden zijn bruid had gekozen: 'En de vrouw die wil een kind... En het kind dat wil een hond. Hee ho, hee ho,' – wat als *ee oh* klonk, deze boer was familie van Old Macdonald – 'En het kind dat wil een hond.' De hond als uitbreiding van het kerngezin leek zich langs alle geledingen van de soort aan te sluiten bij de menselijke verhoudingen, van hoog tot laag, van patriarch tot pup. En dan het hoogtepunt: 'En de hond die wil een bot.' Het bot, volgens traditie een kleintje, werd gejonast, in de lucht gegooid en als het viel werd het opgevangen door de boer, de vrouw, het kind en de hond, terwijl we allemaal triomfantelijk riepen: 'En het bot dat wil niet blijven! Eee oh! Eee oh! Het bot dat wil niet BLIJVEN!' Het was geen onverdeeld genoegen om als bot gekozen te worden, want het was behalve opwindend ook eng en pijnlijk, dus ik betreurde het niet dat ik zelden aan de beurt kwam. Dit soort spelletjes had iets van die vreselijke oefeningen die in groepstherapieën worden gebruikt, waarbij je je achterover moet laten vallen om de anderen, die je moeten opvangen, te leren vertrouwen. Wederzijdse afhankelijkheid: boer, vrouw, kind, hond, bot vertegenwoordigden de grote keten van het zijn. En je kon je er niet aan onttrekken. Gail en ik en de andere min of meer onaangepaste kinderen likten ons allemaal op onze eigen manier in bij de meute.

Mijn grote troef was het kerkhof. Meneer Downward, de koster, kneep een oogje toe zolang het geren tussen de graven maar niet al te uitbundig was en ik aan de spelletjes meedeed. Hij beschouwde het kerkhof als een verlengstuk van de pastorietuin, en inderdaad was de muur ertussen op één plek zo bouwvallig dat de scheidslijn allang niet meer

De kerk en het kerkhof van Hanmer

was dan een hoop losse bakstenen in een veldje brandnetels. Als kind uit de pastorie was ik bevoegd me op dit verboden terrein te begeven en ik deelde mijn vrijstelling met de 'vieze' kinderen die ik kon overhalen om na schooltijd of op zaterdag met me te spelen. Ik was vooral populair als er op zaterdagochtend een trouwerij was geweest: we verzamelden confetti, maar in die regenachtige streek hielden de tumtumkleuren niet lang stand en als je de roze klokjes, witte boogjes en zilveren hoefijzertjes niet snel opraapte losten ze op. We waren vooral dol op de zilverkleurige confetti en haalden onze neus op voor het goedkope soort, uit afvalpapier gestanst, vaak niet meer dan rondjes met raadselachtige fragmentjes gedrukte tekst. Op een dag vonden we zijdeachtige papieren rozenblaadjes op het pad, stuk voor stuk verlopend van tint, van roomgeel tot karmozijnrood, en die bewaarden we eerbiedig.

Rouwkransen waren nog beter, al konden we er alleen naar kijken, tot ze op de afvalhoop in de hoek werden gegooid en we met een beetje geluk een nog bloeiende anjer of lelie of chrysant konden redden – luxebloemen waar de

34

duizendschoon, muurbloemen en asters uit de dorpstuinen niet aan konden tippen. We keken ook met open mond naar de glazen of porseleinen kunstbloemen onder hun glazen stolpen, en de graven waarop heesters en kortgeknipt gras groeiden zagen er indrukwekkend netjes uit, maar de boeketten die de mensen op de graven achterlieten gaven ons pas echt de kans om mee te doen aan de rouwrituelen van de volwassenen. Kleine kinderen vinden niets zo leuk als dingen verdelen volgens een of andere rangorde van eerlijke verdiensten, en het was duidelijk dat veel doden er bekaaid af kwamen. Een groepje van ons – voornamelijk meisjes – wilde dat rechtzetten en we verdeelden de bloemen over jampotten en lege vazen, die we bij de pomp van de koster vulden, zodat elk graf er een paar kreeg. Maar we stonden geen strikte gelijkheid voor. Bepaalde graven, vooral een grafje van een in de jaren dertig gestorven kind met een sentimenteel engeltje van wit marmer, kregen altijd de mooiste boeketten.

Het is verleidelijk om nu, terugkijkend, in onze goedbedoelde en partijdige inspanningen een vage afspiegeling te zien van het naoorlogse sociale beleid. Het kerkhof van Hanmer was beslist een complete microkosmos van maatschappelijke verschillen. De kinderen die zo druk aan het spetteren waren bij de pomp en ernstig de narcissen en anjelieren herverdeelden hadden geen van allen 'eigen' graven. Het kon niet anders of hun familieleden lagen op het kerkhof, maar hun graven waren onherkenbaar: ze hadden noch op het kerkhof, noch ergens anders eigen grond. Mijn familie had er natuurlijk ook geen eigen grond, maar dat kwam doordat we nog maar zo kort in Hanmer woonden. Tegenwoordig ligt mijn moeder er onder haar grafsteen, naast het graf van mijn grootouders. Ik vraag me af of een van de opgeklommen Duckets of Williamsen of Briggsen van mijn generatie heeft geïnvesteerd in een eigen graf. Destijds, eind jaren veertig, lagen hun familieleden na hun dood onder anonieme, verwilderde heuveltjes. Ik denk dat wij het als kind vanzelfsprekend vonden dat het leven na de dood een kwestie was van je sociale klasse. Ik weet dat we vele vruchteloze uren naar de ingang van de grafkelders van de Hanmers en de Kenyons zochten, in de verwachting daar echte geesten tegen te komen: het stond voor ons buiten kijf dat ze die ondergrondse vertrekken alleen nodig hadden omdat ze eigenlijk niet echt dood waren. Of misschien was dat een theorie die ik had geopperd. Buiten het schoolplein, op het kerkhof, ontpopte ik me als deskundige op het gebied van zulke spookachtige onderwerpen en lukte het me – op paradijselijke dagen – me geaccepteerd te voelen, een lid van de kindergemeenschap van Hanmer.

Nou ja, dat dachten de luizen in elk geval; de schoolarts had het zelf gezegd. Ik werd met een briefje naar huis gestuurd, net als de meeste anderen (maar niet iedereen: die kreet dat luizen een voorkeur hebben voor schoon haar is gewoon slimme propaganda om de middenklasse te laten bekennen) en zoals te voorspellen was zei grootmoeder: ten eerste dat ik ze van die vieze kinderen had gekregen, en ten tweede dat het geen zin had dat aanbevolen tovermiddeltje tegen luizen te gebruiken, omdat we daar te veel water voor moesten koken en ik trouwens toch opnieuw besmet zou worden. En in élk geval mocht niemand ons dat spul in een dorp in de buurt zien kopen en moesten we het ergens ver weg halen waar niemand ons kende. Dus bleef ik de rest van mijn lagereschooltijd onbekommerd hoofdluizen verspreiden. En, tot mijn grote ergernis, ook nog het eerste jaar op de middelbare school – maar daarover later. Vooralsnog hoorde ik er min of meer bij.

Het hoogtepunt van mijn loopbaan als vies kind werd toevallig ook ingegeven door de schoolarts. Voor de meeste gezinnen in Hanmer waren medische onderzoeken iets geheel nieuws en voor ons kinderen rechtvaardigden de eerste jaren van de nationale gezondheidszorg uitgebreide doktersspelletjes, die plaatsvonden tussen de struiken achter in de pastorietuin. Geen enkele andere plek was afgezonderd genoeg (geen enkel ander gezin was zo onoplettend) en dus werd ik, zolang de rage duurde, met iedereen vriendin.

We stonden in een rij achter een hazelaar met onze onderbroek op onze knieën en boomblaadjes in onze handen, bij wijze van 'formulier', en schuifelden naar voren om ons achterste te laten onderzoeken door Kenny of Bill of Derek die, nadat ze goed hadden gekeken en niet al te beste prognoses hadden gesteld, altijd hetzelfde voorschreven: nog een blad, dat met alle opwinding van dien best een brandnetelblad kon zijn, maar het nooit was. Als je een meisje was werd dit blad met spuug vastgeplakt en als je een jongen was werd het over je piemel gedrapeerd, en je moest het zo lang mogelijk blijven dragen, als een soort kompres. We hielden bijna een hele zomer een- tot tweemaal per week zo'n clandestien spreekuur, tot we er genoeg van kregen, of het weer omsloeg. Er heeft zich nooit meer zo'n goede gelegenheid voorgedaan om kinderen naar mijn territorium te lokken.

Als ik aan die tijd terugdenk wordt het bijbehorende gevoel niet zozeer opgeroepen door die gewaagde, verboden spelletjes als wel door veel gewonere herinneringen – bijvoorbeeld hoe ik op gure winterdagen buiten in de rij stond tussen de anderen, allemaal met vochtige gebreide kaboutermutsen, en we onze winterhanden wreven tot we eindelijk naar de parochiezaal werden afgevoerd voor onze verplichte warme schoollunch van stoofpot met walvisvlees. Als ik daaraan denk voel ik een mengeling van angst en verlangen die voor mij de kern van mijn schooltijd is.

Beetje bij beetje kreeg de angst de overhand. Ik werd een timide, onhandig, zwijgzaam kind – hartverscheurend verlegen. Het laatste jaar dat ik op school zat beloofde meneer Palmer me een beloning voor elke keer dat hij iets tegen me kon zeggen zonder dat ik begon te huilen. Ik geloof dat het twee keer is gelukt. Steeds meer leefde ik in boeken; die waren mijn troost, mijn toevlucht, mijn verslaving, mijn compensatie voor de vernederingen waarmee het contact met de buitenwereld gepaard ging. Maar boeken hadden in wezen niets met school te maken, niet met deze school. Ik was een stuntel als het om de dingen ging die ik geacht werd te leren: netjes, schoon, handig, gehoorzaam en stipt worden. Mijn naaiwerk werd een groezelig vod, zo vaak had ik het uitgehaald. Mijn breiwerk zat vol ladders omdat ik altijd steken liet vallen. Ik kon geen regel schrijven zonder vlekken. Dus toen ik op mijn tiende voor 'het toelatingsexamen' slaagde, begreep ik er niets van en was ik ervan overtuigd dat het een vergissing was en dat ik door de mand zou vallen.

Dat gebeurde niet en ik geloof dat het nog steeds niet is gebeurd. Maar de dorpsschool van Hanmer heeft een stempel gedrukt op mijn denkwereld. Zo ben ik op de middelbare school een keer tijdens de wiskundeles in tranen uitgebarsten bij het idee van negatieve getallen. Min één bracht mijn wereld aan het wankelen, dat kon niet bestaan, ik begreep het niet. Dat kwam, realiseerde ik me snikkend en op weg geholpen door een geamuseerde (en lichtelijk verbaasde) leraar, doordat ik getallen als *voorwerpen* zag. Koolstronken, om precies te zijn. We hadden bij juffrouw Myra geleerd om op te tellen en af te trekken door ons meer of juist minder koolstronken voor te stellen. Als ik iets uit mijn hoofd moest uitrekenen jongleerde ik altijd met denkbeeldige groenten. En als ik aan min één probeerde te denken, probeerde ik een anti-kool voor me te zien, een kool van antimaterie, wat net zoiets onvoorstelbaars was als een tegengestelde wereld.

III

Grootmoeder thuis

Het aardige meer van Hanmer, de glooiende velden om ons heen en de hagen vol meidoorn, kamperfoelie en hondsrozen die de smalle weggetjes omzoomden, hadden wat grootmoeder betreft net zo goed een geraffineerde illusie kunnen zijn. Ze boden geen enkele troost in de barre woestenij die het dorpsleven in haar ogen was. Ze leefde als een gevangene, een vluchtelinge uit de stad, vrijwillig opgesloten achter de spijlen en luiken van de pastorie. Mijn nieuwe schoolvriendinnetjes mocht ik niet mee naar binnen nemen. Je kon in de pastorietuin komen via het plaatsje aan de zijkant van het huis, of door over een muur te klimmen, en dat laatste deden wij. Het ging allemaal stiekem, de andere kinderen werden niet geacht er werkelijk te zijn, net zomin als dat schilderachtige decor van meer en bomen en koeien. Intussen ging, afgeschermd en geïsoleerd, het leven van de pastoriebewoners door. In de kerk, in kroegen, in boeken (grootvader) of in de geparfumeerde mufheid van een slaapkamer vol dromen over thuis in Zuid-Wales (grootmoeder). Dat wil zeggen over Tonypandy in de Rhondda, wat rijmde op wonder, maar met de Welshe *d*'s heel zacht uitgesproken, zodat het klonk als het wonderbaarlijkste oord dat je je voor kon stellen.

Haar Welshe accent was vreemd voor ons: lijzig, sluw, temerig, soms ineens dreigend. Door de astma kregen haar verwensingen een aamborstige felheid en als ze lachte raakte ze buiten adem en dan had ze vlugzout nodig. Ze had een heel repertoire van geheimzinnige privégrapjes waar ze altijd vreselijk om moest lachen. Als iemand vroeg hoe laat het was, antwoordde ze: 'Het heeft net een olifant geslagen!', en dan hinnikte ze triomfantelijk. En als ze weer op adem was gekomen, mompelde ze, met haar hoofd schuddend: 'Djoe, djoe' – zo klonk het tenminste – wat 'Grote goedheid' of 'Och och' betekende. Die *joe*-klank was alomtegenwoordig bij haar. Ze sprak 'je' uit als *joe*, waarbij ze haar kleine mondje tuitte alsof ze wilde proeven of er een lekkere of een vieze smaak bij je hoorde.

Ze had geen tanden meer en kon een afgrijselijk gezicht trekken door haar kunstgebit met tandvlees en al een eindje haar mond uit te duwen, in een vraatzuchtige grijns. Maar die grappenmakerij kon haar werkelijke honger niet verbergen. Ze was een en al begerigheid. In de tijd dat alles op de bon was snakte ze naar suiker. Het tekort eraan moet de ernstigste gevolgen van de diabetes die haar later teisterde hebben vertraagd, want toen er eenmaal weer zoetigheid te krijgen was kon ze er niet afblijven. Ze voelde zacht en een beetje poederachtig aan, als een cake die helemaal met poedersuiker bestrooid was. Net als de rest van haar generatie van rond de eeuwwisseling keek ze met dédain neer op een gebruinde huid en sproeten, en dankzij haar nachtelijke gewoontes was haar huid griezelig wit. En net zoals ze altijd zei dat water en zeep te ruw waren voor zo'n gevoelige huid als de hare, beweerde ze ook dat ze maaltijden met groente en vlees, vol zenen en vezels, niet kon verdragen, maar dat ze alleen dunne beboterde sneetjes brood zonder korst kon eten, bij gebrek aan taartjes en roombroodjes. En, zei ze vaak tegen me, ze hield ook van het lekkere toetje, het kersenmondje en het suikerhartje van een zoet blondje – en ik wist dat ze aan de kleverige blondheid van roomfondant dacht. Door haar slechte gezondheid werd ze op haar oude dag in zekere zin weer een kind: een dikke pop, wankelend op kleine, gezwollen voetjes. Maar in haar gedachten was ze altijd een kind gebleven, woonde ze nog altijd in de Rhondda bij haar moeder thuis, met haar zusje Katie. Om dat huis hing zo'n sterke sfeer van verlangen dat het eigenlijk niet anders kon of het was allemaal verzonnen, of hooguit een herinnering. Maar nee. Haar moeder leefde weliswaar allang niet meer, maar thuis bestond werkelijk nog.

In de zomervakantie gingen we daar logeren, grootmoeder, mijn moeder en ik – grootvader bleef thuis. (Dat noemden we 'hem in zijn eigen sop gaar laten koken'.) Zuid-Wales was volgens onze familiemythologie een geheel vrouwelijk gebied, ondanks de mijnen en de mijnwerkers. Het was vrouwelijk, het was stads en het was volledig binnenshuis. Dat waren allemaal redenen waarom het leek of je wegzonk in fantasie als je er kwam – en daar kwam nog één speciale reden bij: het feit dat thuis een winkel was en wij erboven woonden, en als we daar waren, verdwenen alle geldperikelen als bij toverslag. Het was een leven in de paradijselijke onschuld van voor de zondeval, alsof voor dingen betalen nog niet was uitgevonden. Als je een karbonade of een cakeje wilde, pakte je het gewoon, je hoefde er zelfs de straat niet voor over te steken. Het was een zelfvoorzienend koninkrijk, bijna tenminste: een winkel waar alles te koop was, van blikken dienbladen tot sinaasappels tot worstjes tot een half rund en sigaretten, met als specialiteit cake van Lyons, en toen ik klein was kon ik helemaal meevoelen met grootmoeders boosheid dat ze zich had laten overhalen deze gelukzalige toestand om te ruilen voor de pastorie en de onderhoudsbijdrage. Het leven in de 'Hereford Stores' – genoemd naar de geboortestad van haar moeder – was haar ideaal van luxe en deftigheid, de oorsprong van haar onwrikbare overtuiging dat niemand in Hanmer aan haar status kon tippen.

Haar gevoel voor klasseverschil was opmerkelijk zuiver en precies, volgens de opvattingen in Zuid-Wales. In haar jeugd moet het in een gemeenschap waar vrijwel iedereen

Hereford Stores, Tonypandy, voor de Eerste Wereldoorlog.
In de lichte jurk grootmoeder als jong meisje

zijn brood verdiende in de mijn ook wel buitengewoon chic
hebben geleken om een eigen zaak te hebben. En het simpele feit dat je niet werkte terwijl iedereen om je heen zich
afsloofde of – nog erger – zonder werk zat, moet al voldoende
geweest zijn om je een 'dame' te voelen. Wat was er nu voornamer dan boven zomaar wat rond te hangen, aan de voorraad te knabbelen wanneer je daar zin in had, je krullen te
borstelen? Katie en zij waren nog altijd uren bezig zich klaar
te maken als ze uitgingen – naar Cardiff, of naar Pontyp-
ridd, naar een tearoom, of naar de film –, terug naar de wereld van hun meisjestijd, toen mannen en geld nog geen werkelijkheid waren.

Katie was in de veertig en ongetrouwd. Ook zij was erg
gezet en een beetje kortademig, maar ze had nog rood haar,
ze had haar eigen tanden en haar lach had iets kwinkele-
rends, waardoor ze op het eerste gezicht een bewijs vormde voor grootmoeders overtuiging dat je beter af was zonder mannen. Er was weliswaar een vage man in huis – hun

oudere broer Stan – maar die telde eigenlijk niet mee, omdat hij (na, zeiden ze, een schitterende, briljante jeugd) een zware zenuwinzinking had gehad, waarvan hij nooit helemaal was hersteld. Nu hij in de vijftig was, was hij verlopen en mager, met een afwezige blik in zijn ogen doordat hij hardnekkig de bril van zijn moeder bleef dragen in plaats van er een voor zichzelf te kopen. Stan viel nauwelijks op in de atmosfeer van parfum, schoonheidsmiddeltjes en talkpoeder die voor mij bij de Hereford Stores hoorde. Hij gleed er als een schim doorheen. Er waren nog twee broers, maar die waren lang geleden het huis uit gegaan en werden als uitgestotenen gezien: de al wat oudere Tom, die de slagerijafdeling van de zaak verzorgde, was een paria omdat hij met een huishoudster samenwoonde die niet erg in het geheim zijn minnares was, en zodoende tot dezelfde verdorven mannensekte behoorde als grootvader; en over Danny werd in de verleden tijd gesproken alsof hij dood was, omdat hij het had bestaan in een ander dal een eigen winkel te beginnen. Zo bleef de tovercirkel van zoete, belegen dromen intact, daar aan het eind van de bochtige trap, boven de oude winkel met zijn dubbele pui en hun achternaam, 'Thomas', steeds vager boven de deur.

Het huis werd veel te warm gestookt met eersteklas gitzwarte, glinsterende kolen, voor levensmiddelen geruild met de mijnwerkers die ze naast hun loon kregen. Er stond een groot oud fornuis in de keuken, die volgens de topografische werkelijkheid achter de winkel op de begane grond lag, hoewel hij gevoelsmatig boven was. Daar was het doorlopend theetijd, zoals bij de dolle theevisite in *Alice in Wonderland*, alle dagen van de week van 's morgens vroeg tot 's avonds laat, behalve 's zondags, want dan braadde Katie traditiegetrouw en met hoogrode konen een groot stuk vlees (uitgezocht door Tom). Afgezien daarvan leefden we op grootmoeders lievelingskost, boterhammetjes met boter, warme krentenbolletjes, scones, cake enzovoort, aangevuld met vruchten uit blik en gecondenseerde melk. Het sprak vanzelf dat koken, poetsen en afwassen eigenlijk het werk van een 'hitje' was, in het woordenboek gedefinieerd als een dienstmeisje (meestal *geringschattend*) – met een voorbeeld uit 1902, dus precies een woord voor grootmoeder, die tien was in 1902 –, maar als je de pech had het zonder te moeten stellen, dan probeerde je zo weinig mogelijk serviesgoed te gebruiken, bijvoorbeeld door de hele dag je eigen kopje te houden en het alleen af en toe even onder de kraan af te spoelen. Ik neem aan dat een groot deel van het vuil in de pastorie verklaard kan worden uit de gewoontes in Zuid-Wales: daar zou het beslist ondoenlijk zijn geweest om met enige regelmaat en grondigheid kleren, vaatwerk of jezelf te wassen, aangezien de meeste kranen vastgeroest schenen te zijn in ongebruikte schuurtjes achter het huis en er geen hitjes meer waren om, zoals lang geleden, water naar boven te dragen voor de waskommen in de slaapkamers. Toch leken we op de een of andere manier in de Rhondda nooit zo schandalig smerig als in Hanmer. En het huishoudelijke werk, dat voor mijn moeder in de pastorie neerkwam op onophoudelijk, vruchteloos gesloof, werd gewoonweg niet of nauwelijks gedaan, en niemand maakte zich daar erg druk om.

Hanmer sloot ons aan alle kanten in en dreigde onze heimelijke smerigheid aan het licht te brengen, terwijl het de buren in de steile, goedkoop bebouwde straten van Tony-pandy allang niet meer interesseerde hoe het in de Hereford Stores toeging. Katie en Stan maakten praatjes met klanten en dat fungeerde als een soort isolatie – een beschermende barrière van gebabbel waarachter hun eigenaardigheden veilig waren, zonder dat er vragen gesteld werden. Verder hadden ze geen sociaal leven meer en omdat ze ruzie hadden met de rest van de familie, leefden ze zoals het hun uitkwam. Dat had iets prettigs en zelfs opwindends in een tijd dat de reclame en de damesbladen zo'n benauwend keurig en conformistisch beeld schetsten van hoe je moest zijn. Je hoorde inwendig ineen te krimpen als je die Persil-advertenties zag: een klein jongetje dat zijn hoofd omdraait als een andere jongen, die met het Persil-witte overhemd, trots langsstapt. 'Persil wast witter – *en dat zie je!*' Schoon, schoner, schoonst. In de Hereford Stores werd heus wel zeeppoeder verkocht, en de mijnwerkersvrouwen boenden op hun wasborden en wedijverden met elkaar wie de witste vitrages, gehaakte kleedjes en antimakassars had (een eeuwige strijd in die vervuilde omgeving), maar grootmoeder en Katie keken daarop neer. Ze waren ketters, ze weigerden zich aan de regels te houden. Als de maatschappij hen niet wilde voorzien van hitjes verdomden zij het om zich uit te sloven.

Maar mijn moeder trok altijd aan het kortste eind. Ze had huishoudelijk werk leren minachten en was tegelijkertijd doordrongen van het idee dat het voor de vrouw een heilige plicht was. Dus stofte, schrobde, dweilde en streek ze, maar ze verachtte zichzelf erom en – wat het nog oneindig veel erger maakte – ze had geen flauw idee hoe ze het moest aanpakken. Huishoudelijk werk is altijd nutteloos in die zin dat het steeds opnieuw gedaan moet worden. Bij het hare viel dat des te meer op omdat de pastorie er als ze 'klaar' was zelfs niet heel even schoon uitzag. Als mijn arme moeder een vloer dweilde, smeerde ze het vuil alleen maar uit – *en dat zag je!* Dat al die ellende in Zuid-Wales als bij toverslag was verdwenen, versterkte het gevoel dat we er spijbelden van de werkelijkheid. Iedereen was weer een jong meisje – niet alleen grootmoeder, die er misschien altijd een was, maar ook mijn moeder.

In de ladekasten boven lagen geparfumeerde zakdoeken, nepparels, stukjes geborduurd lint, beschilderde knopen, lapjes kant, lavendelzakjes, geverfde veren. Ze bewaarden alles. Grootmoeder was vooral dol op dingen van paarlemoer. Voor haar was die weerschijn van regenboogkleuren het beeldigste dat er bestond en de naam alleen al straalde daar in huis extra glamour uit. Hun vader had vrijwel geen indruk achtergelaten, maar hun moeder kwam dagelijks ter sprake als een toonbeeld van elegantie, beminnelijkheid, verfijning. Wanneer grootmoeder en Katie in de spiegel keken, zich opdoften en zuchtten, waren ze op zoek naar het gezicht van hun moeder. En als ze na een uitstapje hun krakende korsetten losmaakten, hun knellende schoenen uittrokken en gewoontegetrouw een pot thee zetten, bemoederden ze zichzelf zoals zij gedaan zou hebben. Ze moet hen schandelijk verwend hebben, want alleen al de gedachte aan haar gaf hun een gevoel van veiligheid, hoewel uit niets dat ze over haar zeiden – en ook niet uit haar nogal weinigzeggende foto's – haar persoonlijkheid erg duidelijk naar voren kwam. Behalve het haar. Over haar haar waren ze lyrisch: dat was van nature golvend en niet geel, niet rood, niet koperkleurig, maar puur goud. 'De kleur van een gouden pondstuk,' zeiden ze met een zucht, zodat het wel leek of ze een sprookjesprinses was geweest, die rijkdom kon spinnen uit haar haar. Als ze herinneringen aan haar ophaalden, zei een van beiden altijd wel een keer 'als een gouden pondstuk' – het werd haar motto, het teken van haar mysterieuze charme.

De Hereford Stores was dichtgeslibd met herinneringen aan haar tijd. Er waren honderden ansichtkaarten, keurig opgeborgen in bonbondozen: glanzend, met reliëfversiering en vlammend door onnatuurlijk prachtige kleuren. Eentje waarop ik niet uitgekeken raakte, uit de tijd van de Eerste Wereldoorlog (Katies jongemeisjesjaren), stelde een knappe officier voor, achteroverleunend in de armen van een aantrekkelijk verpleegstertje, met een klein scharlaken vlekje op zijn verbonden slaap en discrete rookwolkjes die op een veldslag in de verte duidden. Maar alle afbeeldingen waren geheiligd door associaties. Ze hoorden bij de wereld van in de mottenballen gelegde verwachtingen, dat bizarre wonderland van kitscherige onschuld waar, in een onvoorstelbare uithoek van de tijd, een jeugdige grootvader en een nog jongere grootmoeder elkaar hadden ontmoet en waren getrouwd, en de hel hadden ontketend.

Hoe was dat gegaan? Hoe had hij het voor elkaar gekregen om voor een meisje te vallen dat hoegenaamd geen hersens had, en hoegenaamd geen conversatie behalve vloeken en kreetjes? Dat geen enkele belangstelling had voor boeken, muziek, schilderkunst of wat dan ook, behalve voor chocolaatjes met pepermuntvulling en blouses met kantjes? En waarom zei ze ja tegen een magere, hongerige kapelaan die nog aan het begin van zijn carrière stond? Een intelligent, vurig, getalenteerd man als je in hem geloofde, maar een snoevende boekenvreter, geilaard, snob, aansteller enzovoort als je dat niet deed. Ze moeten allebei verblind zijn geweest door hun dromen en hun noden: waarschijnlijk viel hij voor haar zoete blonde vlees, nog zonder vetrollen; en zij voor het plezier een aanbidder te hebben, het prestige van getrouwd zijn. Gezien de verontwaardiging waarmee zij het over al dat smerige gedoe had, mogen we veilig aannemen dat ze trouwde zonder het flauwste idee hoe geslachtsgemeenschap en kinderen krijgen in hun werk gingen, en het allemaal afstotelijk vond.

Zijn ontdekking dat zij een halve analfabeet en een volstrekte cultuurbarbaar was, moet (zou je denken) minder traumatisch geweest zijn. Tenslotte vond men het normaal om met een knap, leeghoofdig meisje te trouwen, en dat vindt men nog steeds, zelfs in een wereld waarin paren elkaar eerst leren kennen. In het welvoeglijke jaar 1916 zullen Hilda Thomas en Thomas James Meredith-Morris elkaar wel niet erg goed gekend hebben. In dat opzicht waren ze eenvoudigweg kinderen van hun generatie. Dat hun huwelijk meer werd dan een doodgewoon geval van huiselijke onvrede kwam doordat zij weigerde haar lot te aanvaarden. Ze bleef de rest van haar leven woedend – zo zeker van haar zaak, zo door en door verwend, dat ze ongevoelig was voor de sociale druk en de propaganda waardoor de meeste vrouwen zich schikten in de rol van echtgenote. Seks, nette armoede, de verantwoordelijkheden van het moederschap, en zeker de plichten van de vrouw van de priester, daar wilde ze niets mee te maken hebben. In haar ogen waren dat stuitende beledigingen, een duivels mannencomplot om haar te vernederen. Toen hij zijn heil zocht bij de drank en andere vrouwen (wat waarschijnlijk toch wel gebeurd zou zijn, hoewel ze hem een excuus bood door zijn huis en haard zo ongastvrij te maken), was haar afschuw van hem compleet. Hij was degene die haar had overgehaald afscheid te nemen van haar échte thuis, haar meisjestijd, de winkel waar je nooit hoefde te betalen, de doorlopende theevisite. Het leek wel of seks, pijn, gebrek en onveiligheid door hem uitgevonden waren. Ze dreef patriarchale opvattingen op de spits: hij wás God voor haar. Dat wil zeggen, hij bedacht het ter plekke, om haar dwars te zitten *en zonder dat er een hoger Gezag achter hem stond.* In grootmoeders wereldbeeld was er geen Almachtige die aan de touwtjes trok en hem een excuus verschafte. Zijzelf was een rasechte heiden, haar heilig sacrament een kop thee met een theebeschuitje, haar rozenkrans gevlochten van haar moeders haar. Voor het leven dat hij bood, die misselijke, kwaadaardige uitvinding van hem, had ze niets dan verachting en ze trok zich terug in herinneringen. De bezoeken aan de Hereford Stores waren haar reddingslijn naar de wereld van vroeger.

Maar het leven in de winkel werd er niet beter op. Beetje bij beetje waren ze afgeweken van hun moeders gouden standaard. Toms slagerijafdeling leek nog aardig te lopen, de vleesdistributie had daar wat drukte gebracht, of had althans verhuld dat de klandizie terugliep. Maar als je zijn naar niervet en zaagsel ruikende toonbank de rug toekeerde en tegenover het domein van Katie en Stan stond (met zijn scherpe lucht van tabak, kaas en huishoudzeep) zag je dat er niet bepaald goede zaken gedaan werden. De oudere klanten kwamen uit gewoonte, en omdat ze met hun boodschappentassen de heuvel niet op konden komen. Ze kochten toch al heel kleine hoeveelheden, niet alleen vanwege de distributie, maar ook omdat ze arm waren. Toen ik groter werd en 1950 in zicht kwam, begon de wereld om hen heen voorzichtig de karigheid van zich af te schudden, maar de Hereford Stores bleef achter, ging niet mee met zijn tijd en werd langzamerhand steeds stoffiger en leger. Toen ik goed genoeg geld kon tellen om winkeltje te mogen spelen, verkocht ik Woodbines zonder filter per stuk of per twee uit een geopend pakje dat we naast de kassa hadden liggen. Mijn klanten waren kromme mannen met chronische bronchitis en grote jongens van dertien of veertien die om onduidelijke redenen niet op school zaten. Werkende mannen en hun vrouwen deden elders boodschappen, behalve een enkele keer na sluitingstijd, want dan waren Katie en Stan altijd nog wel bereid laatkomers te helpen. Het was zo'n winkel die wanneer hij dicht was bijna evenveel klanten trok als wanneer hij open was. Op de onmogelijkste tijden kwamen er mensen die te beroerd waren om na te denken, aan de deur rammelen voor een paar sigaretten of een halfje brood. En natuurlijk op zoek naar dat steeds schaarser wordende artikel dat langzamerhand de specialiteit van Katie en Stan werd: krediet.

Katie verkocht op de pof met een mengeling van schaamte, berusting en meeleven, ze klakte met haar tong en zuchtte als ze weer in de keuken bij de warme kachel ging zitten om te roddelen over de late klanten ('Dat noem ik nog eens brutaal, sturen ze die Jimmy weer, het arme schaap'). Maar Stan had zijn eigen methoden, oneindig veel ingewikkelder en clandestiener, die hij in de crisistijd had ontwikkeld. Het moest allemaal geheim blijven – dat hoorde bij zijn verborgen gekte –, maar hij was trots op zijn systeem, en leidde me rond in de magazijnen en de zolders erboven om me te laten zien hoe het werkte. De opslagruimte was een gammele houten keet die losstond van het huis, met ontbrekende vloerplanken en een wankele trap. Er stonden zeepkisten, kaarsen, stapels blikken dienbladen en jute matjes, sloffen sigaretten erbovenop waar het minder vochtig was, op het eerste gezicht niets opwindends. Pas als je je tussen die praktische spullen door wrong, ging je Stans grot van Aladdin binnen.

Hoog opgetast, glinsterend en stoffig, lagen krullende metalen geweien en draadachtige stekels en snorharen die, als je beter keek, uit elkaar gehaalde fietsen bleken te zijn – sturen, wielen, plus hier en daar een voorvork of zadel. Er waren ook stellen kleinere wielen, altijd vier stuks, van kinderwagens, en zelfs een paar hele kinderwagens, die gevaarlijk boven op elkaar stonden alsof er een ongeluk was gebeurd. Het meest trots was hij toch op de inhoud van de zakken die hij, uit angst voor dieven, op de vliering bewaarde, waar de gaten in de vloer als valkuilen fungeerden. Hier had hij zakken vol stukjes ivoor: in beslag genomen pianotoetsen, die (samen met zijn andere trofeeën) voor Stan kennelijk een listig vergaard fortuin vormden, alle schatten van de wereld, of bijna alle, onbeperkte rijkdommen in een kleine ruimte.

Zijn plan was geweest om de onmisbaarste bezittingen van de mensen in beslag te nemen – hun vervoer en hun muziek – als onderpand voor grote schulden. Ze werden nooit ingelost. Maar dat vond Stan niet erg, helemaal niet.

Hij was juist blij en opgewonden alsof hij zijn eigen valuta had uitgevonden en daarin heimelijk miljonair was. Hij koesterde de stukjes ivoor en de fietswielen, en beschouwde de magazijnen als een soort kluis. Dit was zijn schat, zijn equivalent van de verzamelingen geurzakjes en kralen die zijn zusters in hun slaapkamer bewaarden. Zij van hun kant deden misprijzend over zijn onverklaarbare liefde voor die rotzooi, maar ik geloof dat ik zelfs toen ik nog klein was eigenlijk wel begreep – omdat ik de kinderwagens en fietsen mooi vond, en verwonderd en geïmponeerd was door wat ik aanzag voor de gestolen tanden van al die piano's – dat dit ook weer een dependance was van het fantasiebouwsel van de Hereford Stores. Ze hadden (op slager Tom na) bijna vergeten dat een winkel drijven wilde zeggen dat je goederen ruilde voor geld; feitelijk fungeerde de winkel als een schrijn voor het verleden. Moeders emotionele gulheid, haar gave voor geven, had van hen alle drie dwangmatige verzamelaars gemaakt.

Hun bankroete idylle duurde na de oorlog nog bijna tien jaar. En zelfs toen Katie eindelijk trouwde, en gruwelijk kort daarna overleed aan een beroerte, waardoor alle fabeltjes over mannen bevestigd werden, bleef de Hereford Stores een schamele boterham opleveren voor mijn moeders broer, oom Bill, die niet wilde deugen, en die bij Stan introk in zijn schemergebied totdat hij – ergens rond 1960 – veroordeeld werd wegens het helen van een partijtje gestolen waspoeder, en het bordje GESLOTEN voor het laatst werd opgehangen en eindelijk letterlijk moest worden genomen.

Grootmoeder vond naast haar bezoeken andere uitlaatkleppen voor haar fantasie. Verzamelen kon ze overal en hoewel Shrewsbury en Chester in haar ogen niet konden tippen aan Cardiff, gaven ze haar wel de geborgenheid van straten terug, en de cafés en bioscopen daar beschermden haar tegen het vijandige gefluister van de bomen en de vlagen mestgeur. Ook die uitstapjes waren alleen voor vrouwen, en er waren uren voorbereiding voor nodig, gevolgd door een ritje naar de trein met een godslasterlijke grootvader achter het stuur, of ook weleens een taxi, en dat alles om haar een paar ontspannen uren te bezorgen in de verkwikkende mensenlucht van een matinee in de Gaumont of de Majestic. De pluchen stoelen, het dempen van de lichten die op het gedrapeerde gordijn glansden als het omhoogging, de doos chocola, waren bijna even belangrijk als de film zelf. Maar ze vond het allemaal heerlijk, en ging zo enthousiast op in de illusie dat ze helemaal voorbijging aan het aspect fictie. De nieuwste film van Ava Gardner gaf alleen maar het laatste nieuws over de avonturen van de overspelige Ava sinds de vorige keer dat je haar had gezien: de veranderingen in kleding en decor en naam waren zwakke pogingen zich te vermommen, waar grootmoeder zich geen ogenblik door om de tuin liet leiden. Ze was erbij toen Joan Fontaine, ondanks al haar blonde ijzigheid, voor Harry Belafonte viel en zou (zei ze) Joan nooit meer vertrouwen. Bij Grace Kelly spiedde ze met argusogen naar tekenen van vergelijkbare neigingen en zag haar wantrouwen min of meer bevestigd toen Grace met een donker type trouwde. (Zelf at ze niet eens donkere chocola, en als iemand een gebronsde huid had, zat er vast een zwartje in de familie.) Toen de televisie eenmaal in ons leven was gekomen, raakte ze verslaafd aan soap-opera's, vooral *Emergency Ward 10*, dat de ene saaie dag op het platteland na de andere háár leven redde. De buis werd uiteindelijk haar oppas, het laatste, ver van het origineel verwijderde substituut van haar moeder. Tegen die tijd keek ik op haar neer en behandelde haar als een seniel klein kind, hoewel ik eigenlijk ook erg bang van haar was, omdat je aan haar kon zien wat het was om nooit volwassen te worden.

Toen er een keer in Zuid-Wales een vriendin van Katie

kwam logeren, moest ik een nacht in een veren bed slapen, ingeklemd tussen Katie en grootmoeder, en dat onbestemde gevoel van steeds verder weg, steeds verder omlaag zinken in een diep nest van veren, volants en vlees, ging bij de Rhondda horen. Eindeloze regressie dreigde daar: wenkte, en dreigde. Het was prettig – hoe kon het ook anders? – om terug te keren naar de verstikkende, zachte schoot van de Stores. En toch was ik altijd blij als ik er wegging. Terwijl ik groeide, werd grootmoeder kleiner, zodat ze soms bijna bolrond leek. Zij en Katie vormden eigenlijk zo'n exclusieve club dat zelfs mijn moeder geen volwaardig lid was, en ik was nog verder verwijderd van het allerheiligste omdat ik me mijn overgrootmoeder niet kon herinneren, en dus maar moest aannemen dat alle lof voor haar terecht was.

Er waren nog andere Welshe stemmen waarnaar ik had kunnen luisteren. Een enkele keer kwamen er mensen in de winkel die – tot mijn grote verbazing – mijn moeder een compliment maakten dat ik zo'n boekenwurm was en vol trots praatten over de vorderingen van hun kleinkinderen die naar de middelbare school gingen. Net als in andere mijngebieden liepen de mensen in Tonypandy warm voor onderwijs, in schril contrast met de conservatieve laatdunkendheid en laksheid in Hanmer. De toekomst was echt en belangrijk, en ook als je net als je pa de mijn in ging, werd er niet verwacht dat je ophield met lezen, denken, discussiëren en over politiek praten; er waren in die tijd nog heel wat autodidacten. Toch werd mijn beleving van het dorp bepaald door de sfeer van de Hereford Stores, zodat ik op reis naar het zuiden altijd het gevoel had dat we een laatste hoekje van het verleden in gleden. Ik wist daar niet wie ik was – hoefde het ook niet te weten. Het was alsof ik nog niet geboren was.

Grootmoeder bewaarde papieren zakken in papieren zakken in papieren zakken... Jaren later, toen ze overleden was en mijn moeder en ik de koffers nazochten waarin tegen die tijd de samengepakte restanten van haar levenslange gehamster zaten, stuitten we op een stapeltje brieven van mijn grootvader, met het onvermijdelijke, geijkte roze lint eromheen gebonden. Het waren de epistels waarin hij haar het hof maakte, vol citaten uit gedichten, sentimentele overdrijving, veelbelovende plannen. We vonden ze vreselijk gênant en besloten (hadden we het maar niet gedaan, denk ik nu) ze te verbranden, want zo te zien waren het de schandelijke bewijzen van het wederzijdse bedrog dat tot dat afgrijselijke huwelijk had geleid. In diezelfde koffer zat ook geld, opgevouwen bankbiljetten listig verspreid tussen de foto's van Katie op haar paasbest en de harde stukken zeep en suikerklontjes, opgespaard voor als er weer distributie kwam. En dat geld was de sleutel tot een ander gedeelte van haar verhaal. Waar had ze het vandaan? Waar had ze trouwens het aanzienlijke bedrag vandaan – ongeveer vijfhonderd pond – dat ze op een spaarbankrekening op mijn naam had vergaard (om te zorgen dat mijn vader het niet kon erven, zei ze een keer tegen me)? Ik dacht er toen niet zo over na en hield de theorieën die in de familie de ronde deden voor sterke verhalen. Maar de manier waarop grootmoeder de grens tussen fantasie en werkelijkheid liet vervagen, en haar vermogen me terug te zuigen naar het verleden hebben haar lang overleefd.

Wat het geld betreft: onlangs vroeg ik mijn vader of sommige van de bizarre dingen die ik me over mijn grootouders herinnerde niet een grond van waarheid hadden. Hoe zat het bijvoorbeeld met het verhaal dat grootmoeder grootvader jarenlang had gechanteerd door te dreigen zijn privédagboek aan de bisschop te laten zien als hij niet iedere drie maanden een deel van zijn inkomsten afdroeg? Ja hoor, zei mijn vader, dat was zeker waar. Maar hoe wéét je dat? vroeg ik. Heel eenvoudig, zei hij, ik heb die dagboekjes, twee stuks. (Want die had ze ook in een van de koffers bewaard, al had mijn moeder daar nooit over gerept.) Hoe het ook zij, na enige overreding gaf mijn vader ze schoorvoetend aan mij: twee kleine, goedkope, roodachtige dagboekjes, voor 1933 en 1934, allebei uitgegeven door John Walker & Co., Farringdon House, Warwick Lane, EC4, volgeschreven met pietepeuterig schrift en met tussenpozen van een week versierd met gekleurde zegels die hij erin plakte om de kerkelijke kalender aan te geven. Die lieten hem nog minder ruimte om de compromitterende details van zijn dagelijks leven op te schrijven, maar hij wist er nog genoeg in te krijgen.

IV

De erfzonde

Grootmoeder heeft grootvaders dagboekjes van 1933 en 1934 ongetwijfeld als bewijs tegen hem bewaard. In het boekje van 1934 staan zelfs een paar vernietigende kanttekeningen in haar handschrift: *Hier begint de pret* (vrijdag 25 augustus), en: *De liefde begint (de gek)* precies een week later. Als hij weigerde het geld op te hoesten dat ze wegstopte in haar koffers, gebruikte voor haar uitjes naar de bioscoop en thee met schuimgebakjes bij de Kardomah, en op de spaarbankrekening stortte die ze uiteindelijk op mijn naam zette om te voorkomen dat een of andere man eraan zou kunnen komen als ze overleed, dan zou ze met de belastende documenten naar de bisschop gaan, dreigen met een schandaal en een scheiding, en zorgen dat hij zelfs de ellendige standplaats die hij had nog kwijtraakte.

Het lezen van die dagboekjes gaf me het gevoel dat ik stiekem naar binnen gluurde in de beginperiode van mijn wereld. 1933 was het jaar dat mijn grootouders uit Zuid-Wales naar Hanmer kwamen. Er stond in hoe het Hanmer waarin ik opgroeide was ontstaan – hoe de pastorie zijn lugubere sfeer kreeg, hoe we het contact verloren met alles wat fatsoenlijk was, hoe het geld onbegrijpelijk werd en (vooral) hoe mijn grootvader de rol van martelaar ging spelen die hem isoleerde. 1933, liet hij niet na te vermelden, was de negentienhonderdste verjaardag van het lijden van Christus: 'Dit is het jaar van de kruisiging AD 0–33, 1900-1933. Een heilig jaar.' Hij was zelf geen drieëndertig maar eenenveertig, en voordat hij deze nieuwe, uitgestrekte plattelandsparochie in het noorden kreeg aangeboden, vreesde hij dat zijn loopbaan in de Kerk van Wales een smadelijk eindpunt had bereikt. Hij zat al twaalf jaar op dezelfde plek. 'We zijn nu aan het einde van de wintertijd,' schrijft hij op 8 april, op zaterdagavond, als hij de geestelijke balans opmaakt en zijn zondagse stijl al bezigt, 'en ik ben nog altijd in St. Cynon's. O God, geef me nu eindelijk een beetje geluk. Uw wil geschiede.' Maar de parochie in Zuid-Wales die hij toen heel graag had willen hebben, Pencoed, ging de donderdag daarna al naar iemand anders en de volgende dag, Goede Vrijdag, meet hij zijn ellende breed uit als hij preekt over het onderwerp: 'Wie zal de steen wegrollen...?'

Pas later in de week na Pasen hoort hij – dan schrijft hij het tenminste in zijn dagboek – hoezeer hij vernederd is: 'Ze hebben me waarachtig terzijde geschoven voor een jonge vent die pas sinds 1924 priester is. Dit is toch het toppunt. Wat moet ik in 's hemelsnaam beginnen? Zonder enig uitzicht, zonder kansen.'

Maar hij heeft met uitzichtloosheid leren leven, dat is nog het ergste van alles. Hij verbeuzelt zijn tijd en denkt niet meer aan de dramatische afwijzing. De enorme schok bij het openen van dit compromitterende boekje was voor mij dat de eerste helft ervan – met uitzondering van de paar wanhopige, gefrustreerde hartenkreten die ik heb geciteerd – het verslag was van een onbenullig, knullig, bijna lachwekkend huisbakken leven. Ik had een zondaar verwacht die zich schuldig maakte aan trots, lust en geestelijke vertwijfeling, en niet alleen maar aan luiheid en dwaasheid. Dit was het dagboek van een nul. Zo had ik januari tot juni 1933 bijna overgeslagen in het belang van grootvaders glansrol als romantisch personage. Maar in feite moeten we dit niet uit de weg gaan: de verschrikkelijke wetenschap dat de antihelden, als ze niet bezig zijn de geboden te overtreden, hun tabakspijp repareren en naar de radio luisteren.

Hij voelt zich 'knap beroerd' (dat oxymoron van de middenklasse) tijdens die laatste maanden van stagnatie in Zuid-Wales. In de Kerk van Wales kon je ongestraft de kantjes ervan aflopen, niemand nam er officieel notitie van, een priester was tenslotte een heer. Bij de non-conformisten zou het anders zijn geweest, veel meer een kwestie van naar buiten toe vrome, bemoeizuchtige omgang met de gemeente, maar hij slaagde erin zijn depressie in stilte te koesteren. Hij bleef lang in bed liggen, slapend of mokkend, omdat hij het zulk vreselijk weer vond: 'Opstaan is een verschrikkelijke beproeving op deze ijzig koude ochtenden' – en maakte de open haard aan in de studeerkamer. Of wilde dat doen. Vaak gingen er dingen mis, zoals hij verwachtte: 'De haard aangestoken in de studeerkamer maar er kwamen hopen roet naar beneden waardoor het vuur uitging,' vermeldt hij op 6 mei nog. 'Ben helemaal niet opgeschoten met mijn preek vandaag. Rond theetijd vloog er een vliegmachine over...' Het is niets voor hem om te merken wat er buiten gebeurt, hij heeft immers schoon genoeg van zijn omgeving (zijn parochie, zijn gevangenis). Maar misschien brak het vliegtuig door zijn afweer heen omdat het bij hetzelfde element, de lucht, hoorde als het weer, dat hij regelmatig beschrijft als een afspiegeling van zijn stemmingen, of als contrast. Hij is goed in de retorica van de barometer: met ijzige regen komt de personificatie, zonneschijn staat gelijk aan ironie, met de sneeuw komt alles aangenaam tot stilstand.

Bovendien was de vliegmachine iets nieuws, en een apparaat, net als de radio, waar hij aan verslaafd was. Met zijn oor tegen de luidspreker gaat hij zelf de radiogolven op en zijn contact met de wijde wereld is zo intiem dat het wel lijkt of die in zijn hoofd zit. 'Kiespijn', staat er op een dag, 'aardbeving in Japan'. In Duitsland neemt Hitler de macht over (31 januari), de eedaflegging van Roosevelt wordt uitgezonden (4 maart), grootvader tekent de feiten op, maar geeft geen commentaar, hij heeft meer belangstelling voor de kwaliteit van zijn kortegolfontvangst, het plaatsen van de antenne en of hij een Pye of een Murphy zal kopen. Hij neemt ze allebei op zicht en probeert ze, kriebelt piepkleine tekeningetjes van de concurrerende apparaten in zijn boekje en na een tijdje prettig dubben – 'De hele dag besteed aan het maken van een keus tussen de Pye en de Murphy' – geeft hij het exorbitante bedrag van £17.17s.0d uit aan de Pye, '... ineens betaald.'

Dat is een enorme uitspatting, niet veel minder dan een maandsalaris (zijn inkomen bedroeg £73.4s.4d per kwartaal), maar hij is het aan zichzelf verplicht, want als hij naar de radio luistert en met de knoppen speelt kunnen zijn luiheid en verveling doorgaan voor drukke bezigheden. Hij spreekt weinig mensen, zelfs niet over de zaken van de Almachtige. Hij mijdt het Regionaal Kapittel ('verlang er helemaal niet meer naar de geestelijken van de Rhondda te ontmoeten – ze zijn allemaal zo bezig met hun carrière') en noteert nauwkeurig en met een soort narrig genoegen het beroerde kerkbezoek bij guur weer: 'Opgestaan voor de H[eilige] C[ommunie]. Niemand bij de HC.' De radio daarentegen is goed gezelschap. 'Heb de hele middag in de studeerkamer met mijn oude radio zitten prutsen,' luidt een bijna tevreden aantekening lang nadat hij de onovertroffen Pye heeft aangeschaft. Het gebrom, het gekraak en het kosmisch gefluit van de radiostoring konden waarschijnlijk bijna net zo goed dienen als de programma's om een cocon van verstrooiing om hem heen te spinnen. Hij leest natuurlijk ook, op dezelfde ongedurige manier, bij voorkeur sciencefictionverhalen over andere werelden. Op 17 januari bijvoorbeeld: 'De radioprogramma's zijn erg saai en vervelend. Heb *De verloren wereld* van Conan Doyle gepakt en het helemaal uitgelezen.' Hij is een ervaren leunstoelreiziger. In maart doet hij zelfs alsof hij een paar dagen weggeroepen is, om te ontsnappen aan de parochiezaken – 'Iedereen denkt dat ik vandaag niet thuis ben. Ben binnengebleven en heb wat gelezen... Heb de haard aangestoken in de studeerkamer en daar de hele dag zitten lezen in Jules Vernes *Reis naar het middelpunt van de aarde...*' Soms zat hij niet in de studeerkamer maar in de keuken, soms klaagt hij niet over kiespijn maar over hoofdpijn. Op zijn officiële vrije avond ging hij in de studeerkamer naar de kerkgangers zitten kijken.

Hij had ook nog zijn rookgordijn. Hij rookte een pijp. Dat was tenminste de theorie. In de praktijk bedacht hij zijn eigen extra rituelen om zijn gewoonte gecompliceerder en juist door het gebrek aan bevrediging bevredigender te maken. Prutsen met pijpenragers en schrapertjes was niet genoeg, deels omdat hij naar sigaretten snakte – hoewel die een 'oude pijn' in zijn borst terugbrachten – en deels omdat hij een pijpensteel niet kon vastklemmen tussen die zere tanden van hem. Hoe dan ook, hij knoeit niet alleen met pijpgerei, hij gaat nog verder. In een soort parodie op een knutselaar snijdt hij ze bij: 'Mijn pijp – de Peterson – korter gemaakt en hem bedorven,' luidt een beknopte aantekening in januari. Had hij er het land over? Waarschijnlijk niet, hoewel het niet duidelijk is of hij zijn pijpenplan al uitgewerkt heeft. Weet hij dat hij er eigenlijk op uit is (per ongeluk natuurlijk) zijn pijp te bederven en er zo 'werk' aan te hebben, en bovendien een reden te hebben om weer op sigaretten over te gaan? In februari koopt hij een nieuwe Peterson ('No. II') en op zaterdag 22 april experimenteert hij weer en geeft een volledige verklaring: 'Nadat ik gegeten had, heb ik een sigarettenpijpje gemaakt van mijn Petersonpijp omdat dat voor mij de meest bevredigende manier van roken is. Het volle gewicht van de pijp is te veel voor mijn tanden.' In mei: 'Rook nog steeds sigaretten maar vind dat ik terug moet naar de pijp.' In feite koopt hij de volgende dag al een nieuwe naamloze pijp, maar hij legt hem vol walging terzijde – 'te beroerd om te roken. Een goedkope pijp is niets waard.' Terwijl een dure een sikkeneurige knutselaar uren van genoegen en afleiding verschaft. Op 15 mei koopt hij weer een Peterson, 'een tulpvormige Peterson No. 3' deze keer, en weet hem vrij snel kapot te krijgen: 'Zaterdag 27 mei. Mijn Peterson-pijp gebroken. Het ziet ernaar uit dat ik bij het sigarettenpijpje moet blijven.' Op maandag schrijft hij trots in het dagboek dat hij 'van de Petersonpijp een sigarettenpijpje gemaakt heeft'; en dat bevalt hem zo goed dat hij in de week daarna weer een 'lichte' pijp gaat kopen (3 juni), waar hij twee dagen later óók weer een sigarettenpijpje van maakt. Op 9 juni koopt hij een Peterson No. 33...

Naarmate zijn frustraties toenemen, wordt zijn destructief geknutsel ook veelvuldiger, zodat roken een van de quasi-bezigheden wordt waarmee hij de bruisende uren en dagen van zijn zittend bestaan vult. Zijn gevoelens zijn in eeuwigdurende beweging – hij is van zichzelf vervuld en tegelijkertijd verafschuwt hij zichzelf, en het geklungel wordt afgewisseld door sombere visioenen van zinloosheid. 'Er kwam vandaag niets uit mijn handen, ik voelde me misselijk en beroerd' (maart). 'Heb de hele dag in de studeerkamer gezeten en niets gedaan' (april). Ook al is hij altijd thuis, waar hij de stoelen uitslijt met zijn knokige achterste, zijn gezin bestaat nauwelijks voor hem – *behalve mijn moeder*. En dat was de tweede verrassing van het in Zuid-Wales geschreven gedeelte van het dagboek van 1933: dat zijn tienerdochter Valma (ze werd op 14 maart vijftien) een plaats heeft binnen zijn eenzame leven. Ze is de enige in wie hij een taak ziet, hij geeft haar al een jaar thuis les (noteert hij in mei) en ze komt voor in hetzelfde soort zinnen als de radio, de boeken en de pijpen, waar haar aanwezigheid plotseling duidt op mensen in huis: 'Heb de ochtend en de middag besteed aan Valma's lessen. Was rond theetijd toe aan Latijn'; 'Heb de hele middag in huis gezeten en Valma lesgegeven.' Hij bedenkt lesprogramma's en neemt haar examens af. Ze is zijn contactpersoon met de buitenwereld, in meer dan één opzicht, want ze doet ook boodschappen en post brieven.

Mijn moeder is degene die de brief post waarin hij om de standplaats in Pencoed vraagt, nadat hij dagenlang geaarzeld heeft of hij zich zal laten kennen, bang om afgewezen te worden (zoals ook gebeurde). In haar kan het lot hem treffen. Zij vertegenwoordigt een mogelijke toekomst. En de reden waarom dat mij zo verraste, was dat ze me altijd de indruk had gegeven dat ze nooit vertrouwelijk met hem was geweest, en dat hij met haar nooit zo verbonden was geweest door de liefde voor boeken als met mij toen ik klein was. In mijn moeders verhalen over haar jeugd waren de Latijnse les en de pianolessen (ze was muzikaal, net als hij en anders dan ik) uitgewist zonder een spoor achter te laten. Waarom? Waarom had ze partij gekozen voor mijn grootmoeder en wanneer? Het verhaal dat zich kort daarna in Hanmer zou afspelen verklaart, vrees ik, precies waarom. Maar intussen wordt ze door hem gevormd, net als ik later. Hij schrijft afstandelijk en liefdeloos over zijn zoon Billy, die alleen zijn aandacht trekt als hij spijbelt van school en daar een flink pak slaag voor krijgt. En dan al kunnen hij en mijn grootmoeder elkaar (zacht uitgedrukt) niet luchten of zien. Ze moet die ijzige winter van 1932-'33 erg ziek zijn geweest, want hij schrijft op woensdag 5 april in zijn dagboek: 'Hilda is voor het eerst sinds Kerstmis naar buiten geweest.' Maar dat is niet het enige. Hij noemt haar naam alleen maar om te noteren wanneer ze afwezig is. Zodra ze ertoe in staat is gaat ze uit, vaak naar haar echte thuis in de Hereford Stores, en laat ze hem in zijn eigen sop gaarkoken. Het dagboek pruttelt door: 'Dit mag je toch wel onrecht noemen. Ik geloof dat een stel idioten het hier in het bisdom voor het zeggen heeft... Ik bid dat dit mijn laatste Pasen in St. Cynon's mag zijn.'

En van de ene dag op de andere werden zijn gebeden verhoord, op het moment dat hij dat het minst verwachtte. De opleving van zijn aspiraties en zijn krachten zou nog maar een paar weken op zich laten wachten. Op 13 juni gaat de lange winter van ongenoegen ten langen leste over in de lente – 'Eindelijk is de dag der hope aangebroken. Er kwam een brief van de bisschop waarin hij me vraagt te komen praten over de standplaats HANMER en TALLARN GREEN.' En om het te vieren laat hij zijn querulantisme nog eens de vrije loop. Daarna gaat alles heel snel. Op 25 juni reist hij per trein naar het noorden om een bezoek te brengen aan Hanmer, twee dagen later bekijkt hij de pastorie ('een aardig oud huis, ik kan me niet voorstellen dat ik daar woon') en hij accepteert de standplaats op 3 juli, zodat hij op vrijdag 28 juli het bericht van zijn aanstelling in de *Church Times* kan lezen en ziet dat het echt waar is – 'O vader, eindelijk zie ik mijn verlangens vrucht dragen...' – en binnen een paar weken begon de pret, zoals we weten.

Alles is plotseling in beweging, op losse schroeven, het oude landschap van zijn depressie achtergelaten in de Rhondda – evenals zijn vrouw en zoon en ook Valma, voorlopig, omdat de pastorie in Hanmer nog schoongemaakt en een beetje opgeknapt moet worden, en bovendien hebben ze tijd nodig om te pakken. Plotseling is hij alleen in die nieuwe omgeving ('een prachtig oord') waar hij voor iedereen een volslagen onbekende is. Mobiliteit. Iets wat je vrijheid zou kunnen noemen. Hij moet zijn werkzaamheden onmiddellijk aanvangen, nu de oude kanunnik, die al lang kwakkelt, zijn verzet eindelijk heeft opgegeven en zich heeft laten overhalen om weg te gaan. Zijn twee kerken liggen vijf kilometer van elkaar af, over ruige, kronkelende landweggetjes bedekt met koeienvlaaien, met aan weerskanten greppels vol onkruid. Hij schaft zich een fiets aan, waarmee hij de glooiende heuvels op loopt (bergen zijn hier niet) en aan de andere kant omlaag freewheelt. In het dagboek zien we hem zijn weg zoeken langs een kralenketting van nieuwe plaatsnamen – Bangor-on-Dee, Wrexham, Ellesmere, Horseman's Green, Eglwys Cross, Bronington, Bettisfield, Whitchurch – die samen een plattegrond vormen waarop zijn pad steeds vaker dat van de wijkverpleegster kruist, zuster Burgess, die natuurlijk ook een fiets heeft...

Nog maar een paar dagen eerder is hij er, vreemd genoeg, helemaal op voorbereid dat hij zich eenzaam en ongeïnteresseerd zal voelen. 'Het is erg stil in Hanmer,' schrijft hij veelbetekenend, 'heel stil... De tijd valt me hier nogal lang.' Dan komt de nieuwe fiets. In augustus is er een hittegolf, de kinderen zwemmen in het meer, net als wij twintig jaar later (behalve dat het in 1933 alleen de jongens zijn) en precies op de dag waarop hij toegeeft dat hij voor het eerst een ritje mét de zuster maakt (*'Hier begint de pret'*) worden ze allebei beroepshalve naar de waterkant geroepen, omdat er een jongeman is verdronken. Dat is het begin van een tragische nevenintrige die nog maandenlang op de achtergrond blijft doorzeuren: de verdronken Jack is de aanstaande van Molly, de zwaarbeproefde Molly komt als dienstmeisje in de pastorie werken, ze wordt gek, zuster Burgess probeert haar te laten opnemen, enzovoort. Maar op dat moment is Jacks dood de belangrijkste, meest indringende gebeurtenis, een brandpunt van gevoelens. Die doortrekt de vochtige atmosfeer en maakt een einde aan iedere illusie van vredigheid. Zijn lichaam komt pas na drie dagen bovendrijven en heel Hanmer houdt een wake, de mensen staan in verhitte groepjes zachtjes te praten, hun ogen gericht op het onschuldige, gladde water dat alleen rimpelt als er vissen naar vliegen happen. Hij was ook nog een goede zwemmer, waar-

Het meer van Hanmer

door er rond zijn dood iets raadselachtigs blijft hangen: kramp, of waterplanten, of een koude onderstroom moeten hem noodlottig zijn geworden, en het is waar – het was twintig jaar later nog waar – dat soms, als het water aan de rand warm en troebel was, je benen plotseling omstrengeld werden door kille stromingen die ongemerkt onder de plompenbladeren door schoten, vlak voordat de bodem steil afliep.

Ook grootvader voelde al gauw geen grond meer, maar hij genoot met volle teugen en merkte pas hoe ver hij gegaan was toen zijn vrouw en kinderen op het toneel verschenen. Hij voelde geen grond meer, maar voelde zich wel *in zijn element*. Hij en zuster Burgess, nu in het dagboek kortheidshalve MB, peddelen alle dagen van de week naar het paradijs, ook 's zondags. Met een zwerm muggen achter zich aan sjouwen ze hun fietsen door de berm en over een modderige uitrit, en achter de haag knuffelen en kneden ze elkaar tussen kaasjeskruid, wilde peen en brandnetels vol stuifmeel. Misschien spreiden ze zijn zwarte, naar tabak riekende toog op de grond om zich te beschermen tegen mieren en de krioelende wespen die dronken zijn van de wilde appeltjes. Of, wat waarschijnlijker is, ze houden hun uniform aan en leren elkaars lichaam stukje bij beetje kennen. Hij is mager en pezig, MB in haar gesteven blauwe linnen is fors maar nog niet gezet, gespierd door alle lichaamsbeweging, haar armen roze-met-wit gevlekt door zeep en zon. Ze heeft de handen van een vroedvrouw. Zijn vingers zitten vol inkt en krommen zich liefkozend om een denkbeeldige pijpenkop of bij het preken om een handvol lucht, en nu om de volle boezem waarop haar horloge voorttikt. Het is bijna altijd middag, men denkt dat ze ergens thee drinken, met aardbeienjam en vruchtencake, en dat doen ze, dat doen ze ook. Koeien kijken onverschillig toe, sjokken naar het hek, vanwaar ze straks het weggetje op zullen drommen om gemolken te worden. En ze worstelen met elkaar tot ze zich allebei gewonnen geven en zich een poosje ontspannen, met een half oor luisterend naar het kleine stroompje water in de greppel aan de andere kant van de haag, waar de plicht roept. Hoewel het door de roeken en houtduiven moeilijk is die roep te horen.

Zo stel ik me voor dat ze alvast hun eigen oogstfeest vierden, de gebeurtenis in het kerkelijk jaar die in deze heidense plaats de meeste weerklank vindt, zoals hij zal merken. 'We ploegen en we zaa-aaien/ Het kost'lijk zaad op 't land.' Was dat hun methode om zwangerschap te voorkomen: *coitus interruptus*, waardoor ze de zonde van overspel nog verergerden? Opzettelijke onvruchtbaarheid, het zinnelijke, verboden genot van het *genieten omwille van het genieten*, moet hun liefdesspel iets extra's hebben gegeven. Het was een festijn van gelukzalige onvruchtbaarheid. Het is best mogelijk dat MB een sponsje en een zaaddodend middel gebruikte. Een verpleegster, die immers beroepshalve ongetrouwd is, hoorde verstand te hebben van die dingen; en alle verpleegsters waren hoe dan ook hun traditionele waas van vrouwelijke onschuld – hun collectieve *morele* maagdelijkheid – al kwijtgeraakt door hun vertrouwdheid met de lichamen van andere mensen. Ze dienden lavementen toe en wasten de zieken, ze verzorgden de doden, legden ze af en stopten hun lichaamsopeningen dicht. Ze hielpen andere vrouwen hun kinderen ter wereld te brengen. Tegelijkertijd had een verpleegster, omdat ze haar baan niet mocht houden als ze trouwde, iets van een non – een non uit een schunnig verhaal.

Verpleegsters prikkelden de fantasie. En dat gold, om enigszins andere redenen, ook voor priesters in de anglicaanse Kerk, die mochten trouwen en dat ook deden. Grootvader had natuurlijk het sjamanistische prestige dat verband hield met het wonderbaarlijke vermogen brood en wijn van gedaante te doen veranderen, en dat ging samen met geautoriseerde toegang tot de *geestelijke* intimiteit van andere mensen. Hij oefende zijn ambt op een afstand uit, in de kerk, maar ook van dichtbij, thuis. Hij praatte met vrouwen, en met de zieken en bejaarden, en dat deed hij overdag, als andere (echte) mannen naar hun werk waren. Een anglicaans geestelijke was, in termen van culturele fictie, een soort eunuch. Toch wist iedereen dat hij geen gelofte van kuisheid had afgelegd, vandaar de ondeugende grapjes waartoe zijn positie ook aanleiding gaf. Misschien is het daarom verleidelijk deze romance – de Priester en de Verpleegster – te schetsen in de stijl van Hogarth' afbeeldingen van onbeteugelde, uitzinnige lust. Het Vlees zegeviert over de Geest. Een allegorie op de hypocrisie. Deze toonbeelden van heiligheid (of, in het geval van MB, toch zeker van zindelijkheid) gingen tekeer als bronstige beesten, geen haar zuiverder dan het boerenvolk waaraan ze hygiëne en heiligheid verkondigden.

Door de jaren heen turend, als een gluurder achter die dichte doornenhaag, is het moeilijk meer dan hun contouren te zien, geëtst in archetypische houdingen. Maar waarom zouden we niet een nieuwe versie van hen maken, à la Arcimboldo bestaand uit groente en fruit, want dat is immers een minder moraliserende gedaanteverwisseling? O vader, eindelijk zie ik mijn verlangens vrucht dragen, ik zie appelwangen, koolbladerenkrullen en een morellenmond.

Op 31 augustus neemt hij even de tijd om zijn zegeningen te tellen: 'Het einde van een heerlijke maand voor mij. Gode zij dank.' Een paar dagen later voorziet hij mogelijke 'complicaties' met MB, maar voor het moment is hij zo gelukkig dat hij zijn aard verloochent en eenvoudigweg weigert om te piekeren. Hij moet toegeven dat hij het naar zijn zin heeft: 'Ach, ik moet het leven nemen zoals het komt en van alles wat er gebeurt het beste maken,' schrijft hij, helemaal de vrome stoïcijn die de verrukkingen aanvaardt waarmee het de Heer goeddunkt hem te bestoken.

Voor korte tijd reist hij terug naar Zuid-Wales, waar Hilda en de kinderen boven de Hereford Stores logeren, gepakt en gezakt voor hun vertrek. Terwijl hij daar is vangt hij af en toe een duizelingwekkende glimp op van zijn gehate vroegere parochie – 'ben gaan wandelen op de Coronation Hill, vanwaar de parochie Ynyscynon te zien is' –, waarna hij in zijn eentje terugreist naar het noorden en in Wrexham door MB wordt afgehaald. Dan, op 13 september, schrijft hij dat vrouw en kinderen AANKOMEN IN HANMER, met hoofdletters. Hilda heeft haar geliefde zus Katie meegebracht om te helpen en om de slag van het vertrek uit de Rhondda te verzachten, maar dat neemt niet weg dat het huilen haar nader staat dan het lachen als ze voor het eerst de plattelandslucht opsnuift. 'Ze is vanavond doodongelukkig,' vertelt hij het dagboek. De volgende dag voelt ze zich niet beter ('vreselijk ongelukkig') en de dag daarna stuurt hij hen uit winkelen in Whitchurch, het dichtstbijzijnde stadje, tien kilometer verder, met hetzelfde resultaat: 'Hilda weer ongelukkig.' Als hij 's zaterdags de balans opmaakt constateert hij dat zijn eigen heimelijke geluksgevoel wat begint weg te ebben: 'Voel me weer niet erg goed. Dat komt door de druk van de verhuizing en Hilda's lusteloosheid.' Hij schijnt het nogal onredelijke idee te hebben dat ze zou moeten delen in zijn opgetogenheid, mee zou moeten leven met de ommekeer in zijn gevoelens. 'Ik moet ieders lasten dragen en ook nog de mijne,' eindigt de passage, met een opwelling van zelfmedelijden.

Natuurlijk wist grootmoeder nog niets van MB. Als hij op de fiets zat, op de stille weggetjes van het dorp, kon zij hem met haar gedachten niet meer volgen. En in elk geval was MB in Hilda's ogen gewoon een van de dames uit de buurt die hun nieuwe priester tijdens zijn eerste eenzame weken liefdevol in bezit genomen hadden. De voornaamste van hen was lady Kenyon, een weduwe, die (zo blijkt later) het werkelijke hoofd van de gemeenschap van Hanmer was, en de gelijknamige familie Hanmer qua stand zowel als rijkdom in de schaduw stelde. Het dagboek vermeldt dat hij dikwijls werd rondgereden in haar auto, en dat hij geregeld werd uitgenodigd voor de thee of een intiem diner op Gredington, de comfortabele behuizing van de Kenyons. Verder zijn er juffrouw Crewe – het hoofd van de dorpsschool – en haar vriendin juffrouw Kitchin, die de bakkerszaak dreef en daarnaast organiste in de kerk was. Ook juffrouw Crewe bezat een auto, die door juffrouw Kitchin bestuurd werd, en zij lieten hem meerijden naar Chester, Shrewsbury, Oswestry enzovoort, en vroegen hem ook op de thee. Hij was, lijkt het, een godsgeschenk voor alle vooraanstaande ongetrouwde vrouwen van de parochie. Het moet deze nieuwe vriendinnen al gauw duidelijk zijn geworden dat hij en Hilda een buitengewoon slecht bij elkaar passend, liefdeloos paar waren. Haar gezondheid, haar karakter en haar sociale achtergrond maakten haar ongeschikt om de rol van vrouw van de priester te spelen. En door dat droeve feit moet hij nog meer de indruk hebben gewekt beschikbaar te zijn voor hen allen, en in het bijzonder voor MB.

Kort na de aankomst van Hilda en de kinderen kwam ze op bezoek en begeleidde Hilda naar de kerk, 'de eerste keer' (zoals het dagboek vermeldt, wellicht ironisch). In plaats van te verkoelen wordt hun verhouding inniger: 'Ben naar Tallarn Green geweest... trof MB. Een heerlijke dag alles bij elkaar' (19 september). Hij is bijna nooit in zijn nieuwe pastorie en gaat vaak eten of kaarten bij de mensen bij wie hij op kamers woonde toen hij pas in het dorp was, waar MB ook vaak langskomt. En al heel gauw is die familie – de Watsons, de eigenaars van de winkel – op de hoogte van het geheim. Terwijl de herfst dichterbij komt, en het weer nat en mistig wordt, heeft hij het druk met zijn dubbelleven. Zelfs officiële plichten in de parochie lijken aantrekkelijk: 'Ben naar de vergadering over voorstellingen in de parochiezaal geweest... de komende tijd zal er heel wat te doen zijn in Hanmer.' Hoewel het tempo af en toe moeilijk vol te houden is, lijkt het, want op zaterdag 7 oktober bedient hij zich weer van zijn oude truc: hij verschuilt zich in zijn studeerkamer en doet alsof hij ergens anders is: 'Heb besloten de hele dag afwezig te zijn om een rustige dag te hebben.'

Het is de dag waarop de klok teruggezet wordt. Hij neemt de tijd om na te denken en – voor het eerst – te twijfelen. Is hij om de tuin geleid? 'Dank u, o God, dat u mijn gebed om overgeplaatst te worden uit Llwynypia hebt verhoord. Maar ik had liever naar een andere parochie in Zuid-Wales willen gaan dan naar het noorden.' Of misschien is hij niet zo smoorverliefd als hij eerst dacht, want de passage eindigt raadselachtig: 'Mijn hart is in het zuiden.' Maar de volgende dag al gaat hij na de avonddienst naar de Watsons, waar hij MB treft en 'het laat maakt'. Een week later is er tot zijn genoegen een 'enorm aantal mensen' in de kerk bij de oogstdienst, en hij kan op zijn lauweren rusten omdat MB een vakantiereisje gaat maken. En dan, plotseling, als hij net tot rust komt, slaat het noodlot toe en wordt hem uitgerekend het middel tot zijn vrijheid uit handen geslagen.

Met andere woorden, hij kreeg een ongeluk met de fiets. Hij sjeesde in zijn eentje tussen twee kerkdiensten over de donkere weggetjes en ging onderuit: 'Het kraakbeen van mijn been gescheurd. Op de boerderij van Pritchards in bed gelegd. Dokter McColl heeft mijn been gezet en me naar huis gebracht,' schrijft hij, kortaf, met zijn kiezen op elkaar: geïmmobiliseerd, gestrand, opgesloten in de pastorie. Het dringt langzaam tot hem door. Op woensdag is het been 'nog lang niet beter', op donderdag komt de dokter en zegt dat hij 's zondags niet in staat zal zijn zich van zijn taken te kwijten en het begint er somber uit te zien. Lady Kenyon stuurt een paar krukken. En MB, die tenslotte de wijkverpleegster is, komt terug van haar vakantie en treft hem aan in de nieuwe rol van patiënt – plat op zijn rug.

Ze weet precies wat ze moet doen. Ze komt bedrijvig de pastorie binnen, gewapend met de onschuld van haar beroep. Nu spelen hun rendez-vous zich af *in zijn slaapkamer*. Op 1 november komt ze en blijft tot middernacht. 'Voel me erg moe,' vertelt hij het dagboek voordat hij in slaap valt. MB is liefdevol bezorgd. Ze geeft hem een speciale pijp voor moeilijke tanden cadeau, met tabak, en een wandelstok 'waarmee ik me kan bewegen'. Alleen lijkt ze hem niet veel tijd en energie te laten om het huis uit te strompelen. Het dagboek wordt grotendeels in beslag genomen door haar huisbezoeken. Als na een dag of tien zoveel intensieve zorg ongetwijfeld wat overdreven begint te lijken, duikt er een nieuw toverwoord op: massage. Het gaat steeds beter met het been, maar het moet dagelijks gemasseerd worden. Zalig, zou je denken, om in haar bekwame handen te zijn. Het ongeluk blijkt zijn prettige kanten te hebben nu het zulk slecht weer is en de dagen korter worden.

Maar tussen de regels door – en die worden steeds eentoniger, het gaat over massage en nog eens massage – lees je dat hij niet werkelijk kan genieten van deze nu zo huiselijke zonde. Het is bijvoorbeeld interessant hoe hij zich bedenkt in de passage over 16 november: 'De zuster (MB) is vanochtend geweest en heeft me weer gemasseerd.' Op de 18e is hij 'nogal neerslachtig... zal blij zijn als mijn been zover beter is dat ik mezelf weer kan redden'. Op de 23e leidt de massage tot 'een lang en ernstig gesprek met MB dat de hele ochtend duurt'. Op de 25e slaat hij een klagerige toon aan: '*Moet* vanmiddag gemasseerd worden' (mijn cursivering, maar zijn kregeligheid, toch zeker?). Het ligt niet alleen aan het korter worden van de dagen. Misschien is het eigenlijk bijna een opluchting als grootmoeder, die (vermoedelijk) werd afgeleid door nostalgische dromen over de Rhondda, op 27 november eindelijk in de gaten krijgt wat er aan de hand is.

Er volgt een daverende ruzie. 'Hilda is razend.' Geen massagebehandelingen door MB meer. Hij gaat naar de orthopeed in Church Stretton en het been is snel genezen. Met de pijn van de hartstocht ligt het anders. Er volgen nog meer lange, ernstige gesprekken ('Het is een heel beroerde situatie voor MB') en nog meer ruzies met Hilda – 'Hartverscheurend hier in die landelijke stilte,' zegt hij als hij plotseling, verbouwereerd, de achtergrondruis van het verkeer, het lawaaiige leven in Zuid-Wales mist. Maar goed, hij kan weer gaan en staan waar hij wil, en er is tot zijn genoegen een hele lading uitnodigingen gekomen, waaronder een van de Hanmers, om bij hen op Bettisfield Park te komen souperen (wat uitloopt op een 'bonkende' kater de volgende ochtend). Hij is zo weinig mogelijk in de pastorie en ziet MB bij de familie Watson, net als voor het ongeluk. Er is natuurlijk wel wat veranderd, de complicaties die hij vreesde zijn werkelijkheid geworden. Op 9 december zweert hij op de bijbel de eed van een zondaar, en belooft getrouwelijk ontrouw te blijven. Hanmer is in dichte mist gehuld en er zijn dagen dat hij de deur niet uit kan. 'Moest in de keuken zitten, met eindeloos gezeur aan mijn hoofd en ellende,' schrijft hij op 19 december. 'Weet niet waar dit op uit zal draaien.' Zelfs als hij kans ziet om tot diep in de nacht weg te blijven, is grootmoeder – die toch al lijdt aan slapeloosheid – in staat om tot het ochtendkrieken te tieren: 'Heb weer een afgrijselijke nacht gehad met Hilda. De hele nacht op en diep ellendig over alles.' Hij noteert onaangedaan dat de Watsons de dierenarts hebben laten komen om hun hond uit zíjn ellende te verlossen. Hij was geen dierenliefhebber, kennelijk benijdde hij het beest.

Maar deze ellende was wel van een geheel andere orde dan de oude, duffe depressie. Dit was echte, levende, *mythische* ellende die de feestdagen een eigen, heimelijke betekenis gaf: 'Zo is de opmerkelijkste Kerstmis van allemaal begonnen.' Hij was vol energie, in beslag genomen en gefascineerd door het schouwspel van zijn leven. 'Hoe zal dit alles aflopen?' vroeg hij zich af, krampachtig op het puntje van zijn stoel zittend. Zijn gevoelens waren wisselend en tegenstrijdig. Er waren zeker ogenblikken dat hij van MB af wilde. Ze was een blok aan zijn been geworden, een extra last. En toch vertegenwoordigde ze nog steeds het lokkend avontuur. Op 27 december stuurde hij haar een brief waarin hij afstand van haar deed – 'Dit is nu het einde.' Maar de volgende avond al, toen hij naar de kerk ging om zijn kerkgewaden op te halen: 'MB liep achter me aan en maakte een scène… een avond vol treurige tirades. Ik weet niet wat ik hier allemaal van moet denken. Wat een toestand krijgen we nu. Hilda begint weer scènes te maken over MB. Zo gaat het eindeloos door. Ben niet naar bed gegaan maar de hele

73

nacht in de studeerkamer gebleven...' Tegen het einde van het jaar, en ook van het dagboek, voelt hij zich sterk aangetrokken door het idee van een einde, maar ook door het tegenovergestelde verlangen, naar meer verwikkelingen, de verdere gebeurtenissen. Als hij 1933 afrondt, houdt hij zijn opties open: 'Zo eindigt een voor mij zeer gedenkwaardig jaar. Ik heb de overplaatsing gekregen die ik zo graag wilde, naar een mooie plattelandskerk. Ik heb hier veel bijzonder vriendelijke mensen ontmoet. Maar ik ben bang dat het werk te veel voor me zal zijn. Ik heb ook MB ontmoet en daarin ligt het verhaal van de toekomst besloten. Wat zal die brengen?? God weet het want dit alles is Zijn werk. Dus leg ik mijn toekomst in Gods handen.' MB was dus Gods idee geweest.

Zij vormde niet het hele verhaal, want hij had nog andere projecten. In het nieuwe jaar moest het persoonlijke drama de ruimte in het nieuwe dagboek delen met openbaar drama. De feestcommissie van de parochie, die al in het najaar was begonnen te vergaderen, had een echte voorstelling uitgedacht, zijn eerste musical in Hanmer – en plotseling is de wereld een schouwtoneel. Als opwarmertje neemt hij op nieuwjaarsdag in de parochiezaal, als onderdeel van een erg amateuristische uitvoering, zelf een 'nummer' voor zijn rekening, een monoloog als 'Fagin in de dodencel'. Maar voor de musical is hij de grote gangmaker – voornamelijk achter de schermen; hij zoekt de orkestleden bij elkaar, repeteert met de spelers en schildert de decors. De dagboekaantekeningen krijgen iets onwerkelijks als je denkt aan het echte drama waaruit hij wegloopt. Gewapend met rollen stof en blikken verf stijgt hij uit boven de ruzies en de scènes om temidden daarvan scènes te creëren uit een andere wereld, het onschuldige, archetypische land van *Assepoester*: 'Vanmorgen opgestaan om de decors te gaan schilderen. Begon met de open plek in het bos en daar ben ik aardig mee opgeschoten tot halfvijf... Heb in de studeerkamer zitten denken over een decor voor de keuken... Heb de eerste scène vanmorgen afgemaakt. Vanmiddag te drogen gezet.'

Hij is ongelooflijk goed afgeschermd van de rauwe werkelijkheid. Alles krijgt een extra dimensie van *theater*, of anders gezegd, *kwade trouw*. Zo besluit hij zijn leven te vereenvoudigen en een morele keus te maken – 'ik moet een beslissing nemen' –, maar in werkelijkheid beleeft hij veel plezier aan alle complicaties van besluiteloosheid, de schoonheid van zowel/als: 'Dit is dus het einde of is het het begin van een nieuw tijdperk voor mij.' De persoonlijke geschiedenis wordt ingewikkelder – mevrouw Watson praat met hem over MB, MB en Hilda krijgen slaande ruzie... In het dorp gonst het van de geruchten. Hij trekt zich er niets van aan en misdraagt zich buitensporig. In deze periode ontmoeten MB en hij elkaar in de kerk, Gods schuilplaats. Toch worden de gebeurtenissen niet bepaald door de emotionele logica van overspel, maar door de voorbereidingen voor de musical. *The show must go on* – 'een lang en ernstig gesprek' met MB moet wijken voor 'een goede repetitie'. Hij heeft het laatste decor, de balzaal, klaar (1 februari) en is nu bezig ter plekke in de parochiezaal de hele reeks decors op te hangen en de coulissen te schilderen. 'Had vandaag thuis ruzie met Hilda,' noteert hij op 3 februari. 'Ben daarna naar de zaal gegaan om verder te schilderen. MB bracht me een kopje thee.' Zijn planning is wel erg krap, want de eerste middagvoorstelling is al over vier dagen, maar het is een echt liefdewerk. Eindelijk vervult hij zijn roeping ten volle – de hardwerkende tovenaar die wonderen verricht voor het publiek.

Hij is nu begonnen de grootvader te worden die ik me herinner – alleen moet hij nog ondervinden hoe bitter het is *werkelijk* betrapt te worden. De musical was een triomf. Hij trok een rokkostuum aan om het orkest te dirigeren, sir Edward Hanmer prees hem in het openbaar vanaf het po-

Assepoester *in de parochiezaal, grootvader vooraan in het midden*

dium en datzelfde deed lady Kenyon, op de laatste avond. Tot dat moment rekende niemand hem zijn zonde aan, MB was kennelijk niet meer dan een pekelzonde in vergelijking met de machtige magie van *Assepoester*. Ja, het lijkt wel alsof de mensen min of meer het gevoel hadden dat het allemaal bij de voorstelling hoorde. Hij had een liefdesverhouding met de parochie. Geen wonder dat hij zich plotseling verloren en eenzaam voelde toen het gordijn viel. Zijn leven was nog net zo'n warboel als altijd, maar het leek hem onbeduidend. Hij merkte op dat de tijd hem lang viel – en dat zijn precies de woorden die hij gebruikte vlak voordat hij MB ontmoette. Hij was rusteloos, popelde om de volgende fase van zijn levensloop in te gaan. Deze keer zou mijn moeder onder de spelers zijn (ze had geen rol gespeeld in de eerste musical, en hij had ook niet veel aandacht aan haar besteed) en deze keer zou het allemaal heel erg verkeerd lopen en zou hij de toekomst een beslissende wending geven.

V

Erfzonde, nogmaals

Zodra grootvader genoeg rust nam om te beseffen hoe weinig er te beleven viel in Hanmer, kreeg hij het op zijn zenuwen. Dan hoorde hij de tijd voorttikken. Een depressie lag op de loer en hij zag het vooruitzicht van een intenser leven, *het leven dat recht deed aan zijn talenten*, als een luchtspiegeling vervliegen. Ik denk dat hij daarom zo gelukzalig opging in het schilderen van de decors voor de musical. Hij kon de illusie van perspectief scheppen zonder dat hij de ruimte had om afstand te nemen en te kijken of hij het goed had gedaan (meestal had hij het doek dat hij beschilderde op een zoldervloer uitgespreid) en die truc was een variant van de truc met de moraal die hij voortdurend voor zichzelf moest uithalen. Maar de truc met de moraal – of liever gezegd het moreel – was lastiger. De voorstelling die hij die eerste winter in Hanmer organiseerde gaf hem een gevoel van uitbundige vrijheid en toch hield hij er een postcoïtum aan over, juist doordat het zo'n succes was: 'Het dorp is erg stil vanavond na de opwinding van deze week. Wat een week!'

De romance met MB had zich langs vergelijkbare onnatuurlijke en teleurstellende lijnen ontwikkeld, want MB was niet alleen het onderwerp van eindeloze tirades van Hilda geworden, maar ook een soort echtgenote nummer twee, een onderdeel van de stoffering van zijn frustratie. Dus kwam het hem akelig goed uit dat de dorpelingen, of in elk geval de invloedrijke mensen als lady Kenyon, geneigd waren MB de schuld van het schandaal te geven. Als hij haar de bons gaf zou hij vrijuit gaan. En hij was bereid (om de verkeerde redenen) om te doen wat hem te doen stond. Kortom, hij gedroeg zich jegens MB als een regelrechte ploert.

Hij ving het gerucht op dat ze een andere minnaar had en hij geloofde het maar al te graag: 'Dit kan een uitweg zijn, laat het maar snel zover komen.' Het kwam niet zover en na nog een 'verschrikkelijke week' van ruzies maakte hij zwelgend in zelfmedelijden half februari op een koude zaterdagavond de balans op: 'God geve dat het nu allemaal voorbij is. Hanmer heeft me veel ellende gebracht. Heb mijn gedachten geordend voor morgen maar H blijft maar zeuren... Ik denk werkelijk dat MB veel onrecht is aangedaan en tenslotte is haar enige fout dat ze gezegd heeft dat ze me bewondert. Enfin, ik hoop maar dat iedereen nou eens zijn mond houdt en dat er een eind aan de hele zaak komt.' Hij is de gekwetste partij, bestookt door Hilda en de dorpsroddels. Maar tegelijkertijd is hij edelmoedig genoeg om een gedachte te wijden aan de arme MB, die net als hij slachtoffer is, en alleen maar omdat ze om hém geeft... Hij is bang voor het schandaal, maar nog beduchter voor zelfverachting. Hij is genadeloos als het erop aankomt zijn eigendunk veilig te stellen – en is bijvoorbeeld niet te goed (nu hij haar heeft afgewezen) om te suggereren dat het de schuld van MB is dat hij zich 'eenzaam' voelt, waarmee hij seksueel uitgehongerd bedoelt, na de overvloed van die herfst. Aan de andere kant had hij zich niet eenzaam gevoeld als zij helemaal nooit had bestaan, en dát was waarschijnlijk de schuld van de Almachtige. Hoe dan ook, dat het allemaal zo in het honderd was gelopen was het kruis dat grootvader moest dragen.

En dat had weer tot gevolg dat Gods zaak in Hanmer onvoldoende werd aangeprezen, want dat hij MB moest missen had invloed op zijn prestaties op de preekstoel, zodat er toch een soort gerechtigheid bestond. 'Deze eenzaamheid heeft zijn weerslag op mijn geest. Mijn preken zijn niet meer wat ze geweest zijn.' Die bewuste zondag (25 februari) was er een goede opkomst, maar zijn preek was 'belabberd'. 'Ik moet mijn kracht hervinden, wil ik een volle kerk houden,' voegt hij er botweg aan toe, bang dat hij zijn magie verliest. MB demoraliseert hem (net als Hilda), ze is een kwelgeest die zijn eigenliefde doorprikt, zijn zelfvertrouwen wegzuigt en *het spel bederft*. 'De eenzaamheid van Hanmer is afschuwelijk en MB is de oorzaak.' Maar anders dan Hilda kan zij aan de kant gezet worden.

Het is een pijnlijk uitgesponnen proces en meer dan eens wint zijn 'eenzaamheid' het van zijn besluitvaardigheid. Maar hij zet door, totdat hij langzamerhand een steeds grotere hekel aan MB krijgt en gezien zijn gedrag kon dat weleens wederzijds zijn. Een nevenintrige aan het eind van de romance betreft de arme Molly, wier aanstaande tijdens de hittegolf van augustus in het meer was verdronken, waardoor priester en verpleegster elkaar hadden gevonden. Molly had af en toe huishoudelijk werk voor Hilda gedaan, maar op 26 april stortte ze in en dronk 'petrolie' en MB ontfermde zich over haar. De volgende dag noteert hij in zijn dagboek: 'MB zet haast achter de zaak tegen Molly. Molly is naar de strafinrichting in Wrexham gebracht, en het ziet ernaar uit dat haar een poging tot zelfmoord ten laste wordt gelegd.' De dag daarna heeft Hilda een gesprek met de inspecteur met als gevolg dat 'Molly vrijkomt en weer bij ons intrekt. Maar ze moet zo snel mogelijk Hanmer verlaten...' Het heeft er alle schijn van dat Molly een pion in het spel is geworden. De pastorie zal niet bepaald een veilige haven geweest zijn voor een meisje dat om haar vrijer treurt, en nu gebruiken Hilda en MB haar ellende om elkaar de loef af te steken. Eén keer kreeg Hilda dan toch menselijke trekken mee in grootvaders verslag, zo blij was hij dat hij nu kon bewijzen dat MB dominant, harteloos, zelfs sadistisch was. Toen hij de hele episode overzag, concludeerde hij (allang niet meer aan Molly denkend): 'Ik heb een hekel gekregen aan MB, oprecht en hartgrondig.' Dat nam niet weg dat het nog tot juni duurde voordat hij er definitief een punt achter zette. Dat gaf hem de gelegenheid het haar flink te laten voelen door op haar verjaardag, in mei, een brief aan de Lieve Zuster te schrijven en hem een week later te herroepen, naast andere geraffineerde pesterijen.

Geen van beiden had het in zich om uit verdriet petroleum te drinken, zoveel is zeker. Alleen de lagere standen droomden zo naïef van vergetelheid, of werden weggestuurd. Zíj woonden allebei nog in Hanmer, gebonden aan hun post, en haatten elkaar en Hilda, die op haar beurt hen beiden haatte. Ook dat is een aspect van het landelijke leven dat verloren is gegaan nu de uitgezwermde middenklasse het platteland bevolkt, als nomadische huiseigenaren: de speciale hel om te moeten leven met de zeer aanwezige geesten uit je verleden. Dat geeft het verhaal van grootvader en MB zijn tragikomische karakter: ze zijn te veerkrachtig voor een tragedie, te weerzinwekkend voor een komedie. In Shakespeares tragikomedie *Maat voor maat* legt Elbow, een dwaze moralist die wijzer is dan hijzelf weet, de zwaarste en onontkoombaarste van alle levenslange straffen op: 'Ge ziet, vuile schurk, wat ervan gekomen is. Nu moet ge zo voortgaan, vuilak, altijd zo voortgaan.' Dat is wat hun overkwam. Als de Almachtige hun handel en wandel had gevolgd, dan was het lot in Hanmer te moeten wonen wel de passendste straf waartoe Hij MB, Hilda en grootvader had kunnen veroordelen.

MB liet zich niet kleinkrijgen: eind jaren vijftig oefende ze nog steeds haar beroep uit, toen al in de vijftig. Ik kan me haar nog heel goed herinneren. Als ze haar fiets de heuvel op had getrapt, was ze soms een beetje buiten adem, en van dichtbij zag je de gesprongen adertjes op haar rode wangen, en haar krullen waren grijs geworden, maar ze was gezond, in blakende welstand, en ongedeerd, op en top de ferme wijkverpleegster. Ik heb zo'n scherpe herinnering aan zuster Burgess omdat ze na grootvaders dood, toen grootmoeder de pastorie uit was gezet en bij ons woonde, elke dag langskwam om de urine van grootmoeder te controleren (we konden er niet op vertrouwen dat ze zich niet te buiten ging aan suiker) en haar een insuline-injectie te geven. Grootmoeder kon het niet zelf doen, want tegen die tijd had ze ook nog parkinson en trilde ze te veel, en mijn moeder weigerde het te doen omdat ze er niet tegen kon. Dus zagen Hilda en MB elkaar weer dagelijks, en dan steriliseerde MB een grote naald (er bestonden toen nog geen wegwerpspuiten, maar grootmoeder hield vol dat ze een extra stompe naald voor haar reserveerde), ontsmette kordaat de zachte weke arm van grootmoeder met alcohol en dreef de gemene punt in haar vlees. Als ze weg was klaagde grootmoeder dat ze 'ruw' behandeld was, precies zoals je kon verwachten van zo'n vulgaire vrouw (destijds een zeer krasse term). Het ritueel was uiteraard fascinerend, omdat werkelijk íedereen – zelfs ik – wist dat zuster Burgess vroeger de minnares van grootvader was geweest en dat grootmoeder en zij daarom een hekel aan elkaar hadden.

Waar ik niets van wist voordat ik het dagboek las, omdat het niet was opgenomen in de plaatselijke folklore, was het verhaal van zijn volgende amoureuze avontuur, het avontuur dat hem wel degelijk zou worden aangerekend. Zou het kunnen dat roddel als collectieve kunstvorm het onaanvaardbare eerder wegmoffelt dan aan het licht brengt? In elk geval was Marjorie (kortweg Marj) in vergelijking met MB een doodgezwegen en zeer afwezige geest. Maar als ik iets over haar vroeg wist iedereen nog precies wie ze was. Marj was de nieuwe hartsvriendin van mijn nog schoolgaande moeder. Valma, mijn moeder, was dat voorjaar van

Marj

1934 zestien geworden, en Marj was één of hooguit twee jaar ouder. Ze had haar schoolopleiding afgerond, wachtte tot er in een ziekenhuis een plaats voor een leerling-verpleegster vrijkwam en had in de tussentijd niets om handen. Ze was vaak in de pastorie, woonde er bijna, want ze had eigenlijk geen ouderlijk huis. Haar ongetrouwde tantes, de twee juffrouwen Griffith die op de dorpsschool lesgaven, hadden haar bij zich in huis genomen – ze was de onwettige dochter van hun zuster. Marjorie was maatschappelijk moeilijk te plaatsen en moreel kwetsbaar (zonder patriarchale beschermer), precies het soort jonge vrouw voor wie de priester vaderlijke interesse zou moeten opvatten. Zijn affaire met haar was niet gewoon wangedrag, het was zonde in het kwadraat. Of zelfs in het kubiek, want hij gebruikte zijn eigen dochter als lokaas en als dekmantel.

Misschien was hij niet eens zo berekenend. Het is waar

dat Valma, na maanden uit zijn dagboek verdwenen te zijn, dat voorjaar ineens weer opdook. In januari had hij het voor elkaar gekregen dat ze naar de Whitchurch Girls' High School kon (voor de oorlog tegen betaling) en hij had haar een jurk gegeven voor haar eerste bal, dat op Gredington werd gegeven door lady Kenyon. Dat was precies in de tijd dat hij zich zo slordig van MB ontdeed, in de periode van de terugslag na de musical, en misschien was hij plotseling gecharmeerd van zijn dochter – inmiddels een jonge vrouw (een Assepoester in levenden lijve?) – toen hij met haar vriendin Marj flirtte, en meer dan dat. De paradox is dat de hele zaak onschuldiger lijkt, of in elk geval impulsiever, als je er een zweem van incest bij denkt. Hij was nu wanhopig verliefd op de jeugd, op latente mogelijkheden, op het vluchtige gevoel van lichtheid en vrijheid, en op de toekomst die oningelost voor hem lag. Hij haakte naar zijn eigen jeugd: 'Ik wou dat ik vrij was van alle verplichtingen, zodat ik kon gaan en staan waar ik wil,' schreef hij op 3 maart. Hij reed zijn fiets naar buiten en smeerde hem voor het voorjaar, noteerde ook dat de tijd hem lang viel... Hij wilde het gevoel hebben dat hij nog een heel leven voor zich had. En daar was Valma: slank, knap, aan het begin van alles. En daar was Marj, vlak naast haar: een beetje ouder, een beetje wijzer, hunkerend naar aandacht, op zoek naar een vaderfiguur, *en ze vroeg erom.* Volgens het dagboek was Marj degene die het initiatief nam. Op 21 april gingen Valma en Hilda naar Chester, en Marj greep de gelegenheid aan om hem uit te dagen: 'Marj heeft de hele dag het huis onveilig gemaakt... Ik weet niet wat ik van haar denken moet.' Maar hij wist het best, want hij voegt er melodramatisch aan toe: 'Moet na deze aantekening mijn handschrift veranderen.' Dit voornemen heeft iets onlogisch. Als hij het echt geheim had willen houden, had hij wel in spiegelschrift geschreven, of in code, of met onzichtbare inkt. Maar het is het gebaar dat telt – grootvader de eeuwige aansteller, zelfs (of vooral) als hij het tegen zichzelf heeft. Zijn handschrift blijft gewoon hetzelfde.

Hij was nog bezig zich van MB los te maken en misschien had hij geen nieuwe ergernissen te melden. Oppervlakkig gezien begon hij een *nieuw* nieuw leven, maakte hij een nieuwe start. Hij werkte hard in de tuin, maaide het gras en rolde het gazon tot het weer vlak genoeg was om erop te bowlen. Na Molly's vertrek deed hij ook het huishoudelijk werk – op 11 mei schrijft hij: 'Schrobde de gang en de keuken', en een week later heeft hij 'de studeerkamer en alle kamers beneden gestoft', terwijl Val en Marj vrij en blij naar Ellesmere fietsten. (Hilda leverde geen bijdrage aan al dit gesloof; ze concentreerde zich al helemaal op haar uitstapjes naar de film.) Hoewel hij hard werkt zijn er vreselijke periodes van verveling – 'uitgeput van lamlendigheid naar bed', luidt een aantekening van begin juni; en 'een erg nutteloze dag gehad', bekent hij geërgerd in een andere. De oude druktemakerij om niets lijkt op de loer te liggen.

Hij doet als een verongelijkte voyeur verslag van het komen en gaan van Val en Marj – alleen een heel enkele keer komt het ervan dat hij met hen mee peddelt. Misschien was hij nooit verder gekomen als de verraderlijke voorzienigheid hem niet een bemiddelaar had gezonden, in de persoon van de kapelaan om wie hij al maanden had verzocht. Deze jongeman, die naar de naam Percy Davies luisterde, maakte in juni zijn opwachting. Aanvankelijk was grootvader somber en achterdochtig: 'Volgens mij is hij een waardeloze snob. Ik zou graag een echt mens naast me hebben...' Maar bijna meteen daarop verandert zijn toon, want Percy Davies (of PSD) was een behulpzame en joviale jonge kerel, en bovendien had hij een motorfiets. Twee dagen na PSD's komst zit grootvader bij hem achterop en krijgt het leven weer vaart. PSD is nog maar kort daarvoor gewijd, maar toch beheerst

84

hij de magie waar het op aankomt en weet hij de tijd ten nutte te maken. Hij krijgt een zeldzaam en oprecht compliment: 'De kapelaan is hier nu een hele week en de week is voorbijgevlogen.' Het duurt niet lang of hij hoort al bijna bij het gezin – net als Marj, en als grootmoeders mollige jongere zuster met de welluidende lach, de beminnelijke Katie, die vakantie is komen vieren.

Maar dit gezin loopt het gevaar te splijten, uit elkaar te vallen, verweesd te raken, omdat niemand de rol van ouder op zich wil nemen. Grootmoeder had al een afkeer van de rol van echtgenote en moeder voordat grootvader daar reden toe gaf door het met die vulgaire verpleegster aan te leggen. Grootvader doet zijn best de schijn op te houden (zou je kunnen denken) door de keuken te schrobben en de zitkamer te stoffen, maar in de jaren dertig zal alleen dat al een schokkend vrijgevochten indruk gemaakt hebben – verre van manlijk of gepast. In de zomer van 1934 is er in de pastorie niemand die wil toegeven tot de oudere generatie te behoren; ze vormen met zijn allen een groot gezin, maar hebben niets om hun gevoelens van respect op te richten. Niemand zit er ooit stil. Het oude huis lijkt wel een centrifuge: het slingert zijn bewoners naar alle kanten, in steeds veranderende combinaties, naar Wrexham, Chester, Shrewsbury, Llangollen.

Het is bovendien het seizoen van de tuinfeesten en uitstapjes naar het strand: de klokkenluiders, de zondagsschool, het koor, de vrouwenvereniging – allemaal hebben ze hun uitjes naar Rhyl of New Brighton. Op de laatste dag van juli stapt de voltallige pastoriefamilie in de bus van het koor van Tallarn Green om naar Rhyl te gaan: 'We zijn met een heel clubje: *ego*, Val, Katie, Hilda, Billy, Marj en PSD.' (Zelfs Hilda wil zich wel aansluiten bij een 'clubje'.) Dolle pret op de kermis. Als het in augustus precies een jaar geleden is dat hij in Hanmer aankwam lijkt het wel of hij nog steeds in de achtbaan zit: 'Een jaar geleden kwam ik naar deze parochie. In het algemeen ben ik heel gelukkig geweest en ik heb hier ook narigheid meegemaakt. PSD is een goede vriend. MB is een grote teleurstelling. Ik vertrouwde haar maar ze schiet in alle opzichten tekort, ze is een vrouw zonder principes. Ik heb definitief mijn handen van haar afgetrokken. Ik was deze week gelukkig en ik geloof dat we ons hebben geamuseerd...' De ondeugende Marj heeft over de promiscuïteit van haar rivale geroddeld en nu hij zijn blik vooruit richt is hij in elk geval vrij om de vervelende waarheid over zijn romance met MB te negeren. Het blijkt dat hun relatie *geen toekomst* had en volgens de logica van het nu is dat voldoende reden om haar te laten vallen. Ondertussen grijpt hij de kans om achter op de motor van de kapelaan mee te liften, met een triomfantelijke wolk uitlaatgassen achter zich aan.

Tijdens de warme dagen komt er een patroon in de schijnbaar willekeurige excursies van de pastoriebewoners. Ze vormen een soort schimmig viertal (nu eens zie je het, dan weer niet), en al gaan ze nooit echt met zijn vieren uit, toch completeren en weerspiegelen ze elkaar. PSD neemt Valma mee op zijn motorfiets, en *ego* en Marj zijn ineens alleen. Deze keer heeft grootvader tenminste het fatsoen niet te willen beweren dat het Gods werk is. Als hij de grote politieman in de hemel uitdaagt hem te straffen, klinkt het zelfs alsof hij zich willens en wetens misdraagt, eigenlijk voor het eerst. Op 6 augustus: 'Val en kapelaan gaan een ritje maken. Marj bij mij op schoot in de studeerkamer. Zo eindigt deze dag. En wat dan nog?' Ach, er volgt geen bliksemschicht en dus doet hij het nog eens en nog eens. En aan de oppervlakte zie je niet meer dan een vrolijk verenigde familie. Hij overleeft zelfs een vakantie in het zuiden mét Hilda en Katie en de kinderen, maar zónder Marj en PSD. Maar Katie blijft achter in de Rhondda om haar werk in de winkel weer op te pakken en beetje bij beetje luwt de zomerse feestvreugde. In september is er een kille ontmoeting met MB als ze allebei in functie hun opwachting maken bij het sterfbed van een van zijn parochianen, waarin hij poëtisch gesymboliseerd ziet hoe vergankelijk de hartstocht is: 'Dat is allemaal voorbij.' Maar alleen voor zover het MB betreft, want hij voegt er sluw aan toe: 'Zelfs op het platteland vliegt de tijd.' Uitstapjes naar de bioscoop (Marlene Dietrich, in oktober, in *The Scarlet Empress*) op de motor van PSD houden de illusie levend, net als geheime ontmoetingen met Marj, onder de dekmantel van Valma's tochtjes met de kapelaan: 'PSD gaat met Val naar de film in Wrexham' (23 november). 'Zo vliegen de dagen om.' Dagen met vleugels staan voor gekroel met Marj.

Zelfs zijn dekmantel was niet erg fatsoenlijk. 'Los' zou misschien nog het mildste woord zijn voor wat het dorp te zien kreeg van het leven in de pastorie. Maar hij woonde in Hanmer en gezien zijn geschiedenis met MB vermoedden de mensen het ergste en ze begonnen hem te mijden. Zelfs lady Kenyon, weliswaar te deftig om bang te zijn dat hij een smet op haar naam kon werpen, verloor langzamerhand haar vertrouwen in grootvader. Toegegeven, ze nam de moeite Marj aan te sporen haar boeltje te pakken voor haar verpleegstersopleiding; maar de uitnodigingen om haar op Gredington te bezoeken kwamen sporadischer. Als je het cynisch stelde zou je kunnen zeggen dat de affaire met Marj een belediging was voor de charmes van de rijpe leeftijd en dus extra krenkend voor de dames uit Hanmer die hem onder hun hoede hadden genomen. Maar ze zullen ook oprecht geschokt geweest zijn – vooral over de manier waarop hij zijn dochter onbekommerd aanmoedigde haar reputatie te bezoedelen. Alleen al de morele onzindelijkheid van het neerhalen van de barrières tussen generaties en klassen (Marj was noch respectabel, noch een veilige buitenstaander), zal beslist een zweem van decadentie hebben gehad, nog afgezien van de seksuele verwikkelingen. En in zekere zin deed Hilda er ook aan mee, voor zover ze haar plichten als echtgenote en (nog kwalijker) haar verantwoordelijkheid als moeder verzaakte. De nachtenlange ruzies – die nu weer oplaaiden – maakten het heksenbrouwsel van slechtheid alleen maar extra pikant. Het zal niet verbazen dat de pastorie langzamerhand binnen een kordon van al dan niet expliciete laster geïsoleerd raakte en een addernest werd.

Maar wat gebeurde er binnenshuis? Wanneer realiseerde Valma zich wat haar vader en Marj in hun schild voerden? Wanneer begreep ze dat ook zij over de tong ging? Wat wist ze eigenlijk over seks, met een moeder die daar (in elk opzicht, onder alle omstandigheden) van walgde? Ze moet van MB hebben 'geweten', want ze had de ruzies meegemaakt, maar dat had haar kennelijk niet van haar vader vervreemd. Deze affaire wel, omdat hij dit keer natuurlijk (besef ik) niet in de eerste plaats Hilda ontrouw was, maar háár – nu hij haar bedroog met haar vriendin, haar gebruikte, haar publiekelijk te schande maakte, haar degradeerde tot een seksueel object nog voordat ze zelf goed en wel weet had van haar verlangens... Ze moet verteerd zijn door schaamte, vooral als ze jaloers was op Marj, wat heel waarschijnlijk is gezien haar vroegere rol in haar vaders leven in de Rhondda, toen hij haar leraar was en zij zijn voornaamste contact met de wereld.

En ze werd ook in een ander opzicht pijnlijk verraden. Hij leek te zijn vergeten dat ze een slim meisje was en had, in zijn overspannen obsessie met louter en alleen jeugdigheid, elke belangstelling voor haar intellect en karakter verloren. Misschien heeft hij het jonge leven van Marj beschadigd (voor zover ik weet is ze op tijd naar het ziekenhuis vertrokken voor haar opleiding en kwam ze later nog weleens in Hanmer op bezoek, als dat haar toevallig uitkwam), maar het is buiten kijf dat zijn gedrag diepe sporen naliet in het gevoelsleven van zijn dochter. Ze verloor alle vertrouwen en hoop die je nog in het levendige, pure meisje van 1934 ziet. Ze werd zo extreem kritisch met betrekking tot het lichaam en lichamelijke verlangens dat het altijd een klein wonder leek dat het haar is gelukt een uitzondering te maken voor mijn vader en toch te trouwen en kinderen te krijgen. En ze was verlegen, angstig, vergat bijna alles wat ze van grootvader of op school had geleerd en vond zichzelf beschamend onbeholpen, niet tegen het leven opgewassen. Ze praatte bijna nooit over intimiteiten, van welke aard dan ook – en daarom weet ik dat haar 'losse' jongemeisjestijd, anders dan de roddels deden geloven, volkomen onschuldig was, want ze haalde weleens heel openhartig herinneringen op aan Percy Davies en zijn motorfiets, en de onbezorgde tijd van voor de oorlog. Maar dan ging het verduisteringsgordijn in haar hoofd weer dicht en sloot ze zich af.

Toch vervreemdde ze niet plotseling van hem, en in elk geval nooit volledig. Diep in haar hart bleef ze altijd haar vaders dochter, zijn kleine meisje. Hoewel ze in het werkelijke leven vreemden werden, bleven ze in de magische wereld van de onwerkelijkheid – van het theater – iets gemeenschappelijks houden. In de jaren tussen Marj en de oorlog speelde ze in *Aladdin* en *Dick Whittington* en zijn tweede *Assepoester*. Ze ging ook door met haar zanglessen, zong in het kerkkoor, en zolang hij in Hanmer in functie was nam zij op bijzondere feestdagen de solopartijen van de koorliederen voor haar rekening. Toen ik klein was, en zij weer een assepoester was, hoorde ik haar in huis nog steeds de musicalliedjes neuriën. Een dat ik me goed herinner ging zo: 'Wie mag nu mijn liefste kussen' (dat geloof ik rijmde op 'zorgen sussen')/ 'Wie mag nu haar blikken stelen/ Wangen strelen/ Dromen delen...' Als ze op het toneel stond en zong was mijn moeder die ander die ze had kunnen worden: stralend, talentvol, betoverend, vaak grappig, schaamteloos extravert. Als meisje vond ik haar metamorfoses in de voorstellingen van de vrouwenvereniging en het plaatselijke amateurgezelschap voor opera en toneel dodelijk gênant. De kloof tussen haar persoonlijkheden was zo groot dat ik er misselijk van werd. Ik legde geen verband tussen haar toneelkarakter en grootvader, omdat ze hem zo onverbiddelijk afkeurde. Maar als er iets was blijven hangen van zijn invloed, dan was het deze *gesanctioneerde* magie.

Van zijn dromen over vrijheid was ook niet veel overgebleven. Zijn vergrijpen bleven ongestraft – behalve dat Hanmer een levenslange veroordeling werd. 'Gij ziet, vuile schurk, wat ervan gekomen is. Nu moet ge zo voortgaan...' Hij had een vrijbrief om te acteren, dit was zijn 'personage' en hij zat voor altijd aan zijn rol vast. Het lukte hem met zichzelf te leven door zich in de ironie van zijn situatie te verlustigen, de verspilling van zijn talenten te overpeinzen en in dramatische preken zijn hopeloosheid breed uit te meten. Hij nam bewust iets van de betovering van de vampiers over. Het rokkenjagen werd een routinematige ondeugd – hij geloofde niet meer dat seks deuren kon openen naar een andere toekomst, en ik heb de indruk dat hij omging met van die begripvolle ongehuwde vrouwen die hun liefde aan niemand kwijt kunnen. En hij voegde de drank aan zijn lijst slechte gewoontes toe. Al in het dagboek van 1934 wordt de Fox and Goose zijn tweede thuis en schrijft hij daar zijn brieven. Hij begint weer sigarettenpijpjes te snijden en bevestigt de radioantenne aan de allerhoogste tak van de appelboom – ik herinner me de bungelende kabels waarnaar ik omhoogkeek als ik de dagen verdroomde op de schommel die aan een lagere tak hing.

Later, veel later, na zijn dood, was de ergste belediging die mijn moeder voor me kon bedenken: 'Je bent precies je grootvader.' Ik was toen in mijn puberteit en ze bedoelde er vooral mee (al kreeg ze dat niet letterlijk over haar lippen) dat ik promiscue en door seks geobsedeerd was. Ik vond het een groot compliment. Dat sterkte haar natuurlijk in haar mening, want de meest karakteristieke eigenschap van grootvader was dat hij trots was op zijn eigen monsterlijkheid. Waarom hield hij anders die dagboeken bij? Voor wíe deed hij dat? Het antwoord is: voor zichzelf. Hij rechtvaardigt zichzelf. Dat betekent niet alleen dat hij excuses aanvoert (al doet hij dat ruimschoots, door Hanmer de schuld te geven, of Hilda, of MB, of de Schepper van hemel en aarde, of noem maar iemand), maar ook dat hij het allemaal *echt* maakt. Als je dingen opschrijft, hoe compromitterend ook ('Marj bij mij op schoot in de studeerkamer'), dan ontdoe je het leven van de treurnis van onbeduidendheid, die hij (naar mijn vaste overtuiging) erger vond dan verdorvenheid.

Zijn geheimen zijn de geheimen van een toneelheld die een monoloog afsteekt en 'niet weet' dat hij toehoorders heeft. Grootvader schreef in zekere zin altijd voor grootmoeder, al waren de gevolgen nog zo onaangenaam toen ze dit 'bewijs' zwart op wit in handen kreeg. Hij schreef dus ook voor mij, en reikte me over het graf heen een broodmagere hand. Bijvoorbeeld, op 27 oktober 1934, plotseling: 'Vandaag had ik weer de oude inspiratie om te schrijven. Zou ik het proberen? Ik raak het helemaal kwijt als ik aan andere dingen moet werken en bovendien word ik niet erg aangemoedigd.' En op 8 december: 'Ik besluit nogmaals mijn tijd aan de journalistiek en het schrijven te wijden. Ik denk dat het me nu zal lukken. Marjories spot [zijn onderstreping] maakt me hierin vastbesloten.' Marjorie zal wel een hatelijke opmerking gemaakt hebben naar aanleiding van zijn praatjes over weggaan en een nieuw leven beginnen. Zo'n onafhankelijk bestaan werd voor hem nooit werkelijkheid. Maar hier staan zijn woorden dan toch eindelijk gedrukt.

Hij houdt nog dingen geheim. Toen ik me door de kriebelige lettertjes naar het eind van 1934 werkte en hij weer aan zijn pijp begon te knutselen en naar de radio te luisteren, werd ik gehinderd door een vage ingeving en een nog vagere herinnering. Dit klonk hetzelfde als waar we mee begonnen – verbanning en verveling, plus (eerlijk is eerlijk) musicals en ruzies, die tijdens zijn laatste maanden in Zuid-Wales geen rol speelden. Maar toch... Ik bladerde terug en herlas 1933 en daar – in september, helemaal aan het begin van zijn romance met de verpleegster – vond ik de bron van die storende herinnering. Het was een onduidelijke notitie en daarom had ik haar niet overgeschreven, maar toen ik nog eens goed keek, stond er onmiskenbaar: 'MB en ik vertrekken om 2 uur in de namiddag. We stoppen in Bangor... Ik zit weer in die eeuwige driehoek.' *Weer*? Ik breek me het hoofd over het woord, wil het niet geloven. Maar ik weet bijna zeker dat het er echt staat. Had hij het allemaal al eens eerder gedaan? Was dat de reden dat zijn overplaatsing uit St. Cynon's zo lang op zich had laten wachten? Heel goed mogelijk, dacht mijn vader toen ik hem ernaar vroeg. Mijn moeder had gezegd dat er in Zuid-Wales gefluisterd werd over een andere vrouw, misschien zelfs een kind, maar was nooit bereid er meer over te zeggen, wilde het in elk geval niet weten... Nou ja, het lag voor de hand. De zonde die ik had aangezien voor het begin van het verhaal was achteraf misschien toch niet de eerste. Die oude bok was voor geen cent te vertrouwen.

VI

De dood

Hij verkruimelde droge bladeren tussen zijn handpalmen en mengde ze met draadjes tabak, en als hij dan zijn pijp aanstak rook het naar een herfstvuur. Dat was na zijn eerste beroerte, toen ik zeven of acht was en hij minder moest gaan roken maar in plaats daarvan zijn krappe rantsoen aanvulde en zijn verslaving bevredigde met zo'n beetje alles wat brandbaar was. Met een stok kon hij lopen, maar zijn linkerkant was helemaal stijf en zijn onwillekeurig scheef getrokken gezicht leek nog cynischer dan voorheen. Hij articuleerde een beetje moeilijk. Hij wist dat hij niet lang meer te leven had en misschien sprak hij de waarheid en kon het hem inderdaad niet veel schelen – niet omdat hij een heilige was en erin berustte, maar omdat hij het allemaal zat was. 'Dat gesodemieter!' zei hij opstandig. Hoewel hij nog geen zestig was, voelde hij zich in zijn hart zeventig en deed hij al heel lang alsof hij vertrouwd was met de dood. Hij leek zelfs op afbeeldingen van de onverbiddelijke knekelman, zeker voor zijn ziekte, als hij gehuld in zijn toog met zijn zeis op het hobbelige gazon stond om het lange doorgeschoten gras te maaien. Sommige hobbels waren door het gras overwoekerde bowlingballen, doortrokken van water, gebarsten en mysterieus; speelgoed van voor de oorlog.

Om ons heen was alles langzaam aan het verrotten en hoewel het er allemaal vredig uitzag, was het dat niet. Grootvader en grootmoeder hadden een huwelijk waarin ze elkaar alleen al door er te zijn het leven zuur maakten en het vooruitzicht dat hij tot haar genoegen als eerste zou gaan zal hem wel een gruwel geweest zijn. Aan de andere kant was zij oprecht bang voor de dood, dus kon hij revanche nemen door zijn einde als een bevrijding te verwelkomen en zijn lot te aanvaarden. Het was in elk geval een rol waarop hij jaren had geoefend. Soms lagen overleden parochianen de nacht voor hun begrafenis in hun kist in de kerk en dan ging hij ernaast zitten waken. Hij zei, tegen niemand in het bijzonder, dat hij hun gezelschap prettiger vond dan dat van zijn vrouw, en dan liep hij met zijn lamp over het kerkhof voor een eenzame wake. Er waren afschrikwekkende toespelingen – van hem of misschien van oom Bill – op het gekraak en gereutel van lijken. Oom Bill, de jongere broer van mijn moeder, had zich uit verzet tegen grootvader tot het communisme bekeerd en was een militante materialist, maar onder de dekmantel van zijn socialistisch realisme ging hij zich regelmatig te buiten aan dergelijke morbide gedachten. Hoe het ook zij, de suggestie dat ontbindende lijken net zo goed tekenen van leven gaven diende voornamelijk om grootvaders niet erg vleiende vergelijking tussen de levende Hilda en een dode dorpeling kracht bij te zetten.

Toen ze in Hanmer kwamen wonen zal het er niet naar hebben uitgezien dat ze hem zou overleven. Als ik sommige van die dagboeknotities overlees, vraag ik me af of hij er niet bewust op rekende dat God haar zou wegnemen. En Hem zelfs een hint gaf: 'Ik heb MB ontmoet... en daarin ligt het verhaal van de toekomst besloten. Wat zal die brengen?? God weet het want dit alles is Zijn werk. Dus leg ik mijn toekomst in Gods handen...' Als je dit leest en aan die eed denkt die hij MB op de bijbel zwoer, dan heeft het er alle schijn van dat hij een plan achter de hand had om te hertrouwen, mocht zich de trieste omstandigheid voordoen dat grootmoeder overleed. Jazeker, hij zou binnenkort uitgekeken raken op MB, maar ook dat kwam misschien deels door-

dat de Almachtige hem niet genadig was en hem dus de voor
nette weduwnaren vanzelfsprekende ontsnappingsroute
naar een nieuw leven onthield. Je zou kunnen zeggen dat
MB niet langer de steun van de Voorzienigheid genoot en in
alle opzichten te veel gewicht had voor louter een flirt.

Hoezeer Hilda de verhuizing naar Hanmer ook verfoeide,
waarschijnlijk heeft die haar behoed voor een fatale bronchitis of astmatische aanval. Het dagboek geeft de indruk
dat ze veel fitter is dan in het bedompte, vochtige, industriële Zuid-Wales. En dat had tot gevolg dat de verdeling
van de macht in huis ten slotte in haar voordeel uitviel.
Toen ze eenmaal in het bezit was van de dagboeken vond
ze dat ze recht had op een geheime doe-het-zelf-echtschei-
ding, met alimentatie en al. Hij moest het huishouden en
alle gezinsuitgaven betalen, en bovendien elk kwartaal over
de brug komen met een extra bedrag, dat ze oppotte. Gezien zijn eigen financiële prioriteiten (tabak, drank, vrouwen en gewoon het huis ontvluchten) is het geen wonder
dat de kruideniersrekeningen niet betaald werden en dat wij
in versleten ondergoed liepen. Het geldgebrek gaf aanleiding
tot nog meer ruzies en zo lokte het een het ander uit. Beetje bij beetje verflauwde hun strijdlust en onder de oppervlakte stroomde de woede als borrelende lava weg.

'God gaat Zijn ongekende gang', inderdaad (gezang nummer 373 in het gezangboek, aanbevolen voor 'Tijden van Te-
genspoed'). Grootvader moet tot de slotsom zijn gekomen
dat de Heer hem graag een poets bakte. Hij verloor zijn geloof niet, maar het kreeg een ziekelijke aanblik, geel aangeslagen door de nicotine en gedrenkt in verbittering. Gezang 373 zegt dat we nieuwe moed moeten scheppen, omdat
Gods duistere voorzienigheid Zijn mild gelaat verhult, en
de moraal van het gezang is dat het onbezonnen is om te
denken dat we kunnen begrijpen waarheen Hij ons leidt.
Grootvaders beproevingen waren subtieler, misleidender

Het interieur van de kerk van Hanmer

geweest, en werkten andersom – het milde gelaat verhulde Zijn duistere voorzienigheid –, maar de bedoeling ervan was hetzelfde. Hij was om de tuin geleid, teleurstelling was nu zijn roeping en hij kon met oprechte overtuiging bevestigen dat de beloften van deze wereld hol waren. In een van zijn aantekeningen voor een preek noteert hij gedachten over de waarde van de menselijke onvolmaaktheid. Onder het kopje 'De mens is de mens een gezant uit de hemel' schrijft hij: 'Een engel kan slechts in de tweede persoon spreken – "Want een kind is u geboren" –, maar de mens kan in de eerste persoon spreken – "Want een kind is ons geboren" – en u weet allen dat een prediker het best begrepen wordt wanneer hij in de eerste persoon spreekt... *Een engel kan een goede leraar zijn, maar de wereld heeft een getuige nodig.'*

Hij was geen engel, dat wist iedereen. Hij preekte theatraal (hoe anders?), zijn stijl was weloverwogen en tegelijk wat-kan-het-verdommen, alsof hij niets te verliezen had. Zijn verleden volgde hem als een lange, betoverende, sinistere schaduw. Op de preekstoel gold gebrek aan werelds succes als aanbeveling. Daar gaf het feit dat hij door het leven ontgoocheld was hem spiritueel aanzien. In die tijd zag ik het natuurlijk niet vanuit het standpunt van de parochieleden: ik zat op de koorbank en had niet meer dan een bijrol in dit theaterstuk. De rol die hij speelde, speelde hij thuis ook, dus terwijl andere spelers na de dienst in de werkelijkheid terugkwamen bleef ik in de ban. De illusie werd niet verstoord doordat ik achter de schermen mocht kijken, integendeel. De muffe sacristie waar we ons voor en na de dienst omkleedden, waar hij in een speciale kast de wijn bewaarde, waar de orgelblaasbalgen hijgden, was voor mij een wonderbare plek. Daar waren we helemaal onszelf. We hadden de sleutel van de zijdeur van de kerk, en we kwamen en gingen op de onmogelijkste tijden. Ik schoof de witte kaarten met de zwarte nummers van de kerkgezangen voor de volgende dienst in het houten rek, hij mopperde over de rommelige stapels muziekbladen van de koorleden en de half opgezogen pepermuntjes en hoesttabletten die ze onder hun bank hadden verstopt, nam rustig een slok en communiceerde in zijn eentje.

Dat alles maakte de kerkdienst extra aantrekkelijk, met zijn preek als hoogtepunt, als hij zichzelf opwerkte tot plechtstatigheid, met één hand de rand van de preekstoel vastgreep en de andere ophief in de tijdloze pose van de redenaar. In mijn herinnering stond hij wild te gebaren, en het dagboek bevestigt dat min of meer, want na een van zijn ándere optredens, de monoloog van 'Fagin in de dodencel', noteert hij dat zijn arm pijn doet 'van het acteren'. Maar de dagboeken bevatten geen aantekeningen over de preken, alleen nieuwsgierig makende lijsten van zijn onderwerpen (in de herfst van 1934 'Het portret van Dorian Gray', 'Zelfvoldaanheid', 'De moraal van Job'). Voor meer uitgewerkte versies had hij afzonderlijke rode boekjes, waarvan er nog één bestaat. Dit relikwie is beslist niet door grootmoeder bewaard, maar samen met de boeken, pijpen en wandelstokken doorgegeven. Het is een bonte verzameling schetsen, ideeën en scenario's, waarvan sommige van jaren voor zijn vertrek naar Hanmer dateren. Toch helpen ze om een idee te geven van zijn preekstijl.

Hij was op zijn best als hij het over andere werelden had. Daarmee bedoel ik niet alleen de hemel en de hel, want zijn favoriete schrijvers waren Shakespeare en de vroeg-zeventiende-eeuwse dichters, Scott, Dickens, Wilde, Wells, Conan Doyle en Jules Verne. Maar hij had ook een ruime voorraad platvloerse anekdotes. Zo noteert hij onder het kopje 'De berg en het dal' (extase vs prudentie) het volgende:

ill: Martha en Maria
Landman gevraagd wie zijn voorkeur zou hebben
Martha voor het eten
Maria na het eten

En er is een spits politiek verhaal – ongedateerd, maar vast bedacht voor de gevoeligheden van het bolsjewistische Zuid-Wales:

ill: Tom Paines *Rechten van den mensch* was een zo aanstootgevend boek dat de toenmalige regering de verkoop streng verbood. Een oude boekverkoper in Glamorganshire, die ernstig werd verdacht van radicale sympathieën, ontdekte dat hij in de gaten werd gehouden door spionnen van de regering, en op een dag wikkelde hij een boek in pakpapier, schreef op de rug de woorden *De rechten van den mensch*, en legde het in zijn kleine etalage. De spionnen schaften zich gretig het boek aan voor veel meer dan zijn marktwaarde, sloegen het haastig open en zagen tot hun bittere teleurstelling dat het een exemplaar van de bijbel was. Die oude Welshman was een slimme oplichter, maar hij was meer – hij was een ware ziener...

Hij had er plezier in op alles een antwoord te hebben en pikte als een ekster opvallende zinsneden op om ze te verzamelen. Hij legde een lijst aan van beroemde laatste woorden, die – schrijft hij – vaak onthullend karakteristiek zijn; en nogal onterecht zet hij lord Palmerston ('Waar zijn die Belgische krijgsverslagen?') en Chesterfield ('Geef meneer een stoel') naast Jezus: 'Vader, vergeef het hun, want zij weten niet wat zij doen.' Zelfs zijn humor neigde naar zwartgalligheid.

De preek waarvoor de meeste, steeds herziene, aantekeningen bewaard zijn gebleven is een 'Speciale preek voor de Stille Week' over de laagheid en zielenstrijd van Judas. Je kunt zien hoe hij die preek vanaf tamelijk tamme uitgangspunten opbouwt: 'Ambitieus... Maar zijn ambitie was geheel en al wereldlijk... Geen berouw maar wroeging... Een blok ijs.' Beetje bij beetje krijgt het karakter van Judas meer diepte en lijkt zijn lot steeds twijfelachtiger. De dertig zilveren penningen waarvoor hij Jezus verraadde waren omgerekend naar onze tijd niet meer dan vier pond waard, zodat het winstoogmerk niet opgaat; en het feit dat er geen tranen werden geplengd had iets 'afschuwelijk suggestiefs', want zelfs Judas had gered kunnen worden als hij oprecht berouw had gehad. En dan, in de definitieve versie, wordt Judas een werkelijk tragische en paradoxale figuur:

> Een ketterse sekte verzon het verhaal dat Judas, in de wetenschap dat het de wil van zowel de Vader als de Zoon was dat Jezus na te zijn verraden de marteldood zou sterven opdat de wereld vrij zou zijn, bedroefd de eeuwige schande op zich had genomen. Als dat zo was, kwam hem in zekere zin evenveel eer toe als Jezus.

Deze eigengereide interpretatoren hadden het natuurlijk bij het verkeerde eind: het werkelijke motief van Judas was dat hij Jezus wilde dwingen te zeggen dat hij de Koning was, om voor zijn vooruitziende blik beloond te worden met een machtige positie onder de nieuwe heerschappij. Toen hij doorkreeg hoezeer hij zich had vergist, pleegde hij uit zelf-medelijden en teleurstelling zelfmoord. Geen tranen, maar 'misschien mengde zich toen met zijn zielenstrijd... de verwarde gedachte dat hij in de wereld van de doden, achter de sluier, voor zijn Heer zou staan en zijn schuld zou bekennen'. Sloeg Judas de hand aan zichzelf om weer bij Jezus te zijn? Nou ja, misschien niet... Nu hij het zaad van zijn bijna ketterse ideeën heeft gezaaid, keert grootvader terug naar de kudde met de metafoor van het bevroren hart dat niet kan ontdooien: 'Je kunt een blok ijs met een stamper tot duizend stukken vergruizelen, maar het zal toch ijs blijven... Een mens kan trachten zich berouwvol te tonen... Maar tot Jezus komen. Opdat hij zich koestert in de stralen van Zijn Zon van Gerechtigheid.'

Het echte mysterie ligt in Gods genade. Maar daarnaast is er genoeg ruimte voor onze eigen wispelturige bespiegelingen. Hij was erg gecharmeerd van de barokke kunstgrepen van de zeventiende-eeuwse dichters, die ook graag woordspelingen maakten met zon/Zoon en wier werk net weer in de belangstelling kwam. Zijn voorkeur lijkt uit te gaan naar de vrome maar sluwe George Herbert, wiens gedicht 'Het altaar', dat op papier de vorm van een altaar heeft, hij regel voor regel overschrijft. 'Een gebroken altaar Heer heeft Uw dienaar opgericht/ Gebouwd van een hart en met tranen gedicht...' Herberts gewoonte zich voor te doen als eenvoudig man, niet meer dan gewoon de priester van een plattelandsparochie, terwijl hij zich in feite toelegde op een diepzinnige, duizelingwekkende ironie, zal hem zeer hebben aangesproken. In elk geval werd ík erdoor geboeid. Herbert speelde een grote rol in mijn scriptie over 'Gedichten over de dichtkunst in de zeventiende eeuw' die ik in de jaren zestig schreef. Pas later, toen ik de regels herkende die grootvader had uitgekozen, besefte ik met een lichte huivering dat ik zijn citaten aan het analyseren was. Ik moet ze onbewust hebben opgeslagen om er later op terug te kunnen komen. Nu lukt het me niet meer de woorden uit zijn mond te horen of zijn stem te laten spreken, zelfs niet als ik bewust mijn geheugen pijnig, hoewel ik hem met het grootste gemak voor me zie, vel over been en gespannen omdat hij zo zijn best doet ons te overtuigen.

Zo stond hij daar toen de eerste beroerte hem trof – op de preekstoel, halverwege zijn preek. Een paar bassen uit de achterste rij van het koor raapten hem op en droegen hem in hun armen weg, om de een of andere reden niet regelrecht naar de sacristie, maar over het middenpad en door de deuren in het houten hek naar de klokkentoren. De andere koorleden liepen er in een stoet achteraan en toen stonden we in een kring om hem heen schijnbaar eindeloos op de dokter te wachten, hoewel een van de dokters McColl vast in de kerk aanwezig was.

Grootvader lag op de grond, met onder zijn hoofd een paar versleten knielkussens, in het verblindende zonlicht dat door de hoge ramen naar binnen stroomde. De sacristie was donker en benauwd; hier was het licht, het kale houten plafond met de openingen waar de touwen van de klokken in hingen was ruim zes meter hoog en die enorme ruimte was gevuld met niets dan lucht. Aan de muren hingen een paar bros geworden wapenstukken uit de burgeroorlog die de voorgangers van meneer Downward op het kerkhof hadden opgegraven. De familie Hanmer behoorde tot de royalisten en de soldaten van Cromwell hadden de kerk als paardenstal gebruikt en als bewijs pantserhandschoenen waarvan vingers ontbraken, bitten en sporen achtergelaten. Afgezien van deze schilferende overblijfselen was de klokkentoren leeg en schoon en open, en grootvader leek er vreselijk misplaatst, zoals hij daar in het bleke licht te kijk lag. Een lang moment was alles roerloos. Toen boog de dokter zich met een stethoscoop over hem heen, wij werden de kerk uit geloodst en ik zag hem pas weer toen hij in een stoel in zijn studeerkamer zat, op het nippertje aan de dood ontsnapt en in een bar slecht humeur.

Toen ik zag dat hij zichzelf weer was, was ik nog overtuigder van zijn onsterfelijkheid. Kinderen nemen al gauw als vanzelfsprekend aan dat volwassenen er altijd zullen zijn, en de kinderen van mijn generatie waren dubbel zeker van hun zaak, want tijdens de oorlog waren dodelijke aanslagen, bommen en kogels in hun verbeelding zo'n grote rol gaan spelen dat ze vergaten dat mensen ook gewoon dood konden gaan. Het hoorde bij grootvaders karakter en bij zijn werk om dicht bij de dood te zijn, dus het feit dat hij er nu nog dichter bij was geweest hielp me niet uit de droom. Hij werd alleen nog knokiger en dwarser. Vaak zat hij bij de haard in de keuken met een roostervork in zijn hand te kijken hoe het brood zwart werd. Of hij wilde een feestmaal aanrichten en duwde aardappels onder de sintels om ze te poffen, en als hij ze dan een uur later wilde terugzoeken, brak hij het vuur af door met de pook stukken kool aan gruzelementen te slaan. Hij zeurde bij bezoekers om extra, verboden tabak. Op de een of andere manier wist hij het zo te regelen dat hij altijd in een rookwolk gehuld was, waardoor Hilda uit zijn buurt bleef en alles met een steeds dikkere laag roet bedekt raakte. Hij beweerde zelfs dat hij zijn tanden met roet poetste, want dat was korrelig en daar ging het maar om. Maar hij had zo weinig echte tanden (en die waren zo bruin aangeslagen) dat je niet kon zien of het iets uitmaakte. Nu hij aan huis gebonden was, viel hij voor mij eenvoudigweg samen met zijn mythe.

Voor mij moest hij dezelfde blijven, dan kon ik het pastoriekind blijven spelen. Zelfs als grootmoeder me in de griezelige kelder opsloot omdat ik stout was geweest voelde ik me, al was ik nog zo bang, minder bedreigd dan toen mijn vader uit het leger terugkwam en ik op mijn zesde een broertje kreeg. Ik had het gevoel dat het gezin waar ik eigenlijk bij hoorde niets met mij gemeen had, maar – ongeveer zoals de school – alleen belang hechtte aan netheid en gehoorzaamheid en dingen waar ik niet goed in was. Ik onderscheidde me door mijn boeken, de kerk en mijn voorraad enge verhalen – die ik aan grootvader te danken had en die allemaal verband hielden met de duistere ruimtes van de pastorie en de sacristie en met het vertrouwde gevoel van ontevredenheid en begerigheid dat ik ook met grootmoeder deelde. Dus klampte ik me ondanks zijn aftakeling vast aan mijn beeld van hem en koos ik in het geheim zijn kant als ik op de trap stond te luisteren hoe mijn vader zich mengde in de schreeuwende ruzies over de rekeningen en de onderhoudsbijdrage, en zich beklaagde over het gemodder en de onverantwoordelijkheid van ons doen en laten in de pastorie.

En het was niet alleen de boekhouding die niet klopte. Mijn grootouders waren de verpersoonlijking van allerlei vormen van anarchie. Zij leek wel een karikatuur van de nieuwe voorbeeldig vrouwelijke huisvrouw (te vrouwelijk om te wassen of te schrobben) en hij was allesbehalve een mannelijke man, al was hij nog zo'n schuinsmarcheerder. Waarschijnlijk was hij voor vrouwen aantrekkelijk door de manier waarop hij met hen samenspande, in elk geval met de vrouwen die eerzuchtig waren of niets om handen hadden. Het feit dat hij geen baan buitenshuis had, niet eens een kantoorbaan, en dat hij zich regelmatig boos in zijn fantasie terugtrok, had niet alleen voor zijn ongetrouwde bewonderaarsters, maar ook voor mij iets verleidelijks. Voor zover hij gezag had was het theatraal en dubieus. Dus de naoorlogse morele herbewapening, die iedereen opriep zich aan de norm te houden en in de houding te staan, vond in de pastorie geen gehoor. Maar mijn ouders verhuisden naar een woning in een nieuwbouwwijk aan de weg vlak buiten Hanmer, een huis dat was ontworpen voor het modelgezin van de reclame uit de jaren vijftig: man gaat naar zijn werk, vrouw doet het huishouden, kinderen (twee, een jongen en een meisje) zijn sportief, schoon en extravert. Ik ging met ze mee, maar de aardverschuiving vond vertraagd plaats. We verhuisden bij stukjes en beetjes. Ik ging elke dag na school bij de pastorie langs en we gingen nog steeds op de onmogelijkste tijden naar de kerk. De nieuwe doorzonwoonkamer was nog niet míjn woonkamer.

Dankzij de pastorie was ik toegerust met een liefde voor donkere hoekjes en een diepgewortelde oneerbiedigheid. Ik wist hoe ik me in boeken kon verschuilen. Zo nodig kon ik een soort nest bouwen van alles wat er in huis aan bedrukt papier te vinden was. De liefde voor woorden die grootvader me had bijgebracht was volledig promiscue. Ik las alles, in willekeurige volgorde: Bruintje Beer, Captain Blood, Tarzan, Alice, de jeugdbladen van Valma en Billy met plaatjes van krakkemikkige tweedekkers en schoolmeisjesavonturen die des te raadselachtiger werden door de pagekopjes en overgooiers en teamsporten als lacrosse. Edgar Rice Burroughs beschrijft hoe Tarzan in het oerwoud zichzelf leert lezen: hij stuit op het kamp van zijn omgekomen ouders en ontdekt naast hun keurig schone botten hun beschimmelde boeken. Aanvankelijk denkt hij dat de zwarte letters insecten zijn en probeert hij ze van de bladzijden te plukken om ze op te eten, maar dan begrijpt hij het. Hoewel hij kan lezen en zelfs schrijven, kan hij niet spreken. In zekere zin was het met mij net zo gesteld; naarmate ik ouder werd kwam ik slechter uit mijn woorden, en ik voelde met Tarzan mee. Toegegeven, ik had het lezen en schrijven niet in mijn eentje en zonder hulp hoeven ontdekken, maar toen grootvader me dat eenmaal had geleerd, liet hij me domweg op eigen houtje bestuderen of overslaan wat ik wilde. Lezen was voor ons niet iets verhevens, en het was ook niet het enige dat je in dit papierwoud kon doen. Hij gaf me alle gelegenheid me te misdragen. Op een dag, ik was vijf en verveelde me, had hij me laten zien hoe je de grote schaar gebruikte, en ik knipte – of liever gezegd verknipte – de dames uit de Oxendales-catalogus met hun lange new lookrokken en breedgerande hoeden. De toestanden die dat tot gevolg had toen mijn moeder en grootmoeder thuiskwamen zou ik niet gauw vergeten. Het was natuurlijk streng verboden met scherpe voorwerpen te spelen; en bovendien had hij me – met boze opzet – aangemoedigd het materiaal van hun dromen te verminken.

Als hij langer had geleefd waren we zonder twijfel uit elkaar gegroeid. Hij zou mij beu zijn geworden en ik zou mijn vertrouwen in hem hebben verloren. Maar ik was de enige die hij niet heeft verraden. In plaats daarvan ging hij dood en verdween hij slinks in het duister, zijn aura nog onaangetast. De tweede beroerte, in 1952, een paar jaar na de eerste, velde hem. Hij lag bewusteloos in bed in de kleine gelijkvloerse zitkamer aan de achterkant; de dokter kwam, dronk een glas whisky en vertrok; bezoekers werden afgescheept en het huis was vol wanhopig gefluister.

Grootmoeder, onvermurwbaar tot op het laatst, stond erop dat hij, zieltogend als hij was, op zijn zij werd gerold, zodat ze het bed onder hem kon verschonen – anders, zei ze, zou hij met de incontinentie van zijn laatste dagen de goede matras nog bederven. Voor haar was er niets veranderd, hij was even stuitend als altijd, en waarschijnlijk deed hij het expres. De dood kon hen niet verder scheiden dan het leven al had gedaan – maar dat betekende dat zijn dood haar niet van haar verbolgenheid en wrok bevrijdde. Ze was destijds de enige die me in mijn ongelovigheid en eenzaamheid opbeurde, want op een bepaalde manier gaf ze me de indruk dat hij nog leefde. Toen oom Billy dat aanvoelde besloot hij – de onverbeterlijke realist – dat ik met eigen ogen moest zien dat de fysieke dood onherroepelijk was, punt uit. Hoewel mijn moeder protesteerde en ik tegenstribbelde, sleurde hij me de kamer in om het lijk vaarwel te kussen. Grootvader lag in zijn zwarte toog op het bed, nog niet gekist, de handen gekruist op zijn holle borst en zijn kaak opgebonden met een grote witte zakdoek die boven op zijn hoofd was dichtgeknoopt, net de geest van Marley in *Een kerstvertelling*. Hij was de eerste dode die ik zag en zou lang de laatste blijven, en als Billy werkelijk mijn geloof in grootvaders unieke raadselachtigheid had willen breken, dan was zijn opzet mislukt. Dat laatste tafereel, op zo'n dramatische manier in overeenstemming met zijn karakter, maakte grootvaders apotheose compleet.

Op school flapte ik er het verhaal van ons laatste macabere samenzijn uit, met beschamende gevolgen. Op de dag van zijn begrafenis, waar ik niet bij mocht zijn, werd de hele klas geacht respectvol zwijgend in ons lokaal te zitten. In feite zaten we te fluisteren en probeerden we ons gegiechel te smoren. De kerkklok luidde, bijna pal boven ons hoofd (de school stond vlak naast de kerk), en we hadden ons opgewerkt tot een toestand van huiverende euforie. Misschien was hij toch niet echt dood. Nerys Jones, het bleke meisje dat naast me zat, liet de hele klas griezelen door te opperen dat hij vast wakker zou worden van de herrie van de klok. Hij zou in zijn kist rechtop schieten, met een lap om zijn kaak alsof hij kiespijn had – zo zagen we hem voor ons – en de hele goegemeente de stuipen op het lijf jagen. We lagen dubbel van de lach om dat smakeloze beeld en wekten de hoofdmeester uit zijn dagdroom. Hij was net van plan om op het laatste moment de kerk in te glippen. Nu nam hij extra tijd om Nerys er zo ongenadig van langs te geven dat ze in huilen uitbarstte. De betamelijkheid eiste dat ik niet verantwoordelijk gehouden werd en zij werd de zondebok, die arme Nerys, die zelf jong stierf aan een zwak hart ten gevolge van acute jeugdreuma. Hoewel meneer Palmer me geen straf gaf, huilde ik ook bittere tranen. Ik denk dat mijn dwarsigheid onderdeel was van het privéritueel waarmee ik grootvader in mijn geest begroef, waar hij – mijn ontevreden leraar – vanzelfsprekend verder leefde. Hij was de bron van mijn gevoel dat ik een mentaal schema had, een soort pastorie-ziel; en hij was ook de schepper van mijn leesverslaving en zou nog jaren over de schouder van de werkelijke schepper van elk boek dat ik las meekijken.

Het land van de levenden bood zonder hem beslist een kille aanblik. We raakten onmiddellijk onze sociale status kwijt. Het was duidelijk dat we geen materiële aanspraak op respectabiliteit hadden – hij liet geld noch goed na – en de morele aanspraken waren uiteraard al lang geleden verspeeld. De Kerk dwong grootmoeder zo snel mogelijk uit de pastorie te vertrekken om plaats te maken voor de volgende bewoner, en de stoffige verzameling van wat zich in twintig jaar had opgehoopt kwam voor de dag: stukken van het mooie servies die de dagen dat er met borden werd gesmeten hadden overleefd, stoelen met kapotte bekleding en brandplekken van zijn sigaretten, verweerde gordijnen, vloerkleden met mottengaten, en stapels oude kranten. Het grootste deel van de meubels werd opgeslagen, de piano en de boeken werden in de nieuwbouwwoning van mijn ouders gepropt, waar ze uit de toon vielen, iets verontschuldigends leken te hebben, en het gebrek aan ruimte nog nijpender maakten.

En na bittere woordenwisselingen werd grootmoeder er

ook in gepropt. Ze was van plan geweest naar Zuid-Wales terug te gaan, naar haar zuster Katie en het verloren paradijs van de winkel, maar tot ieders verbazing had hun broer Stan de euvele moed dat te verbieden. Hij liet niet over zich lopen. Hij liet zich niet verdrukken door zusters, en trouwens, de winkel bracht niet genoeg op om haar te onderhouden (dat klopte, maar de winkel bracht ook niet genoeg op voor Katie en Stan). Dus trok grootmoeder tegen wil en dank bij mijn ouders in. Het moet een nachtmerrie geweest zijn – ze waren nog niet aan de giftige sfeer van de pastorie ontsnapt of die kwam hen achterna in de persoon van die kleine, dikke, humeurige kwelgeest met haar lucht van coldcream, muffe talkpoeder en mottenballen. Grootmoeder gaf natuurlijk het lot, en mijn ouders, de schuld van haar teleurstelling en klaagde voortdurend over het ongemak van haar nieuwe omgeving, waar ze (zo mogelijk) nog verder weg was van winkels en bioscopen. De barre nieuwbouwwijk, waar de koeien op weg naar de weilanden door de onafgeschermde tuintjes banjerden en *de buren bij je naar binnen konden kijken*, was voor haar Hanmer in het kwadraat, Hanmer ten top, en ze verachtte het buurtje hartstochtelijk.

Het was een ramp om met haar in één huis te wonen, maar tegelijkertijd was ze een schakel tussen ons en het verloren verleden. Op een dag, toen ze nog spullen aan het uitzoeken was in de pastorie, waar in mijn ogen alles steeds sleetser en doorschijnender werd, alsof er een betovering werd verbroken, vertelde ze me een verhaal dat in kort bestek duidelijk maakte wat voor heks ze was. Ik was na school bij haar langsgegaan en trof haar mompelend en hijgend van het lachen aan, dus ik wist dat ze me een of ander kwaadaardig verhaal wilde vertellen. Na een snuifje vlugzout kwam ze ermee op de proppen. Toen ze die ochtend naar bed ging, net als anders, was ze op de trap langs een verschijning gelopen: grootvader die aan zijn dag begon, zoals altijd. Ik vond het natuurlijk spannend en indrukwekkend, in tegenstelling tot grootmoeder. Met haar typische gebrek aan fantasie (dat op momenten als dit zijn eigen surrealistische kantjes had) nam ze aan dat het gewoon het soort goedkope toneeltrucje was dat je nu eenmaal van hem kon verwachten. 'Die ouwe schurk denkt misschien dat hij me aan het schrikken kan maken,' hijgde ze triomfantelijk, 'maar zo zijn we niet getrouwd.' En ze ging verder met papieren zakken in papieren zakken pakken, waarbij ze zonder twijfel af en toe een achterovergedrukt bankbiljet tussen de zakken liet glijden. En ik vertrok met iets om over na te denken – hoe waren ze dan wél getrouwd? – en potte de verhalen op die me in de doorzontoekomst op de been zouden houden.

GEMEENTELIJKE KOKSIJDE OPENBARE BIBLIOTHEEK

DEEL TWEE

VII

Doorzonwoning

Het beton van het smalle tuinpaadje was nog maar net droog toen we naar onze splinternieuwe doorzonwoning verhuisden, en het duurde nog maanden voordat de elektriciteit werd aangesloten, hoewel de leidingen er allemaal lagen en de schakelaars aangebracht waren. Felle lampen en rechte lijnen waren tekenen van de moderne tijd. Hanmer was bezig zijn achterstand in te halen. Het was op zich al een nieuwigheid dat er huizen bestonden die geen eigendom waren van de Hanmers of de Kenyons (of de Kerk). Die halfvrijstaande woningen, begin jaren vijftig gebouwd op een geëgaliseerd weiland boven aan een winderige helling, bijna een kilometer buiten het dorp, sloegen een rechthoekig gat in de oude sociale structuur. Het adres had een mysterieuze klank: 'The Arowry' (wij woonden op nummer 4) afgeleid van 'Yr Orwedd', de Welshe naam voor een middeleeuws familieslot van de Hanmers. Maar de werkelijkheid was prozaïscher, de huidige sir Edward had het districtsbestuur een armetierig stukje land verkocht, met één leegstaand, vervallen vakwerkschuurtje erop, dat vervolgens gesloopt werd – om plaats te maken voor een stuk of tien gezinnen die niet ondergebracht konden worden in het oude stramien van boerderijen, pachtbedrijfjes en arbeidershuisjes.

Tot dan toe was in Hanmer je huis min of meer verbonden met je broodwinning, en de meeste rollen werden al generaties lang doorgegeven. Mijn grootvader had nog geen twintig jaar de beschikking gehad over de pastorie en nu hoorden we bij de nieuwkomers. De bewoners van de nieuwe woningen hadden een grote sociale mobiliteit – meestal een opwaartse, al gold dat voor ons niet. Wat we allemaal gemeen hadden was het gevoel geen vaste plaats te hebben, onderweg te zijn. Sommige van de mannen waren eigen baas als aannemer, timmerman of meubelmaker. Anderen werkten voor bedrijven buiten het dorp. Eén ex-militair was veiligheidsagent op het nieuwe industrieterrein in Wrexham. Het waren mensen uit de streek, maar ze werkten niet op het land, ze bevonden zich in wat je het niemandsland van Hanmer zou kunnen noemen. Net als wij.

Voor mij was het vreselijk dat ik de pastorie en mijn kleine aandeel in grootvaders schimmige prestige kwijt was. Ik compenseerde dat door voor het eerst een echt buitenkind te worden dat thuis was in Hanmer, en op soppende kaplaarzen over de weilanden en voetpaden te struinen. De meeste gezinnen in The Arowry hadden gloednieuwe kinderen die veel jonger waren dan ik, dus voegde ik me 's morgens bij de ongeregelde troep kinderen uit het oude Hanmer die over een hobbelig weggetje, Striggy Lane, naar school liepen. Ze maakten de tocht zo lang en omslachtig mogelijk; ze treuzelden, waadden door de modderige greppels, of kropen als commando's door de doornstruiken op de steile haagkanten. De weg werd afgelegd in een soort lawaaiig zwijgen; er werd gegild, gefloten, gejoeld en zwaar gehijgd. Bij koud weer zag je je adem in de lucht.

Niemand zei veel. Er waren twee wilde, slungelige meiden bij, een tweeling, die voor zichzelf een eigen taal hadden bedacht en verder niets zeiden. Ze heetten Briggs en ze woonden bij de Mere Head, het eind van de wereld volgens grootmoeder en mijn moeder. De kinderen Briggs waren talrijk, mager en grof gebouwd, hun kleren zaten vol gaten en sokken hadden ze soms helemaal niet aan. Grootmoeder had een verhaal over hen. Ze zei dat ze een keer een van de jongens een piekfijne trui had gegeven, maar er de volgende dag het schriele gezinshoofd zelf, meneer Briggs, onbeschaamd mee had zien pronken. Ik had altijd het gevoel dat dit verhaal niet helemaal klopte. Om te beginnen, waarom zou ze een nog goede trui hebben weggegeven terwijl wij in vervilte, mottige truien en vesten liepen? Ik nam het verhaal te letterlijk. Achteraf begrijp ik dat zij als dikke vrouw graag een grap vertelde over een mager mannetje (zoals op de ansichtkaarten met strandscènes), en er een listige toespeling in smokkelde op het komische contrast tussen zijn schandalige potentie en zijn lichaamsbouw. Hoewel het verhaal natuurlijk officieel bedoeld was om nog eens te onderstrepen dat wij bij de betere standen hoorden, een pretentie die met de dag minder kans maakte.

Als jeugdige landloper ontdekte ik langzamerhand onder welke struiken je goed kon schuilen als het hard regende en welke boerinnen je weleens een kop thee of warme bouillon gaven. Zo vaak ik kon ontliep ik The Arowry nummer 4, want ik weigerde me daar thuis te voelen. Er was geen plaats. Dat kwam niet alleen doordat het huis kleiner was, of doordat grootmoeder zoveel ruimte innam. Het was een geval van emotionele claustrofobie. Bij een echt gezin horen heeft iets weeïgs en benauwds dat altijd het slechtste in mij naar boven heeft gehaald, en dat is toen begonnen. Ik had mijn ouders nooit samen, als een eenheid, gekend toen ik klein was. Nadat mijn vader gedemobiliseerd was, werden ze kamerbewoners in de pastorie, met als enige ruimte voor zichzelf een slaapkamer op zolder. Het feit dat ik op de een of andere manier bij hen hoorde, was voor mij niet duidelijk geweest op het verdeelde grondgebied van mijn grootouders. Het leek vreemd en oneerlijk dat een getrouwd stel het samen goed kon vinden en *onder één hoedje speelde*. (Misschien zijn er daarom mensen die nostalgisch van het leven in groter familieverband dromen? Niet omdat je dan méér bevaderd en bemoederd wordt, maar minder? Wie weet verlangen we er heimelijk naar niet met andere eieren in één mand gestopt te worden, zoals gebeurt wanneer je ouders een nest bouwen op één enkele tak van de stamboom.) Door de geboorte van mijn broertje Clive en de verhuizing naar het splinternieuwe huis niet lang daarna veranderde het huiselijk leven. Clive was het kind van de hereniging van onze ouders en hun samenleven als man en vrouw. En juist doordat hun aandacht zo naar binnen en op hem gericht was, kon ik onbelemmerd buiten ronddwalen.

Bij mijn metamorfose tot buitenkind moet er jaloezie in het spel geweest zijn, en misschien waren de druiven zuur (als ze mij niet nodig hadden, dan ik hen ook niet), maar zo voelde het toen niet. In theorie waren jongens beter, dat wist ik. Maar grootmoeder vond mannelijkheid in het algemeen een vergissing en een tijdlang zag het ernaar uit dat de gebeurtenissen haar op een gruwelijke manier gelijk zouden geven. De aandacht van onze ouders werd vooral opgeslokt door mijn kleine broertje omdat hij geplaagd werd door ziektes, alsof een boze fee stiekem bij zijn doopfeest aanwezig was geweest en hem had betoverd. Jongetjes zijn als baby gevoeliger: vlak na zijn geboorte in 1949 kreeg Clive belroos (sint-antoniusvuur); vervolgens, nog voordat hij kon praten, werd hij halsoverkop naar het ziekenhuis gebracht omdat hij last had van een 'darmkronkel'; en toen hij tweeënhalf was, kreeg hij polio.

Het was een vreselijk woord, dat beelden opriep van overlevenden die als in een sarcofaag opgesloten waren in een ijzeren long, waar alleen hun hoofd uit stak, en die zich flink hielden op het bioscoopjournaal. Op zijn minst stelde je je voor dat je de rest van je leven een ijzeren beugel zou moeten dragen aan een krachteloos been. 'Hoe het ook genoemd wordt,' staat er in de *Science News Letter* die in het woordenboek geciteerd wordt, 'poliomyelitis, kinderverlam-

Clive en ik in 1954

ming, of kortweg polio, het is een verschrikkelijke ziekte, waardoor velen invalide zijn geworden of zijn overleden.' Alle jaloezie die ik had gekoesterd werd onmiddellijk on- derdrukt. Als je dat ervoor over moest hebben om in het middelpunt van de belangstelling te staan, dan bofte ik dat er naar mij niet omgekeken werd. Eigenlijk raakte ik pas echt verslaafd aan de sombere genoegens van mijn eenza- me zwerftochten toen Clive ziek was, want ik mocht niet in aanraking komen met andere kinderen – ik was ingeënt en werd thuisgehouden van school om te zien of ik het ook kreeg. Ik zwierf doelloos rond over de drassige weilanden, kreeg allerlei suggestieve pijnen en klachten. Maar zelfs ik geloofde er niet in: ik bleef in beweging, ik sjouwde verder.

Clive, die nog maar pas kon rennen, lag plat op een kam- peerbedje in de woonkamer, ingesloten door het driedelige bankstel, de eettafel en de piano. Toen dokter McColl eens een speld in zijn voet stak, voelde hij er niets van. Toch werd hij beter, dankzij een rigoureus programma van oefe- ningen, met vader als fysiotherapeut. 'Kinderverlamming' was in zijn geval uiteindelijk minder verschrikkelijk dan de reputatie die het had, omdat hij nog een kind wás: de gevolgen waren het ernstigst bij volwassenen. Binnen een paar jaar zou de wijdverbreide angst voor de ziekte afnemen, omdat de naoorlogse epidemie was bedwongen door vaccinatie op grote schaal en het einde ervan in zicht kwam – hoewel de belangrijkste bron van infectie (polio wordt overgebracht via afvalwater) tot op de dag van vandaag niet is weggenomen.

Toen onze eigen allesoverheersende, acute crisis voorbij was, hadden we tijd om de puzzelstukjes in elkaar te passen en te beseffen dat Clive het virus zo goed als zeker aan zee had opgelopen. Op onze vakantie in Zuid-Wales hadden we dat jaar in Porthcawl gelogeerd, waar een prachtig strand was met getijdenpoeltjes om in te poedelen, dat Rest Bay heette. Een extra vermaak was het wrak van een Griekse olietanker, de San Tampa, dat hoog op de rotsige kust lag – net zo ongelooflijk als een bootje in een fles –, daar terechtgekomen door een hevige storm. Een man met een acetyleenbrander die vonken schoot in de zon, kroop over de romp en sneed die heel langzaam tot schroot. In het zand zaten nog onzichtbare olieklonters zodat onze huid en kleren onder de vlekken kwamen, die 's avonds in het pension met brandspiritus verwijderd moesten worden. Even onzichtbaar, maar een stuk gevaarlijker, was het onbehandelde menselijk afval dat met de vloed het strand op spoelde als de grote golven van de Atlantische Oceaan zich vrolijk door het Bristol Channel spoedden.

Maar grootmoeder hield stug vol dat polio iets van Hanmer was, en dat de ziekte niets te maken had met haar heilige Zuid-Wales. Ze woonde nog in de pastorie toen in dat koude jaar de winter begon, in zalige onwetendheid van haar eigen komende verhuizing naar de nieuwbouw, dus was ik op dat moment de enige indringer in dat nieuwe gezin met het kampeerbedje in de woonkamer. Op donkere middagen zag ik ze daar in het lamplicht omdat in ons huis geen vitrages hingen zoals in de andere huizen, een gebrek aan fatsoen waardoor vanaf het begin duidelijk was dat we ons niet wisten te gedragen in ons nieuwe leven. Onze situatie was in alle opzichten onbeschut, eigenlijk was het buiten veiliger. En hoewel er al heel gauw betonnen palen en een hek met harmonicagaas geplaatst werden om onze tuin af te bakenen, was dat geen begrenzing waar je in kon geloven, en zodra ik het huis uit stapte dwaalde ik over de winterse weggetjes en weilanden. Het sneeuwde veel, en ik ontdekte hoe leuk het was om op de witte ribbels van geploegde akkers mijn sporen achter te laten naast die van vogels en konijnen, honden en vossen, en bij een haag neer te hurken om in de sneeuw een putje te maken met gele pies, zoals de dieren ook deden.

Ik kwam erachter dat de meeste hagen bestonden uit meidoorn, die 'brood met kaas' genoemd werd omdat je als je honger had op de bladeren kon kauwen, al kwamen die pas weer in de lente. Voorlopig waren er alleen maar ijspegels om op te zuigen. Maar die waren heerlijk en je had ze in verschillende smaken, al naar gelang ze aan de roestige dakgoot van een schuur of de groene rand van een overstromende regenton hingen. Als plassen en vijvers dichtvroren, kon je op en neer springen op het krakende, verende ijs. Meer dan eens zakte ik erdoorheen en moest het ijzige water uit mijn kaplaarzen gieten en naar huis sjokken, waar ik een standje kreeg en hoogstwaarschijnlijk een pak slaag als mijn vader thuiskwam. Want mijn moeder, die mij wel het huis uit wilde hebben, omdat ik daar zo ongelukkig en kribbig was en haar in de weg liep, waarschuwde me altijd dat ik 'niet te ver weg moest gaan', en werd hysterisch als ik te laat en smerig thuiskwam. Ze wilde me niet zien, maar wel vlak in de buurt hebben zodat ze zich geen zorgen hoefde te maken, maar daar hield ik me natuurlijk niet aan en dan maakte zij zich wel zorgen, en nadat we verhuisd waren kreeg ik thuis voortdurend op mijn kop.

In mijn herinneringen aan dat eerste jaar in het nieuwbouwhuis, dat in werkelijkheid twee jaar geweest moet zijn – het jaar dat ik negen werd en grootvader overleed, en het jaar dat ik tien werd, wat hetzelfde jaar was waarin ik ophield met slapen en voor het toelatingsexamen slaagde – sta ik dus buiten en kijk naar binnen, door glas dat beslagen is door mijn adem (ik ben buiten adem, ik ben naar huis gerend langs een modderige kortere route). Het is een winters beeld, besmeurd met tranen en spuug, maar niet onprettig, al is het ongelukkig. Die hele periode lijkt achter matglas te liggen, maar dat hoort er nu eenmaal bij, het is voor mij een wezenlijk onderdeel van het begin van de jaren vijftig.

Dat in de kou staan brengt een wereld van *toen* terug, een tijd met een nieuwe textuur – zoals het brosse plastic van die nieuwe regenjassen met stugge drukknopen als sluiting, die kraakten en geel werden; of zoals de zakjes van ondoorzichtig vetvrij papier waarin Smith's chips terugkwamen toen na de oorlog alles weer gemakkelijker te krijgen was. Ik kon eerst niet begrijpen waarom mijn moeder zo verrukt was van die verkreukelde fossielen met taaie grijze stukjes (ze moeten in het begin bevroren aardappels hebben gebruikt bij wijze van concessie aan de soberheid), al snapte ik wel direct waar het bij het blauwe puntzakje zout om ging: het was een kwestie van luxe dat je meeneem-eten had waar je mee kon spelen. Chips waren er als tussendoortje om je eetlust te bederven en als de zak leeg was kon je hem opblazen en met een knal stuk slaan. Maar het belangrijkste en veelzeggendste van die nieuwe, vergankelijke jaren-vijftigdingen waren de gloeilampen, die je in helder en in mat had. Iedere nieuwbouwwoning had één plafondlamp midden in de woonkamer. Sommige mensen plaatsten die in een schaal van gevlekt glas die aan kettinkjes hing en hadden ook nog staande lampen in de hoeken. Toen de elektriciteit was aangesloten, was de tijdeloze duisternis in aftocht, was er verandering op til.

Zelfs buiten kwam de late lente, en daarmee klein hoefblad, sneeuwklokjes, sleutelbloemen, primula's en getande wilde narcisjes. We schreven er op school 'Natuurnotities' over voor juffrouw Daisy – voor zover we konden schrijven – met nieuwe balpuntpennen die nog meer vlekken maakten dan de oude kroontjespennen. En we gaven haar vele liters kikkerdril cadeau die mettertijd veranderde in kikkervisjes, die elkaar opaten totdat er nog maar een paar dikke monsterlijke kannibalen over waren, niets dan zwarte buik en helemaal geen pootjes, die door de gootsteen gespoeld werden. Die tegennatuurlijke gang van zaken werd niet vastgelegd in 'Natuurnotities', die tenslotte bedoeld waren om de universele orde van de dingen weer te geven, niet wat er feitelijk op school gebeurde. Buiten school veranderden kikkervisjes zonder problemen in kikkers, dat wisten we best, want het was zo nat op het land dat we min of meer in hun element leefden.

Overal rond Hanmer borrelden beekjes, afwateringskanalen en sloten, en stond er water in plassen, vijvers, putten en meertjes. Maar deze natuur was ook al niet zo 'natuurlijk' als zij zou moeten zijn. Hanmer was van een zekere afstand een heel schilderachtig dorp, maar van dichtbij bestond het uit zware, vreemde materie. In de lente zoog de grond aan je voeten; bij iedere stap kon je het trekken van de modder voelen. Dat vond ik zo heerlijk van het dwalen over de velden: die taaie tegenstand in iedere stugge kluit; je kon jezelf ermee hypnotiseren, door gewoon de ene voet voor de andere te zetten raakte je in trance. Zo kon je alles om je heen vergeten, totdat je verdwaasd bleef staan en gemakkelijk door zou kunnen gaan voor een dorpsgek, die het best vindt om urenlang ongezien in een bosje te zitten wachten op niets. Er waren in die tijd vrij veel van zulke mensen rond Hanmer, onder anderen eenzame, in blauw ziekenhuisuniform geklede patiënten uit een oorlogskamp in Penley een paar kilometer bij ons vandaan; de meesten waren Polen met tbc. De jeugd van Hanmer meende te weten dat het Duitsers waren en als we met een heel stel waren jouwden we ze dapper uit omdat ze de oorlog hadden verloren. Ze reageerden niet, liepen gewoon door, somber voor zich uit starend. Verder waren er nog landlopers van voor de oorlog en een paar regelrechte dorpsgekken, die tegen hagen en hekken praatten en hun broek ophielden met een stuk touw.

Maar hoe ik ook probeerde op te gaan in het landschap, ik was nog geen volleerde zonderling en voelde me onwennig in die rol. Andere kinderen die op alle tijden van de dag buiten waren bleken een taak te hebben: een grote broer of zus afhalen, een boodschap overbrengen aan iemand die verderop op het land werkte, of aan pa in de kroeg. Je lanterfant veel overtuigender als je het gevoel hebt, al is het nog zo vaag, dat je een plicht verzaakt, en dat miste ik. En eerlijk gezegd lukte het me niet vaak, hoe lang ik ook voortploeterde, om in de toestand van dromerige afwezigheid te raken waar ik naar snakte. Dan was ik gewoon eenzaam. Ik verlangde wanhopig naar vriendinnen en het geval wilde dat de verhuizing naar The Arowry nieuwe hoop bood, want daardoor kreeg ik een tweede kans bij twee meisjes van school die niets met me te maken wilden hebben toen ik in de pastorie woonde: Janet Yates en Valerie Edge, die nu buren waren. Valerie, bruin, blozend, met krullend haar en groot voor haar acht jaar, woonde in het nieuwbouwhuis dat het eerst klaar was en nu al een echte tuin had met dahlia's in de perken. Janet – net als ik vrij tenger, maar anders dan ik keurig netjes – kwam van een boerenbedrijfje verderop aan de weg, met een bos stekelige grijze bosrank bij het hek en een pad van rode en blauwe klinkers. Hekken en tuinen speelden een belangrijke rol in onze vriendschap, omdat we een groot deel van onze tijd bij een van ons over het hek hingen of erop heen en weer zwaaiden. Met Valerie en Janet ging je er niet op uit, niet omdat ze dat niet mochten, maar omdat ze er te volwassen voor waren; ze zagen de zin er niet van in.

Ze hadden het druk met al groot zijn, met oefenen voor het echte leven, wat niet zozeer betekende dat we met poppen in de weer waren, of vadertje en moedertje speelden, of ons verkleedden (hoewel we dat ook allemaal gedaan moeten hebben), maar meer dat we dicht bij elkaar stonden te fluisteren, elkaar geheimen vertelden, giechelden achter onze handen en met de armen om elkaars middel liepen. Het leek een dans, een dans van bij elkaar horen waarbij er geen ruimte was voor jezelf, alleen maar de grootst mogelijke intimiteit, en ik vond het euforisch, bedwelmend. En verder maakten we ruzie, want het magische getal drie is synoniem met onenigheid: twee tegen één, twee die met elkaar fluisteren, zich omdraaien en giechelen, de derde in ongenade en buitengesloten. Nu is duidelijk dat dat het echte doel was van die hele ingewikkelde dans, het hoogtepunt, maar toen leek elke ruzie natuurlijk een catastrofe en dan rende ik naar huis, in tranen, en zat urenlang op de stoep van onze eigen achterdeur te janken. Mijn moeder, in de eerste plaats geërgerd dat ik zo vervuld was van zulke gewone (of zelfs ordinaire) kleine meisjes en nog meer ontdaan over de hevigheid van mijn verdriet als ze me de rug toekeerden, zei dan: 'De wereld vergaat niet.' Maar onbewust verschafte ze me precies de goede woorden. Zo was het, de wereld verging, iedere keer.

Ik heb mezelf de rol van vijfde wiel aan de wagen toebedeeld, maar dat was ik heus niet altijd. De echte schaamte die bij deze herinnering hoort, komt terug als ik bedenk hoe heerlijk ik het vond als Valerie en ik Janet buitensloten. Onze emotionele driehoek was een erg goede voorbereiding op de wereld, en onze voorafbeelding van groepstherapie was volmaakt, tot en met het feit dat Valerie nooit werd buitengesloten. Om te beginnen was ze zekerder van zichzelf en vrij van de hunkerende jaloezie waaronder wij tweeën gebukt gingen, en ze kon dan ook steeds onbekommerder, onbewuster gemeen zijn, onze onbewogen beweger. En Valerie was dol op haar moeder.

Mevrouw Edge, die zelf uit een groot gezin kwam, had net als veel vrouwen van haar generatie in Hanmer met dat patroon gebroken, vandaar de nieuwbouwwoning. Ze bewoonde de hare met stijl, niet alleen waren haar vitrages witter dan wit, maar de hele ruimte, en de hele dagindeling waren onderworpen aan een ingewikkeld protocol. Of ze nu bij de achterdeur haar kaplaarzen verwisselde voor pantoffels met een randje namaakbont, of haar krulspelden verstopte onder een sjaaltje, of haar haar kamde en haar lippen stiftte, ze deed het allemaal in een regelmatig, rustgevend ritme. En ze vulde het salaris van haar man aan door achter het huis kransen te maken (hulst voor Kerstmis, chrysanten en anjers voor begrafenissen) en de bloemen te verzorgen voor bruiloften. Ik ben een keer met Valerie en haar moeder mos gaan zoeken, dat ze op het frame van de kransen bevestigde om er met scherp ijzerdraad de bloemen in te steken. We liepen door de weilanden over voetpaadjes en op het laatst helemaal niet meer over paden totdat we bij een eng soort bos kwamen waar alle bomen in sponzig mos stonden, dood en bladloos, en – dat was het onvergetelijke, magische ervan – als je op en neer sprong, zwaaiden hun dunne stammen heen en weer tegen de lucht en schudde het hele bos.

Het voorbeeld van Valeries moeder bracht ons op het idee van een spel dat nu eens geen deel uitmaakte van de afwijzingsdans. Valerie en ik speelden het wel met ons tweeën, maar Janet was die hele zomervakantie weg, uit logeren bij een tante of een nicht, en stond niet als schimmige rivale in de coulissen te wachten. Dat spel – *bloemen verzorgen voor de poppenbruiloft* – werd heel levensecht en serieus, en dat was geen enkel ander spel. Het leek eigenlijk helemaal geen spel, dat was de charme ervan. We maakten wekenlang plannen, bespraken wat de poppen precies moesten hebben, maakten lijsten van de verschillende boeketten en tuiltjes die we nodig hadden voor de bruidsmeisjes en de bruidsdame en natuurlijk voor de bruid zelf (die ook nog bloemen had besteld voor in haar haar) en prijsden ze allemaal, inclusief corsages voor de familieleden, strikt op volgorde van verwantschap en belangrijkheid, met de moeders bovenaan. We waren grotendeels aangewezen op wilde bloemen, en natuurlijk moesten we alles in miniatuur maken voor de poppen, maar die bijkomende problemen verhoogden alleen maar het drukke, zenuwachtige plezier van het geheel. De dagen voor de grote dag plukten we onze bloemen en varens, en zetten ze in aparte jampotten klaar om er bosjes van verschillende grootte en fraaiheid van te maken, wat je op het laatste moment moest doen.

We probeerden zelfs een fototoestel te lenen, om een groepsfoto van de feestelijke gebeurtenis te nemen en onze creaties te vereeuwigen, hoewel ik niet geloof dat het gelukt is, want ik herinner me niet dat ik ooit zo'n foto gezien heb. Misschien was het een bewolkte dag, of wellicht wilde niemand ons een fototoestel lenen – want dat waren in 1952 dure, onberekenbare speeltjes voor volwassenen. Maar toch, al is er van de bruiloft zelf dan geen spoor overgebleven, het was een groot succes, want het ging om het voorbereidende werk aan de bloemen waar we al die tijd mee bezig waren (we waren nog maar negen, het moet eeuwen geleken hebben). Zodoende speelden de poppen noch hun kleren een erg belangrijke rol in onze professionele berekeningen om alles precies goed te krijgen – zelfs al waren alle poppen te groot of te klein of waren het babypoppen (in onze tijd had je nog geen Barbie, en al helemaal geen Ken). Hier was de fantasie aan het werk, met de nadruk op werk. En wat het bovendien zo idyllisch maakte, was dat we het allemaal uitdachten en in scène zetten bij onze achterdeur, omdat Valeries moeder niet wilde dat we haar voor de voeten liepen.

Want de meeste kinderen uit de nieuwbouw werden het huis uit gejaagd, al trokken ze dan niet de weilanden in. Als ik met Valerie speelde wist ik voor de verandering waar ik was en mijn moeder ook; ik liep niet te ver weg en ik kwam niet te laat thuis. Maar Valeries gewoontes – bij de familie Edge gebeurde alles op vaste tijden – straalden niet op mij af: als ze niet in de buurt was, liep ik toch nog uit de pas. In The Arowry ging men ervan uit dat kinderen thuiskwamen om te eten en te slapen. Al vanaf het begin was ik niet goed in thuiskomen en nu, ergens in dat eerste jaar, hield ik ook op met slapen als ik er eenmaal was. Een van de redenen was dat ik nu zelf een ziekte had, al was die niet zo interessant als die van mijn kleine broertje: chronische sinusitis, wat wilde zeggen dat mijn neus voortdurend verstopt zat, dat ik hoofdpijn en aangezichtspijnen had en erg moeilijk ademhaalde, vooral 's nachts. Dit werd er niet beter op doordat ik in het donker lag te huilen, wat de verschijnselen een stuk erger maakte en anderen ook een beroerde nacht bezorgde.

Ten slotte werd dokter McColl erbij geroepen, op een ochtend dat ik wel erg opgezwollen ogen had en me ellendig voelde. Hij was een figuur uit het verleden, precies zoals ik me hem herinnerde, met zijn paarsige huid en zijn geruststellende geur van whisky en eau de cologne, en diezelfde dag nog gaf hij me een recept om te overleven op The Arowry nummer 4. Geen medicijnen – die waren minimaal: aspirine voor de hoofdpijn en een aromatisch spulletje om te inhaleren –, maar boeken.

Toen hij binnenkwam was ik bezig iets uit mijn hoofd te leren voor school, en misschien was dat een vingerwijzing voor hem, want hij kwam er al gauw achter dat ik ook een groot deel van het gezangboek en zelfs een flink aantal psalmen van het bloeddorstige soort uit mijn hoofd kende. Hij dacht dat ik wel interessantere lectuur zou kunnen vinden. Hij zei ook dat ik eigenlijk heel erg bofte, omdat ik veel meer tijd had dan mensen die wel sliepen; en hij zei tegen mijn moeder dat ze me toestemming moest geven de hele nacht het licht aan te laten. Zo gaf hij me – gaf hij me terug – het gezelschap van Tarzan en Alice, en William, Sherlock Holmes, Masterman Ready en de Prinses en de Kobold... Het was een ongelooflijke luxe om op die manier elektriciteit te verbruiken, maar het was op doktersvoorschrift. Dokter McColl had ruimte voor me veroverd in het nieuwe huis, een verlicht hokje voor mij alleen. Ik dacht vaak terug aan zijn magische woorden en keek dan midden in de nacht naar buiten over de velden, waar verder geen enkel licht brandde, en probeerde tevreden te zijn met mezelf.

Stukje bij beetje kreeg de ruimte van het nieuwbouwhuis, die ontworpen was voor het typische jaren-vijftiggezin, een andere vorm, met iets van de pastorie. Tegen de tijd dat Clive eraan toe was naar zijn eigen kamertje met de kinderkamergordijnen te verhuizen, bivakkeerde grootmoeder daar, en kwam hij bij mij op de kamer en moest eraan wennen met het licht aan te slapen. Het heimelijke plan van de ontwerpers om wanorde onmogelijk te maken strandde op ons geïmproviseerde ploegenstelsel. We waren nooit echt bij elkaar in de doorzonkamer en gingen nooit tegelijk aan tafel om te eten, dus werd de tafel maar aan één kant gedekt en werd de rest gebruikt voor ordners, huiswerk en opwindraceautootjes. 's Avonds bleef grootmoeder lang op en had dan alle ruimte voor zichzelf, terwijl ik boven lag te lezen tot ik in de vroege ochtend indommelde, vlak voordat mijn moeder de gordijnen open kwam doen en terugdeinsde voor de dikke motten die mijn lamp naar binnen had gelokt.

In huis was de sfeer gespannen, stil. Niemand had genoeg ruimte voor zichzelf, zeker mijn ouders niet, die al die oorlogsjaren waarin ze gescheiden waren geweest nog moesten inhalen. Toen we pas verhuisd waren nam Clive al hun aandacht in beslag, maar toen hij beter werd en naar school ging, richtten ze zich weer op elkaar. De eerste keer dat ik ze echt zo zag, door de mist die ikzelf veroorzaakte heen keek, was op de dag dat de resultaten van het toelatingsexamen bekendgemaakt werden. Meneer Palmer stuurde me midden op de ochtend op een draf naar huis met het nieuws en toen ik binnenkwam zaten mijn vader en moeder met zijn tweeën in de woonkamer aan de huiswerkkant van de tafel. Dat klopte niet, mijn vader kwam overdag nooit thuis, maar daar zat hij met zijn oude uniformjasje aan, zijn arm lag om haar schouders en zij had gehuild. Ik kwam binnenvallen in een heimelijke crisis, ze was ziek, de dokter was net weg (ziekte was wel vaak onze woordvoerder), ze voelde zich nu beter, ze had gedacht dat ze niet kon slikken, dat er iets in haar keel zat, maar het was niets dan zenuwen... Mijn nieuws viel in het niet bij die onthulling. Heel even kon ik ze zien als gewoon twee mensen, het echtpaar dat ze zonder ons allemaal zouden zijn: vreemden die waren neergestreken op dat winderige stuk land en probeerden een nieuw leven op te bouwen.

VIII

Een ordentelijk huwelijk

Net als veel anderen die in de oorlog getrouwd waren, hadden mijn ouders moeite met het leven in vredestijd. Niet omdat ze ontdekt hadden dat ze niet van elkaar hielden toen hun leven samen niet meer de spanning had van voortdurende scheidingen en de dreiging van de dood. Juist niet. Maar ze hadden elkaar zo tegen de sociale normen in gekozen dat ze nerveus waren, onzeker van zichzelf, klaar voor de strijd, alsof ze verwachtten dat er iets verkeerd zou gaan. De beide families waren niet gelukkig met hun huwelijk, en het dorp ook niet. Hanmer leefde nog in het tijdperk waarin de meeste verbintenissen eigenlijk werden aangegaan tussen erfenissen en land, aan elkaar grenzende akkers, verre neven en nichten, of op zijn minst een woning van de werkgever en een theeservies. De legendarische egalitaire stemming van de blitzkrieg deed Hanmer alleen aan als gerucht, zoals het weerkerende geronk van een enkele bommenwerper die na het platgooien van de havens van Liverpool op de terugweg wat uit de koers was geraakt. Een huwelijk tussen de dochter van de priester en de zoon van de plaatselijke vrachtrijder, die zijn werk deed met een zwart gezicht (Stockton & Zonen vervoerde voor de oorlog vooral kolen), was in strijd met de conventie. Je zou misschien denken dat de zaken anders kwamen te liggen toen de vrachtrijderszoon, die als dienstplichtig soldaat ten strijde was getrokken, als kapitein terugkwam. Het verhaal van mijn ouders had geduid kunnen worden als de fortuinlijke lotgevallen van het soort eerzame dorpsjongen, gewoonlijk een jongste zoon, met wie

Mijn vader in 1945, mijn moeder begin jaren veertig

het in sprookjes zo goed afloopt. Hij wordt verliefd op een dromerige maagd die door de toverkunsten van haar inslechte vader gevangen wordt gehouden; hij vertrekt, verdient zijn sporen in Normandië en de Ardennen, komt terug om haar te redden uit de zielloze, verderfelijke pastorie en voert haar mee naar de wereld van het echte leven – de deugdzaamheid, de orde en het doodgewone fatsoen van een ordentelijk huwelijk en lieve kinderen. Ik denk dat ze het zelf ongeveer zo zagen. Maar Hanmer dacht er anders over.

Het was al erg genoeg dat mijn ouders in de jaren dertig als tieners al met elkaar omgingen. (Dat zal ongeveer een jaar na de episode-Marj zijn geweest, toen grootvader en grootmoeder het te druk hadden met ruziemaken om zich erom te bekommeren.) Als ze tot diep in de nacht samen in de geparkeerde auto zaten die hij had kunnen lenen, was dat het zoveelste schandelijke bewijs dat mijn grootouders lak hadden aan het fatsoen. Het maakte niet uit dat deze jonge mensen, Valma en Eric, de gang van zaken in de pastorie afkeurden en resoluut kuis waren; dat zou, als de roddelaars het hadden geloofd, nog weer een bewijs zijn geweest van hun non-conformisme. En dit alles werd alleen nog maar erger door mijn vaders militaire carrière. De energie en ambitie die hem naar Sandhurst voerden – waar hij tot zijn verbazing merkte dat de hogere klassen helemaal niet intelligenter waren – waren verdacht in Hanmer, en dat gold trouwens ook voor krijgshaftigheid, want dit was grotendeels een gemeenschap van niet-strijders, en als je de pech had opgeroepen te worden, dan hield je je gedeisd, maakte grappen met je maten en wachtte tot het voorbij was.

Dat had mijn vaders oudere broer, Albert, in Noord-Afrika gedaan. Bijna de enige zichtbare restanten van Alberts verblijf in de woestijn waren de baret die hij droeg bij het bezorgen van de kolen en de riem die hij droeg om zijn broek op te houden. Albert was een bewonderaar van Winston Churchill, te oordelen naar de ingelijste foto boven het cilinderbureau waarin hij de roetzwarte rekeningen bewaarde, maar hij praatte nooit over bloed, zweet en tranen. Ter-

De trouwdag van mijn ouders, met tante Binnie en oom Albert

wijl voor mijn vader de oorlog, het Royal Military College en zijn bevordering tot officier ervaringen waren waardoor hij een ander mens was geworden. Hij kon het nooit laten over zijn avonturen in actieve dienst te praten. Hij heeft altijd volgehouden dat hij op zijn achttiende nog vijf centimeter gegroeid was dankzij de lichaamsoefening in het leger in combinatie met het feit dat hij niet meer elke dag voor zijn vader mudzakken kolen sjouwde, zoals hij vanaf zijn veertiende had gedaan. Het was een symbolisch verhaal. Het leger werd zijn tweede vader: hij kwam volwassen uit de oorlog te voorschijn. En hij trouwde met mijn moeder in 1942, vlak voordat hij bevorderd werd.

Hij leek een vreemde na zijn jarenlange afwezigheid, maar hij was hier in de buurt geboren. Zijn familie woonde in Horseman's Green, een gehucht een eindje verderop langs de weg, waar ze een aardig, rechthoekig huis hadden dat betere tijden gekend had, 'Ferncliffe' geheten, met een voortuin, een erf waar vrachtauto's plassen olie achterlieten, en een paar stukjes land. Hij leek zich er niet erg thuis te voelen als we op bezoek gingen bij zijn moeder, Albert en hun jongere zus Binnie (zijn vader was in 1943 overleden, niet lang na mijn geboorte), en waarschijnlijk was dat voor de oorlog al zo geweest, toen hij zelfverzekerd genoeg was om mijn moeder het hof te maken.

In de crisistijd, toen hij nog een jongen was, hadden zijn ouders hem bij een tante in huis gedaan, terwijl de andere twee thuisbleven, en die scheiding had sporen nagelaten. Later was hij teruggehaald, maar niet in de geest, hoewel hij zich loyaal inspande voor zijn vader toen hij van school kwam. A. Stockton en zijn Zonen hadden maar wat aangemodderd, ze hadden kolen vervoerd, en soms vee, soms de aardse goederen van arbeiders (na de vrachtwagen eerst een schoonmaakbeurt te hebben gegeven) en hadden daarnaast wat geboerd of een stukje land verpacht. Ze hadden ook nog een tijd een winkeltje gehad. Toen Albert en hij terugkwamen uit het leger, erfden ze de restanten van dat ongeregelde familiebedrijf en werden partners. Maar ze stonden wel radicaal verschillend tegenover de onderneming. Na de Sahara verlangde oom Albert ernaar net zo verder te modderen als vroeger. Voor mijn vader waren gemodder, gemarchandeer en inefficiëntie de nieuwe vijand. A. Stockton & Zonen werd zijn 'compagnie' in vredestijd en al heel gauw gaf hij de bevelen.

Dat wilde niet zeggen dat hij een pak droeg en op een kantoor zat, ook al noemde hij zich transportondernemer. Tenslotte bestond A. Stockton & Zonen in 1946 nauwelijks meer. Om, zoals hij zei, de Zaak op Orde te Krijgen moest hij dag en nacht werken en bijna alles zelf doen. Hij werd chauffeur, monteur, timmerman en lasser (hij maakte en repareerde laadbakken) en deed ook de boekhouding en verstuurde de rekeningen. De prijs die hij moest betalen om na de oorlog werk te hebben waarbij hij Eigen Baas kon zijn, was dat hij ook zijn eigen uitgebuite personeel was. Albert, die opdrachten uitvoerde, werkte intussen ook hard, maar nooit zo gedreven als mijn vader, voor wie de Zaak al gauw een mythe werd die hem opslokte, een roeping. Met de Zaak kon hij zich een plaats verwerven in Hanmer, een wereld waarin op dat moment geen plaats voor hem was – en daarom was het allemaal de moeite waard. De praktische vaardigheden die hij zich in de loop van zijn militaire carrière eigen had gemaakt (hij was op een gegeven moment sergeant bij de aan- en afvoertroepen geweest) en de tactische gaven die hem als infanterieofficier te velde zo goed van pas waren gekomen, kon hij in dienst van de Zaak opnieuw inzetten. Hij was mateloos vindingrijk als er vrachtjes van kleine boeren gecombineerd moesten worden – twee kalveren hier, een onvruchtbare koe daar, drie vaarzen en zes schapen weer ergens anders –, zodat de hele lading in één keer naar de markt van Oswestry, Whitchurch of Malpas vervoerd kon worden. En hij was helemaal in zijn element als hij op een ijskoude avond panne kreeg in een verafgelegen berm.

Maar als het ging om de menselijke, sociale en commerciële aspecten van het Leiden van de Zaak zat hij steeds weer met zijn handen in het haar. Toen hij nieuwe wagens aanschafte, had hij chauffeurs nodig, en het was erg moeilijk om mannen te vinden die tot zijn tevredenheid de rol van de manschappen speelden – behalve ex-militairen. En zelfs die gehoorzaamden zijn commando's niet altijd even stipt. Hij was een paternalistische werkgever en piekerde er niet over om in slappe tijden mensen te ontslaan, en hij voelde zich dan ook op het hart getrapt toen ze meegingen met de looneisen van de vakbond. De gemakkelijke Albert was een stuk beter in personeelswerk en ook in babbeltjes met de klanten. Hij kende het sociale netwerk als zijn broekzak, wist wie familie was van wie en hoe precies, en kletste graag over bruiloften, begrafenissen en testamenten. Terwijl mijn vader letterlijk en figuurlijk Niet Wijzer Werd van Dat Soort Dingen. In ieder geval wist hij nooit goed wat voor toon hij moest aanslaan tegen de boeren, van wie de meesten vrij duidelijk niet uit officierenhout waren gesneden. En hij voelde niets voor het concurreren, onderbieden en omkopen waardoor hij een voorsprong zou hebben gekregen op zijn rivalen: hij had geen oog voor de grote kans. Hij meende dat de beste moest winnen, en ook inderdaad zou winnen bij een uiteindelijke sanering onder leiding van de rechtvaardige God van de Particuliere Onderneming, Die hem zou prijzen omdat hij zich aan de Spelregels had Gehouden en de Loeren zou tellen die hij niet had Gedraaid.

Zo groeide de Zaak en kwam wonderlijk genoeg nooit tot bloei. Maar daar diende hij ook niet voor. Het belangrijkste doel was het ondersteunen van de mythe van mijn vader als eigen baas: de Kleine Zakenman, de Realist. Eind jaren veertig, begin jaren vijftig werd realisme voor iedereen het wachtwoord. De broer van mijn moeder, oom Bill (die radio-operator was geweest bij de luchtmacht, maar wel op de grond), was socialistisch realist en als hij op bezoek kwam heerste er een koude-oorlogssfeer. Voor Bill was nationalisatie een eerste aarzelende stap in het overdragen van de macht aan het volk, terwijl het voor mijn vader neerkwam op Bureaucratische Rompslomp, een leger Pennenlikkers en Jabroers die Geen Prikkel Hadden om te werken of om op Eigen Benen te Staan en er Flink Tegenaan te Gaan, en die, als er iets misging, altijd de Zwartepiet konden Doorspelen. Hijzelf was de man met de praktische kijk, de baas-op-de-werkvloer. Hij wist wat het was om zijn handen vuil te maken en had toch de verantwoordelijkheid voor de hele onderneming op zijn schouders, net zoals hij vroeger kolen had gesjouwd.

Hij was opgetogen toen de Labour-regering besloot veevervoer niet te nationaliseren omdat het te kleinschalig, te gecompliceerd en te chaotisch was, en bovendien deel uitmaakte van de cultuur van de Tory-graafschappen: voor hem bewees dit dat nationalisatie star, inefficiënt en onrealistisch was. Maar achteraf kun je vaststellen dat hij, als A. Stockton & Zonen was opgeslokt en ingelijfd, een uitstekende rayonmanager zou zijn geweest bij de Britse wegtransportdienst en er ongetwijfeld carrière zou hebben gemaakt. Dan had hij tenminste niet ons hele leven lang die mudzakken vol mythisch realisme met zich mee hoeven sjouwen. In The Arowry viel niet te ontkomen aan de Zaak, papa wás de Zaak. Je hoorde hem schreeuwen op de toon van iemand die alles beter wist en toen we telefoon hadden om de orders op te nemen schreeuwde hij daar ook nog elke avond in, tegen Albert, de onverstoorbare, hardnekkige tegenstander in eigen gelederen, van wie hij altijd een Duidelijk Antwoord op een Duidelijke Vraag eiste. Maar dat kreeg hij gelukkig nooit, want dat zou de doodsteek voor zijn realisme zijn geweest.

Hij kende zijn plaats als hij aan het werk was. Als hij met een vrachtwagen naar de markt reed of onder de motorkap dook (wat hij vrijwel dagelijks deed), droeg hij laarzen met veters en een bruine overall over zijn broek en overhemd, en als hij thuiskwam was hij bedekt met een glimmend laagje viezigheid, een mengsel van motorolie en mest. Het sprak bij ons thuis vanzelf dat hij het monopolie had van praktische zaken: buiten was het terrein van de man.

Mijn moeder had, misschien uit respect voor die opvatting, zomaar het fietsen verleerd nu ze een eigen huis hadden. Ze praatte nog weleens over haar tochtjes van voor de oorlog (toen ze zo sexy door grootvaders geheime dagboek peddelde) alsof die in een andere wereld thuishoorden en ze ging er ook prat op dat ze, toen ze al hoogzwanger was van mij, nog naar het station in Bettisfield fietste om daar de trein naar Ellesmere te nemen, waar ze in de oorlog administratief werk deed bij het Food Office. Dat was nu onvoorstelbaar, zo timide was ze geworden. Maar haar nieuwgevonden hulpeloosheid leek toen minder vreemd dan je zou kunnen denken, want het was natuurlijk de tijd dat getrouwde vrouwen, nadat ze en masse terug naar huis waren gestuurd, op alle mogelijke manieren werden aangemoedigd om daar te blijven – eerst gedemobiliseerd, daarna geïmmobiliseerd. Buitenshuis werken was alleen weggelegd voor koninginnen en de allergewoonste gewone vrouwen, en voor filmsterren, die bovendien allemaal net moesten doen alsof ze veel liever huisvrouw zouden zijn als ze de kans kregen.

Mijn moeders nieuwverworven incompetentie paste in dit naoorlogse patroon. En ze probeerde echt, zoals gepropageerd werd, een goede huisvrouw te worden, hoewel ze er erg weinig van terechtbracht. Hoe weinig werd pas duidelijk toen we naar het nieuwe huis waren verhuisd, want de gewoontes van de pastorie zaten diep; daar kon niemand van haar verwachten dat ze veel kon veranderen aan die barbaarse viezigheid en wanorde. Maar in 'haar' gloednieuwe huis vol lichte, harde, afwasbare vlakken (zelfs de vensterbanken waren betegeld) viel ze verschrikkelijk door de mand. Volgens de ontwerpers van die huizen, de reclamemakers en de sociaal-psychologen was huishoudelijk werk haar roeping, en ze kon het domweg niet; ze had er een talent voor om van het huishouden een karikatuur te maken.

En toch – hoe hij ook de mond vol had van discipline en efficiëntie – schreeuwde mijn vader nooit tegen haar vanwege die regelrechte janboel. Nee, hij accepteerde die zonder een klacht en leek zelfs vertederd en tevreden. Hij was immers haar beschermer: hij had haar gered, en haar afhankelijkheid werd compleet door haar afkeer van haar rol en haar onvermogen om van The Arowry nummer 4 haar eigen domein te maken. Heel wat propere huisvrouwen in Hanmer commandeerden hun man om 'mijn pasgedweilde vloer' niet vuil te maken, maar mijn moeder niet. Ze klaagde wel over de modder die we aan onze laarzen mee naar binnen brachten, maar dat was een rituele klacht; vloeren dweilen was toch onbegonnen werk, wist ze, ook al was ze ertoe veroordeeld. Als ze haar drempel al verdedigde was het tegen nieuwsgierige ogen. Buurvrouwen werden nooit binnengelaten, evenmin als hun dochters, die ervan verdacht werden een vijfde colonne te zijn, huishoudspionnes die meteen naar hun moeder zouden rennen om te vertellen dat wij achter de bank niet schoonmaakten.

Toch keek ze neer op de vrouwen die dat wel deden. Net als gaatjes in je oren was met overtuiging een dweil uitwringen een teken van onbeschaafdheid. Ze zou alleen willen – en dat zei ze hardop, en vrij vaak – dat het huis vanzelf schoon werd. In dezelfde geest verwenste ze koken en als ze aan de eetzijde van de tafel onze borden voor ons neerkwakte kondigde ze aan dat we maar moesten zien of we ze leegaten of niet, en dat ze wilde dat we allemaal op pillen konden leven. In het begin was het meestal stoofpot, flinters grijs, naamloos vlees en hompen wortel en koolraap die in zout water dreven, met een vettige, gele glans erop. Dat kreeg ik op school ook, dus daar was niets bijzonders aan, behalve het aroma van haar walging. Maar toen er een eind kwam aan de distributie en je een stuk lamsvlees of zelfs een kip kon kopen voor het zondagse maal (braadkippen waren in die tijd zeldzame dieren), werd haar angst voor eten steeds groter. Vlees moest altijd onschadelijk gemaakt worden door het te koken, of het urenlang in de oven te laten sudderen in een vijver spattend vet, en dan nog zat het gevaarlijk vol kraakbeenknobbels waar je in kon stikken en stukjes en splintertjes bot, waar ze ons met een huivering voor waarschuwde. Zelf kon ze zelden iets van dat akelige spul door haar keel krijgen, hoewel ze een enkele keer kieskeurig een flintertje op haar bord ontleedde en opmerkte – geheel naar waarheid – dat zelfs de stukjes zonder bot taai en zenig waren.

Je had kunnen denken dat ze vegetarische aspiraties had, maar het idee dat we diezelfde lammetjes opaten die blatend naar de markt gingen in papa's vrachtwagens deed haar niets. Ze had geen medelijden met slachtdieren. En groenten vond ze zo mogelijk nog gevaarlijker en moeilijker te temmen. Ze moesten de hele ochtend gekookt worden, vooral groene groente zoals spruitjes, die erg zout werden en aan de bodem vastkoekten als het water verkookte, en een gele brij vormden. Aardappelen kregen dezelfde behandeling en haar rituele kreet voor het zondagse middageten, als ze het deksel van de pan lichtte – 'Er is niets van over!' – werd een familiegrap, een onsterfelijke uitspraak die later wonderlijk genoeg in mijn gedachten samenviel met de mooiste intellectuele leuzen uit de jaren vijftig. *Niets van over* was heerlijk Absurd, een uitdrukking met existentialistische, bijna beckettiaanse zeggingskracht. Om terug te komen op mijn moeder: die bedoelde alleen maar dat ze allang blij zou zijn als er van die ellendige piepers vol pitten echt niets overbleef! Maar nee, onder in de pan zat een grijze drab (we hoefden nooit aardappelpuree te maken) die uiteindelijk gelaten op onze borden geschept moest worden.

Zo'n uitgebreide maaltijd kwam maar één keer per week op tafel, maar doordat het een gewoonte was die tot in de jaren zestig stand hield, kan ik me mijn moeders recept voor klonterige jus nog herinneren. Je neemt de pan met vet waarin het vlees aan flarden is gebraden, voegt water van de groente toe (en omdat er nooit genoeg over is, vul je het aan met koud kraanwater), doet er dan bloem bij en laat alles een tijdje koken, waarbij je met een lepel de klonten in een hoek drijft en ze platdrukt, zodat het er nog meer worden. Voeg dan een jusblokje toe om ze goed te laten opvallen en dien op met een zucht.

Gelukkig leeft niemand van zondagse maaltijden alleen. De echte openbaring van het einde van de schaarste was voor ons kant-en-klaar eten, de hele lange lijst van dingen die helemaal niet gekookt hoefden te worden, die je kon eten wanneer je maar wilde. Bijvoorbeeld: in doorschijnend dunne plakjes gesneden ham en tong; boterhammetjes met vleespasta of vispasta of bananen; blikjes cornedbeef, gekookte ham in blik (die in het leger Spam heette), haring, sardines, zalm, witte bonen in tomatensaus en spaghetti; blikken perziken, peren en pruimen, vruchtencocktail met lichtpaarse 'kersen', en gecondenseerde melk. Die lekkernijen – aangevuld met cornflakes, gepofte tarwe, volkorenbiscuits, creamcrackers, chips en snoepjes – vormden ons hoofdvoedsel. We noemden ze zelfs met een overgeschoten woord 'het rantsoen' en ze werden eens per week door de dorpskruidenier in zijn bestelauto bezorgd.

Wat eten betreft stond het marktmechanisme aan mijn moeders kant. Tartaartjes en blikjes rijstpudding en smeltkaas en zelfs gesneden brood waren precies het soort dingen waar ze naar verlangde: pillen in verschillende vermommingen. Ik heb een hardnekkige maar onwaarschijnlijke herinnering dat ze op de een of andere manier betrokken was bij consumentenonderzoek naar vissticks en feilloos hun toekomstige rol als 'rantsoen' voor iedereen voorzag. Er kan toch in Hanmer niet zo'n onderzoek zijn gehouden? Ik zal me wel de vreugde herinneren waarmee ze hun komst begroette. Vis was voor haar misschien wel de grootste nachtmerrie van alles wat de natuur te bieden had: bedekt met schubben en vinnen, vol graten en erg voedzaam, zodat je wel verplicht was ermee te worstelen. Met vissticks werd de natuur schitterend op zijn nummer gezet en overtroffen. De naam alleen al dreef de spot met het buitensporige model dat de evolutie voor vis had ontworpen; en van het flauwe, graatloze binnenste had ze niets te vrezen. En er hoefde ook geen jus bij.

Eten werd dus in de loop van de tijd steeds gemakkelijker. Niet al onze maaltijden haalden het niveau van vissticks, maar er kon ook niet veel fout gaan met (bijvoorbeeld) geroosterd brood met witte bonen in tomatensaus. Wel werden de bonen gestoofd (met extra water), voor alle zekerheid. En met brood roosteren moest je oppassen (ik was allang geen kind meer toen ik erachter kwam dat brood roosteren niet per se inhield dat je het brood liet verbranden en dan de zwarte plekken eraf schraapte), maar al met al, ook als je rekening hield met scherpe korsten en kruimels die in het verkeerde keelgat konden schieten, was het toch een oplossing voor het probleem wat ze ons voor moest zetten.

Wat zij door haar keel kon krijgen was een andere kwestie. Het was voor haar een stuk gemakkelijker om haar bezorgdheid voor ons te sussen dan om haar eigen weerzin te overwinnen. Ze leed geen honger, maar ze snoepte en peuzelde de hele dag door, voornamelijk als ze alleen was, waarbij ze behoedzaam een geheim, wisselend stelsel van taboes omzeilde. Een heel enkele keer compenseerde ze haar kieskeurigheid met een verslaving en stopte zich vol met iets pittigs en onverwachts, zoals zure uien, waardoor ze vreselijk last kreeg van maagzuur, of extra sterke pepermunten, waarvan ze zweren in haar keel kreeg. Ze was volstrekt niet in staat om eenvoudigweg te eten of niet te eten, want eten was het symbool van een meeromvattende vage angst. Haar huis was niet haar eigen terrein, de dagelijkse huiselijke bezigheden om het leven te laten doorgaan maakten er een strijdtoneel van, en wekten bij haar het verlangen er weg te komen.

Maar, en dat was de crux, de wereld direct buiten de deur was ook bedreigend, die was veel te onbewerkt, te vormeloos, deed te veel denken aan bot en kraakbeen om haar troost te bieden. De weilanden waren vol gevaren: stieren, prikkeldraad, water, slangen, insecten, brandnetels. Het platteland was ruw en betekenisloos, ze kon er niet komen (ze was het fietsen verleerd), het was buiten, maar niet *eruit*, niet wat ze bedoelde als ze ernaar snakte 'eruit te zijn'. Haar angst voor eten, in feite een angst dat wat buiten was naar binnen zou komen, was een sleutel tot het soort echtgenote dat ze was. Hoewel ze een spectaculair slechte huisvrouw was, was ze wel een echte huismus. Een soort maagdelijke kwetsbaarheid en een angst voor wat er zou kunnen binnendringen hielden haar in huis.

Zodoende waren uitstapjes met het hele gezin enorm beladen. Het tijdstip om uit te gaan was zaterdagmiddag; dan liet mijn vader zich overhalen om eindelijk eens op te houden met werken. Hij deed dat wel met grote tegenzin, en tegen de tijd dat hij thuiskwam om te eten, de modder en motorolie van zich af te wassen en andere kleren aan te trekken, waren wij dus allemaal al uren klaar, en hadden mijn broertje en ik ruimschoots de gelegenheid gehad om ons weer vuil te maken en onze goeie kleren te bederven. Dat leidde tot tranen bij mijn moeder, die toch al stond te trappelen van ongeduld, en tot nog meer oponthoud doordat wij een uitbrander en soms een pak slaag van mijn vader kregen, en weer schoongemaakt en in het fatsoen gebracht moesten worden. Ten slotte, nadat we op grootmoeder hadden gewacht als ze meeging – die was altijd pas op het allerlaatste nippertje klaar, hoeveel tijd ze ook had –, temperde mijn moeder het vuur (een laag sintels, een laag kolengruis en water uit de ketel) en reden we weg.

Soms gingen we naar de bioscoop in Wrexham of Shrewsbury, maar we gingen ook weleens naar Chester, waar we over de Romeinse stadsmuur wandelden als het mooi weer was, of in de Rows als het regende, of de kathedraal bezochten en door de sombere zijbeuken liepen die vol hingen met gerafelde, met bloed bevlekte regimentsvaandels, of het museum, waar we keken naar Romeinse resten, Egyptische mummies, opgezette dieren, harnassen, wapens, historische kleding... Voor mijn moeder maakte het weinig uit, als het maar oud was en herinneringen opriep aan levens van lang geleden. Ze was dol op kastelen met kerkers en kantelen; tot op de draad versleten tapijten, in kleine ruitjes onderverdeelde vensters en portretten gaven voedsel aan haar hongerige fantasie, waardoor ze even haar doordeweekse misnoegens vergat. Het vreemdste van die uitstapjes waren eigenlijk niet eens de oubliëttes of de opgezette leeuwen, maar het feit dat we met zijn allen in een tearoom wat konden gaan eten, ook mijn moeder. Als de meubels maar van eikenhout waren en er een spinnewiel in de hoek stond, had ze geen last van haar angst voor voedsel, en hoewel ze soms in haar Welsh rarebit zat te zoeken naar botjes, uit gewoonte, leek het haar zelfs te smaken.

Misschien was het wel net zo eigenaardig, al viel het toen niet zo op, dat we vaak naar mooie plekjes gingen die bijna niet verschilden van Hanmer: dorpen met vakwerk-huisjes, of de oever van het meer bij Ellesmere, of de ber-gen van Llangollen (die laatste, moet ik toegeven, wel grootser). Maar dat was natuurschoon, schilderachtig, voedsel voor de gevoelens, helemaal getransformeerd door de betovering van de afstand. Mijn moeder vond – en daar had ze ongetwijfeld gelijk in – dat een landschap iets heel anders is dan de knoestigheid en het prikkeldraad van het eigenlijke platteland. Ze dweepte met pastorale lieflijk-heid. Toen alle kinderen van het dorp verzocht werd ge-kostumeerd mee te doen aan de optocht ter gelegenheid van de kroningsdag in 1953, lukte het haar (met grote moei-te, want ze kon niet naaien) mij aan te kleden als een heel aardig herderinnetje compleet met zwart lijfje met veter-sluiting, gebloemde paniers, een strooien hoed en een staf met linten eromheen gebonden. Daar sta ik op de zwart-witfoto's van die buitengewoon regenachtige dag – samen met Valerie, die in een vaderlandslievende rood-wit-blauwe crinoline van crêpepapier kwam, en Gail in het wit-met-goud als majorette – met een trots maar ook wat opgela-ten lachje, mijn moeders bijdrage aan de herdersroman-tiek.

Fantasie was haar afdeling. Ze gaf haar rol meer inhoud door dagdromen: onpraktisch zijn was niet alleen een ne-gatieve, maar ook een positieve eigenschap. Als je mijn va-der zag als de realistische man, was zij echt zijn wederhelft en complement, zij deed het werk van de vrouwelijke fan-tasie. Door de afwezige, amorfe aanblik van haar dagelijk-

De optocht op de dag dat koningin Elizabeth werd gekroond,
1953. Gail tweede van rechts, ik in het midden

se ik – 'Ik was mijlenver weg' zei ze vaak argeloos, niet als
verontschuldiging – leek ze bovendien een kindvrouwtje,
de dochter des huizes. Misschien was dat de reden waarom mijn vader niet krachtiger protesteerde tegen grootmoeders aanwezigheid en waarom die op een vreemde manier passend leek. Grootmoeder mag dan nooit een hand
uitgestoken hebben, maar dankzij haar kon mijn moeder
de rol van eeuwige dochter spelen, altijd op het punt haar
entree te maken in de wereld. Door haar huwelijk was ze
in die rol blijven steken, misschien zelfs nog wel angstiger
geworden (getuige het fietsen), maar ze was al begonnen
haar zelfvertrouwen kwijt te raken rond de tijd dat ze zestien was, het jaar van grootvaders affaire met haar vriendin Marj, toen ze partij koos voor grootmoeder en zich vol
weerzin afwendde van alles waar hij voor stond – van het
verderfelijke roken en drinken, van de lust, van de liefde
voor boeken...

Ze was van school gegaan zonder diploma, was niet meer geïnteresseerd in leren, nam ongeregelde, nog net fatsoenlijke baantjes aan ('winkeldame' bij Dudleston's, de ouderwetse manufacturenzaak in Whitchurch), dat alles lang voor haar huwelijk. Mijn vaders ernst, zijn afstand tot zijn eigen familie, zijn behoefte aan orde, zijn beschermende hoffelijkheid moeten haar zeker een toevlucht geleken hebben. Ze was met hart en ziel monogaam, alsof ze vond dat er maar één ander mens ter wereld was die je in je intieme leven kon toelaten: zo had zij het ongetwijfeld ervaren en ze veroordeelde het minste blijk van promiscuïteit bij anderen, zelfs het soort dat nu eenmaal bij de omgang met vrienden en kennissen hoort. Naar de ideeën van Hanmer mochten mijn vader en zij dan mensen zijn die er niet op hun plaats waren, zij was bijna blij met het isolement waarin ze leefden.

Ze maakten in die eerste jaren geen intieme vrienden. Hun verbintenis sloot anderen uit en was naar binnen gericht. Later, toen ze ingeburgerd raakten, gingen ze een eigen rol spelen in het sociale en openbare leven – hij in de Britse oud-strijdersvereniging en de organisatie van wegvervoerders, zij in de toneelclub van de vrouwenvereniging, waar ze de grote ster werd. Maar ze zouden hun eigen relatie nooit laten verwateren door als echtpaar met anderen om te gaan. Man en vrouw, realist en droomster... Ze waren werkelijk meer dan één vlees; ze hadden elkaar gevormd en gesteund, ze hadden samen één verhaal, en het was helemaal niet gemakkelijk voor mij en mijn broer om daar een plaats in te vinden. Ik gaf mezelf geregeld de rol van het intelligente, ongewenste kind dat het bos in gestuurd wordt om er te verdwalen, maar er toch in slaagt haar eigen weg te vinden, en dat gesloten, leugenachtig, ongehoorzaam enzovoort enzovoort is – al die dingen waar zij onophoudelijk over klaagden. De kinderen uit afgrijselijk ongelukkige huwelijken, zoals mijn moeder, zijn vaak voor het leven beschadigd, maar de kinderen uit gelukkiger huwelijken hebben ook problemen – erger nog, wellicht, omdat ze de deugd niet aan hun kant hebben.

IX

De rimboe

Waar woonden wij? We hadden op de dorpsschool in Hanmer nog maar één aardrijkskundeles gehad, op een zonnige ochtend toen meneer Palmer met een zwierig gebaar een gekreukelde, glimmende blauw-groen-bruine kaart over het schoolbord naast zijn tafeltje hing, ging zitten en de klas rondkeek, terwijl hij met de punt van zijn aanwijsstok licht tegen zijn linkerhandpalm tikte. Aardrijkskunde was een spel. Hij noemde een plaatsnaam – Manchester of Swansea of Carlisle – en dan moest een van ons naar het bord komen en de plaats aanwijzen. Zoekende vingers kregen steevast een vinnige tik van meneer Palmers stok. Natuurlijk brachten de meesten van ons er niets van terecht, want we hadden nog nooit een kaart van Groot-Brittannië gezien. Je kon het bij dit spel alleen maar goed doen door heel langzaam naar voren te lopen en intussen op de kaart alvast de naam van je stad te zoeken, maar omdat de meeste kinderen nauwelijks (of helemaal niet) konden lezen, kwamen ze daar niet erg ver mee. Mij lukte het met iets met een B (Bolton of Blackburn of Birkenhead of Birmingham), maar ik moest evengoed huilen; ik huilde altijd. Hoewel we die dag misschien niet veel van aardrijkskunde te weten kwamen, werd ons toch een lesje geleerd, eentje waar we al vertrouwd mee waren: ken je plaats. Hanmer stond niet op de kaart en in Hanmer woonden wij. Volgens meneer Palmer zouden we bijna allemaal putjesschepper worden. Een paar van ons, net als alle anderen pionnen in het spel, kwamen er genadig af – dit keer.

Het was het leukst op school als niemand deed of er les werd gegeven, als van hogerhand was besloten dat we straffeloos plezier mochten maken – zoals vlak voor het kerstfeest, als meneer Palmer, een breed lachende bullebak, ons in de stemming bracht en kerstliedjes met ons zong, of onzinliedjes met een gierend, hysterisch refrein: hía hía hó! Of als we zomers buiten gym hadden en achter elkaar aan rondjes renden: over een bank die schuin tegen de muur van het kerkhof stond, om een paar grafstenen heen, door de slingerplanten en brandnetels – dit hoekje van het kerkhof lag iets hoger naast het schoolplein en werd al een eeuw niet meer gebruikt – en dan over een tweede bank het schoolplein weer op. Of die winterdag toen het vroor dat het kraakte en de grote jongens met emmers water naar het weiland achter de fietsenstalling werden gestuurd om een glijbaan te maken, waar we om de beurt overheen gleden, ons verbazend over het lange groene gras dat deinend als zeewier in het ijs onder onze voeten gevangen was.

Mijn broertje was al aan zijn schoolloopbaan begonnen en zou te zijner tijd bevorderd worden tot kolensjouwer en de kolen voor de gietijzeren kachels in de klaslokalen mogen halen – misschien ter bevestiging van meneer Palmers theorie van overgeërfde rollen, want iedereen vond dat Clive veel meer dan ik een echte Stockton was. Hij zou aan zijn jaren op de dorpsschool hevige driftbuien overhouden. In mijn geval hadden de frustraties, de misleiding en de bangmakerij op school het effect dat ik me altijd ontwijkend ben blijven gedragen. Je leerde er de wereld van het volwassen gezag te negeren, tersluiks te beloeren, hardnekkig naar een onzichtbaar punt ergens tussen jezelf en hen te kijken. Je leerde er onopvallend en dom over te komen. Dat gold net zo goed voor mij. Meneer Palmer mocht dan mijn toetsresultaten aangepast hebben aan mijn pastorie-IQ, dat nam niet weg dat ik veel te bang voor hem was om me zijn medeplichtige te voelen. En al wist ik het destijds niet, juffrouw Myra en juffrouw Daisy keken met speciale weerzin naar mij, de kleindochter van die oude bok die hun nichtje Marj in het verderf had gestort. Mijn liefde voor boeken had me niet dichter bij mijn onderwijzers gebracht dan de andere kinderen.

Dat ontwijkend kijken kwam buiten school goed van pas. Ik deed het ook bij mijn ouders, vooral bij mijn vader, wat hij heel terecht opvatte als een vorm van insubordinatie. Schuw en sluw liggen dicht bij elkaar. Ik had van grootvader niet alleen zijn geletterdheid meegekregen, maar ook zijn ijdelheid, ambitie en verongelijktheid (kwaad bloed!). Ik kende mijn plaats niet. En hoewel mijn ouders tegenover anderen trots op me waren omdat ik zo jong al naar de middelbare school ging, waren ze er tegelijkertijd voor zichzelf van overtuigd dat mijn verslaafdheid aan het gedrukte woord onderdeel was van mijn algehele onhandelbaarheid. Het ergste was nog wel dat ze er geen bezwaar tegen konden maken, ze moesten zelfs aan mijn grillen toegeven, de hele nacht het licht aanlaten en een schooluniform voor me kopen. Andere ouders beloofden hun kinderen exorbitante cadeaus (een horloge, een nieuwe fiets) als ze hun toelatingsexamen haalden. Mijn ouders beloofden me niets, want ze wisten dat ik koppig genoeg was om ze aan hun woord te houden.

Ik had trouwens toch niets aan een horloge of een fiets gehad. Ik kon niet klokkijken, al hield ik dat geheim. De onwillekeurige nukkigheid waarin ik me terugtrok betrof ook klokken: net zoals ik mensen niet in de ogen kon kijken, kon ik er niet tegen met klokken geconfronteerd te worden. Ik keek er zo haastig en schuins naar dat ik het net zo goed kon laten. En ik camoufleerde die merkwaardige blinde vlek door te zorgen dat ik altijd bij benadering wist of het nog vóór of al ná een heel uur was, en meestal wist ik ook wel voor of na wélk heel uur. Ik hoorde de kerkklok slaan en er gingen ook wekkers af, en dat hielp. Dat ik altijd te laat thuiskwam van mijn sombere zwerftochten hield verband met mijn klokkenprobleem – het lag er niet aan dat ik niet kon klokkijken (tenslotte zijn er in de weilanden en de bossen niet veel klokken), maar ik kon niet klokkijken omdat ik de pest had aan situaties waarin ik op het matje geroepen kon worden en die dan ook vermeed.

Die onaangepastheid gaf me nog wel enige voldoening. Daarentegen was het feit dat het me niet lukte te leren fietsen alleen maar beschamend. Het kan niet anders of mijn moeder had iets van haar eigen recente fietsfobie op mij overgedragen. Zeker is dat ze me er rond mijn zevende altijd van weerhield op het pleintje voor de pastorie op de fietsen van andere kinderen te oefenen. Er was geen verkeer op het pleintje, maar ze was ervan overtuigd dat ik uit dwarsheid zomaar de weg op zou fietsen en overreden zou worden. Maar tegen de tijd dat ik tien was vond iedereen het zo gênant dat ik zo'n kruk was dat mijn vader me fietsles ging geven – waardoor het weinige zelfvertrouwen dat ik had finaal de grond in werd geboord en ik volledig dichtsloeg. Hij was systematisch en angstvallig geduldig, en al heel gauw geërgerd. Doordat hij toekeek stumperde ik, vernederd, met een gevoel alsof mijn ledematen tegelijkertijd stijf en slap waren, met glibberige handen van het zweet, en een fiets die omklapte en onderuitgleed zodra ik hem aanraakte. Aan het eind van die lessen was ik in tranen, zat ik onder de schrammen en builen en had ik nog geen halve meter gefietst. Mijn vader bombardeerde me vol afkeer tot Lid van het Korps van Klunzen – geen Motorische Coördinatie en geen Evenwichtsgevoel.

En geen horloge en geen fiets, alleen het vooruitzicht van de Whitchurch Girls' High School, waar mijn moeder vroeger ook op had gezeten en die voor mij het zoveelste angstwekkende zwarte gat was. Het leek me ondoenlijk om *iets te bereiken in de wereld*. Ik was ten einde raad, ontredderd. Ik voelde me alsof ik in een van die boeken leefde die ik had verslonden. Je voelde hoe de vaart van het verhaal je meesleepte, maar je wist niet wat er het volgende moment zou gebeuren, en dat machteloze gevoel was ondraaglijk verwarrend. Omdat ik niet naar het eind kon doorbladeren, wendde ik mijn blik af, concentreerde me op iets anders, keek weg. Voordat ik uit de rimboe kwam, raakte ik er eerst dieper in. Ik vond een plek om me te verbergen.

Recht tegenover ons stond de boerderij van de Watsons, met zijn zijgevel evenwijdig aan de weg, onverschillig afgewend van de nieuwbouwwoningen. Het eerste dat je ervan zag was het rek voor de melkbussen, een houten verhoging waar de vrachtwagen van de zuivelfabriek 's ochtends vroeg de volle zilverkleurige melkbussen af haalde en de lege achterliet. Als het niet regende diende het rek als het favoriete bankje van een van de andere buitenstaanders uit The Arowry, de bleke twintigjarige zoon van onze rustigste buren in de wijk, die door de tuberculose in zijn botten te zwak was om ver te lopen en niet lang meer te leven had. Soms ging ik zwijgend naast hem met mijn benen zitten schommelen, maar steeds vaker waagde ik me over het hobbelige pad het boerenerf van de Watsons op. Het was een modderig, omheind erf, voor een deel verhard, met aan één kant hun woonhuis en verder begrensd door koeienstallen, de hooischuur, een paar opslagschuren, stallen en aangebouwde keetjes en helemaal achteraan een mestvaalt. Op dit erf woonden een kakelende kliek kippen, een paar halfwilde katten, een oude collie die Trigger heette en betere dagen had gekend, en de majesteitelijke koeien die uit de wei terugkwamen om gemolken te worden. Ze hadden namen als Mabel en Rose en liepen blindelings naar hun stallen, al waren ze her en der ondergebracht omdat meneer Watson geen stal had die groot genoeg was voor alle twaalf.

Ik hing er rond en sloot vriendschap met Trigger – die om vrienden verlegen zat, want hij stonk en had een zwerende wond op zijn kop van een rattenbeet die maar niet wilde genezen. De scharrelkippen van de Watsons, of liever gezegd de zwerfkippen, legden hun eieren in listige holletjes tussen hooibalen of achter oude karrenwielen in de schuur waar de tractor stond. Al gauw verzamelde ik de eieren in een lekke emmer, veegde achter Mabel en haar hofhouding de stront en het stro op en maakte wortels voor hun wintervoer fijn in een gigantische gietijzeren gehaktmolen, met een zwengel die ik met beide handen moest ronddraaien. Voederbiet voor de molen, mangelwortels, de wortels van de armoe, keihard en vanbinnen feloranje. Dit was werk waarbij niet gesproken werd, waarvoor je geen andere beloning kreeg dan het gevoel dat je iets wezenlijks deed. Meneer Watson begroette me met een plagerige, paaiende stem, alsof ik ook een of ander loslopend dier was, en het was al voldoende als ik met een grom of een zenuwachtig gegiechel teruggroette. Ik liep zijn erf op, hij liet me er blijven – maar altijd buiten, er was geen sprake van dat ik het domein van mevrouw Watson zou betreden, al gaf ze me hete thee met veel suiker bij de achterdeur, waar haar dierbare parelhoenders rondpikten, hun gestippelde veren opgezet tegen het gure weer.

Het boerenerf van de Watsons was vooral een zegen omdat het de geruststelling van de sleur verenigde met de vrijheid om weg te lopen. Ze hadden geen behoefte me binnen te halen. Ze zullen achter in de veertig geweest zijn en hadden volwassen kinderen, alleen hun zoon Edgar was nog bezig het huis uit te gaan. Edgar molk de weerspannigste koeien en toen hij me een keer in een hoek van de stal zag rondhangen spoot hij warme, zoete, kleverige melk in mijn gezicht. Hij gaf me plotseling het pijnlijke gevoel dat ik me opdrong – dat ik te veel wilde en een 'doetje' was. Als hij niet in de buurt was mocht ik proberen zelf een makkelijke koe te melken. Ik was er niet erg goed in, mijn vingers waren niet sterk genoeg en ik kreeg bij lange na het ritme niet te pakken waarmee je de melk gestaag in de emmer kon laten tinkelen. Maar ze hadden twee koeien die de neiging hadden te trappen, waarvan ze er een schertsend Jezebel noemden, en ik leerde hoe je leren riemen om hun achterpoten moest binden. Zo ver drong ik dan toch door in de geheimen van het melken.

Omdat meneer Watson zich nergens druk om maakte en het niet erg vond dat ik onhandig was, was ik in zijn buurt veel minder onhandig. Toen hij me een keer met mijn neus in een boek in het hooi aantrof noemde hij me een 'kwibus' (ze zeiden dat je van te veel lezen gek werd) en nam me zoals ik was. Hij werkte hard, maar tegelijkertijd was het dagschema op de boerderij flexibel en ontspannen, en had het iets willekeurigs – heel anders dan op de Zaak hoefde het hier niet telkens opnieuw bedacht te worden. Meneer Watson wekte de indruk dat de boerderij hém runde, in plaats van andersom.

De reden was dat de boerderij langzaam in de versukkeling raakte. De Watsons hadden alles bij elkaar zo'n twaalf hectare land, maar omdat de pachtgronden in Hanmer in de loop van de jaren willekeurig waren opgedeeld en samengevoegd, lagen hun weilanden overal verspreid in de omtrek, zonder dat er ook maar één aan hun erf grensde. Het meeste land werd gebruikt om het vee te laten grazen of om voedergewassen te verbouwen: hooi, kool, keiharde voederbieten en gierst. Op een dag liep ik vlak achter hem aan toen hij, helemaal een boer uit een gelijkenis, gierst aan het zaaien was en over het weiland heen en weer liep terwijl hij met één hand zaad uit een korf strooide. Gierstzaad is fijn en zwart en toen ik thuiskwam leek ik net oom Albert als hij kolen had rondgebracht, wat mijn moeder zo op de lachspieren werkte dat ze me voor de verandering eens níet verklikte, behalve dan door er een grapje over te maken. Met haar hang naar alles wat schilderachtig was, voelde ze zich door het voorval aangesproken.

Maar in het algemeen was de werkwijze van meneer Watson minder romantisch en meer gemechaniseerd. Hij had een oude tractor, een Fordson, die hij zoveelstehands had gekocht ter vervanging van het karrenpaard dat vlak na de oorlog was gestorven en waarvan het tuig nog in de schuur hing. De Fordson schudde, maakte een oorverdovende herrie, had nukken, zag zwart van de olie en het stof, en kon nauwelijks snelheid maken. Meneer Watson en ik reden ermee naar de verste weilanden, ik boven op een van de enorme spatborden, waar ik me ingepakt in sjaals stevig vasthield. Je zat er erg onbeschut en de Fordson had geen cabine om in te schuilen, maar we hadden het samen toch gezellig, zo opgesloten in onze capsule van uitlaatgassen en lawaai. Ongeduldige auto's en vrachtwagens die ons niet konden passeren moesten bumper aan bumper achter ons aan tuffen, want we waren niet van plan ons statige tempo aan te passen. Eerlijk gezegd konden we dat ook niet – maar daardoor waren we des te meer een natuurkracht.

Zo'n rit op de tractor, als je de bonkende motor in je botten voelde, werkte hypnotiserender dan door de modder baggeren. Je kon je onderdompelen in het echte Hanmer, want je was uren achter elkaar alleen maar bezig met van niks naar nergens te gaan – naar de akker, dan heen en weer over de akker, dan terug naar je vertrekpunt. Het boerenleven leek een perpetuum mobile, of een effect van de zwaartekracht, iets cyclisch dat niet te stoppen was. Die indruk van koppige volharding was vooral zo sterk doordat dit soort bedrijvigheid van kleine pachtboeren al bijna verdwenen was.

Op het Engelse platteland sterven er al sinds mensenheugenis levenswijzen uit, in elk geval sinds er in de achttiende eeuw op grote schaal gemeenschappelijke grond werd omheind en in particulier bezit genomen. Dat geeft het gevoel van een eindeloze teloorgang. Het treffendste symbool van dit aspect van het landleven is een roestend, afgedankt landbouwwerktuig in de hoek van een akker. Nou ja, bijna het treffendste. Toen ik niet veel later de wrange dichtregels van Thomas Hardy's 'Als de volkeren verpletterd worden' onder ogen kreeg, besefte ik dat hij precies de aantrekkingskracht had beschreven van een wereld die eindeloos zijn einde nadert.

> Alleen een man die het land omploegt
> > Traag en zonder een woord
> En een oud paard dat knikkend zwoegt
> > Stappen half slapend voort.

Naar de letter betekent het gedicht dat het leven op het land doorgaat, ondanks zogenaamd 'historische' rampen als wereldoorlogen. Maar het heeft een ironische wending, want dit minimale, anonieme bestaan heeft even weinig respect voor het individu als de beestachtigheden in de loopgraven. Het beschrijft een tafereel dat heel goed zelf weggevaagd kan zijn door veldslagen. Zulke vredige landschappen zijn dodenakkers. ''n Deel van die taxusboom/ is een kennis van mijn vaders oom' is Hardy's lolliger variatie op hetzelfde thema.

Hanmer was natuurlijk zijn terrein niet, maar je zou je het Maelor-district als een mini-Wessex kunnen voorstellen, minder Engels, minder vruchtbaar, zonder schrijver om het te vereeuwigen. Het dialect van Wessex was doorspekt met de lettergreep 'ur', die hij in *Tess* kiest om de oude boerse tongval van de plattelanders weer te geven. Zo was in het taalgebruik van Hanmer 'ut' het universele voornaamwoord voor mannen, vrouwen, kinderen, vee, tractoren. Het suggereerde een soort gelijkschakeling, alsof het allemaal voorwerpen waren en je het ook voor bomen of stenen kon gebruiken. In mijn herinnering kwam er altijd een ontkenning achteraan: 'ut kannie', 'ut zalnie', 'ut wilnie'. Je schopt tegen een kromgetrokken hek dat nog maar half in zijn scharnieren hangt: 'Ut wilnie open,' zeg je zonder verbazing. Alles bood op zijn eigen manier weerspannig, passief verzet.

Als er geoogst werd, hing er een sfeer van opgewonden spanning. De hooioogst in juni was vaak een koortsachtige race tegen de tijd en het weer. Het was lang licht en er waren altijd mensen die na hun werk tot 's avonds laat kwamen helpen om het hooi aan mijten te zetten en af te dekken of los in een schuur op te tassen. Maar de korenoogst aan het eind van de zomer was de gebeurtenis die de gemeente met rituelen vierde. Zoals grootvader in zijn dagboek noteerde, zag je pas goed hoe heidens de bevolking van Hanmer was als ze met hun fruit en groenten en schoven de kerk tot in alle hoeken vulden voor de oogstdienst. Er waren ook boeren die geen koren verbouwden – bijvoorbeeld meneer Watson – maar de oogst was voor iedereen even belangrijk en ging gepaard met uitbundige spelletjes op het land.

De akkers werden bijvoorbeeld zo gemaaid dat er in het midden nog een pluk koren overeind bleef staan. Als de ploffende maaidorser dan klaar was rende iedereen – de familie van de landarbeiders, de kinderen, de klaplopers – juichend en joelend met stokken en hooivorken op dat koreneiland af om de horde woelmuizen, veldmuizen en konijnen uit te moorden die daar in paniek een laatste veilig heenkomen hadden gezocht. Als je een konijn doodsloeg mocht je het mee naar huis nemen. Mij is het nooit gelukt, en al was het me wel gelukt, dan had ik toch mijn trofee niet mee naar huis kunnen nemen, want als er iets mijn moeders afschuw van voedsel belichaamde dan was het wel een bloederig konijn, nog warm onder zijn vacht. Overigens duurde het niet lang of niemand at nog konijn, want in het najaar van 1953 bereikte de myxomatose-epidemie ook Hanmer. De hele omgeving stonk wekenlang naar ontbindend konijnenvlees, een zoete, bedorven, weerzinwekkende lucht die je nooit meer vergat. En op alle paden en wegen zag je langzaam stervende konijnen wankelen, blind, hun kop opgezwollen en onder de vliegeneitjes, zodat het een daad van mededogen was als je ze snel afmaakte. Die wrede oogstrituelen waren een goede oefening: altijd handig om te weten hoe je een konijn zijn kop inslaat.

De plaatselijke bevolking wist niet (of zei niet) dat de myxomatose opzettelijk was geïntroduceerd om de konijnen uit te roeien en de gewassen te redden die ze voor miljoenen plunderden. Het was dramatisch, maar deze virale oorlogvoering maakte deel uit van de zucht naar efficiëntie – de fokprogramma's, het intensieve gebruik van bestrijdingsmiddelen, meststoffen, hormonen – die boerenbedrijven als dat van de Watsons zou lamleggen. En die de kans op werk voor putjesscheppers zou verkleinen, ondanks meneer Palmers vertrouwen in de onveranderlijkheid van de maatschappelijke orde. In Hanmer hadden heel wat dorpelingen reden om met de konijnen mee te voelen. Zelfs sir Edward Hanmer, die alom bekendstond als een man van tradities, had genoeg oog voor zijn belangen om te zien dat arbeiders langzamerhand overbodig werden. De arbeiders die voor hem werkten en in zijn arbeiderswoningen waren gehuisvest, hadden altijd de grootste moeite om hem zover te krijgen dat hij hun dak liet repareren, en alleen dromers verwachtten dat hij modern sanitair zou laten aanleggen. Maar als er nu woningen leegkwamen werden ze onmiddellijk gesloopt, zodat er niets overbleef dan een seringenbosje of een bloeiend krentenboompje dat verloren midden op een kaal veldje stond, als teken dat daar ooit een tuin was geweest.

Maar zolang het duurde werd er op de boerderij van de Watsons gewerkt alsof er nooit iets zou veranderen. Ik haalde 's middags de koeien op van het weiland waar ze toevallig die dag hadden gestaan en voelde me onnoemelijk nuttig, opgenomen en meegevoerd in de heilzame monotonie van de dagen. De koeien wisten zelf de weg en je hoefde er alleen maar achteraan te sjokken, met een tak die je voor de vorm uit de heg had getrokken, en 'Vort!' te roepen als ze bleven staan om een beetje in de berm te grazen. Ze liepen in een wolk van vliegen en muggen die ze voortdurend met zwaaiende staarten wegsloegen, behalve als er eentje heel deftig haar eerste staartwervels een klein stukje optilde – als een dame die met omhooggestoken pink een kopje naar haar mond brengt – en een spoor van grauwgele koeienvlaaien op de weg liet vallen. Ze verleenden hun hoedster waardigheid, deze grote, rustige, in zichzelf gekeerde dieren, en ook macht – zodat je als er auto's aankwamen onverschillig voor je uit kon blijven kijken en ze laten wachten tot je je kudde naar de kant van de weg had gedirigeerd om ze langs te laten. Dat was leuker dan op de tractor zitten, vooral als meneer Watson de stier leende en ik de automobilisten zag aarzelen als ze de ring in de neus van de stier zagen, de ketting die los over de weg sleepte, de zware tred, de rode ogen... Omgeven door zijn harem was de stier een sloom en gedwee beest, maar dat wisten mensen van buiten het dorp niet en ik genoot van hun schrik als tot hen doordrong dat ík de baas was. Ik kauwde bedachtzaam op mijn strootje en vond het heerlijk een rouwdouw te zijn, een kinkel, een uit de klei getrokken boerentrien.

Ik was veranderd in een wildebras, een karikatuur van mijn moeders kleine herderinnetje, verweesd en anoniem, en ik ging helemaal op in dit buitenleven. De dagen op de boerderij waren altijd hetzelfde, zodat de tijd leek stil te staan en de toekomst veilig geregeld was. En je was ver verheven boven mensen zoals mijn ouders, die zich altijd maar zorgen maakten over wie ze waren en hoe ze zich moesten gedragen. Waarom zou je je niet laten gaan, jezelf loslaten en tegelijk hervinden, tussen de koeien en hagen en greppels en hekken die je open moest schoppen? 'Ut wilnie.' Boertjes van buten, nou en? Ik was hard op weg om ter compensatie van grootvaders afvalligheid een soort natuurreligie in elkaar te timmeren, een verheerlijking van deze uithoek, waarin ook ik niet meer dan een denkend ding was, neutraal, kleurloos, gecamoufleerd. Er zouden lessen in stenen zijn, en boeken om in de hooiberg te lezen. In der eeuwigheid. Amen.

Maar zelfs als je er heel goed in was niet te weten hoe laat het was – en daar wás ik heel goed in – kon het je niet ontgaan dat Hanmer in die overspannen jaren vijftig uiteindelijk toch op de kaart stond. Uit de klei getrokken boerentrienen zouden volop deelnemen aan het nieuwe leven van na de schaarste; ze leken ervoor gemaakt, waren niet minder dan het materiaal van de wederopbouw. In de jaren vijftig moest je je maatschappelijk ontplooien, maar je persoonlijk conformeren: je gaf je eigen leven vorm, maar met een kant-en-klare mal. Je mocht de boot niet missen, maar eenmaal aan boord moest je zorgen geen deining te veroorzaken. De oudere generatie uit Hanmer mocht dan pas op de plaats maken, de mijne kreeg daar de kans niet voor, al hadden we het gewild, we waren hoe dan ook overbodig op het land en werden weggestuurd en voorbereid op een leven als goede consumenten.

Een van de tekenen van verandering was de triviale maar veelzeggende kwestie van onze kleding, die nu niet meer op de bon was. Plotseling was er keus te over maar werd je toch aan banden gelegd, niet alleen door financiële beperkingen, maar ook door het enorme arsenaal van kledingvoorschriften en gedragsregels, waarvan kinderen allerminst vrijgesteld waren. Meisjes mochten bijvoorbeeld broeken dragen – maar niet zomaar broeken, geen mannenbroeken, geen broeken die bijdroegen aan de magische neutraliteit waar ik op uit was als ik mijn vlechten onder de kraag van mijn windjack stopte en op mijn strootje kauwde. In plaats daarvan toonden de glimmende kledingcatalogussen sportpantalons, driekwartbroeken, capribroeken, skibroeken, fietsbroeken (om mij voor schut te zetten), broeken in felle zuurstokkleuren, broeken met een Schotse ruit, met een motiefje, met strepen en stippen, en lieten ze er geen misverstand over bestaan dat meisjes alleen een broek droegen als vrijetijdskleding, om er meisjesachtiger uit te zien dan ooit. Meisjesbroeken waren vlot en nauwsluitend, gemaakt van stretchstof of met figuurnaadjes en een hoge tailleband om de welvingen beter te laten uitkomen. Toegegeven, meisjes droegen ook spijkerbroeken, maar die hadden ook een aangepast model en waren zo overdadig voorzien van omslagen en siernageltjes dat je er in zo'n broek uitzag als een cowgirl in een musical. En – de ultieme triomf van het verschil – ál die broeken hadden een rits of knopen aan de zijkant, nooit een sluiting die ook maar in de verste verte aangezien kon worden voor een gulp, niets gaf ook maar het geringste vermoeden van uniseks, nergens iets dat soepel viel of ruim zat of onbestemd tweeslachtig was. Je viel als meisje veel minder op als je een rok droeg.

Alles wat neutraal was, was aan jongens en mannen voorbehouden, en eigenlijk gold dat ook voor werk als koeien ophalen. Meneer Watson maakte voor mij een uitzondering, maar als ik weleens op andere boerderijen verzeild raakte zag ik daar duidelijk hoe het werk was verdeeld. Bij de familie Hunt, verderop langs de weg, was mijn favoriete taak toebedeeld aan de zoon, Terry, een gespierde jongen die iets jonger was dan ik. Meneer Hunt bereidde Terry vloekend en meppend op zijn rol in het leven voor, en keek straal langs mij heen – deels uit minachting, maar ook omdat het in Hanmer goed gebruik was dat je andermans kinderen niet sloeg (behalve op school), en geweld was nu eenmaal het voornaamste communicatiemiddel van meneer Hunt. Toen Terry een keer over een zware kruiwagen vol stront struikelde, pakte zijn sterke jonge vader hem op en zwiepte hem voorover in de composthoop, zodat hij, trillend van de schrik en vernedering, door ons in de oude paardentrog moest worden schoongespoeld.

Terry was erg onhandig en erg verlegen en stotterde verschrikkelijk, en zijn vader was vaak driftig en gaf hem er dan met een roodaangelopen gezicht van langs. De boerderij van de Hunts, met zijn melkmachines en een hol klinkende koestal met een betonnen vloer die je kon schoonsproeien, was groter en moderner dan die van de Watsons, maar ze leefden er als barbaren. We hoorden mevrouw Hunt weleens in de keuken schreeuwen en als we dan stiekem naar binnen keken, zagen we hoe meneer Hunt haar stevig bij haar haren greep en over de tafel legde. Dan slopen we weg, Terry en ik, niet wetend wat we hadden gezien – seks of alleen maar geweld, en wat was het verschil? – en kropen onzeker tegen elkaar aan in het hooi, fluisterend, verward. Op zulke momenten vond ik het boerenleven helemaal niet geruststellend, maar eerder chaotisch en beestachtig. Thuis in onze doorzonwoning werd je tenminste eerst voor de krijgsraad gebracht voordat je werd geslagen.

Was het isolement van Hanmer de oorzaak van zulke wreedheden of hoorden die bij het traditionele patroon? Misschien nam het tirannieke gedrag van mannen als meneer Hunt zulke hysterische vormen aan omdat ze voelden dat de wereld om hen heen aan het veranderen was. Hij was niet het enige monster. Je hoefde niet ver te zoeken naar gescheurde lippen en blauwe ogen en allerlei striemen en bloeduitstortingen. Of de vrouwen en kinderen in Hanmer waren echte brekebenen, of het was een dorp waar gewelddadigheid nu eenmaal gewoon was. Je leerde vanzelf er niet veel aandacht aan te schenken. Er waren veel echtgenotes die net zo'n leven leidden als mevrouw Hunt: mijn eigen tante Binnie, de zuster van mijn vader, was er zo een, al hebben we dat jarenlang niet geweten – of niet willen weten. Maar zelfs als je verliefd was op het idee van een leven in de rimboe hoorde je verhalen die je niet loslieten.

Mevrouw Parker, die het agentschap van de Technicolorkledingcatalogus had en elke week bij ons langskwam om het geld voor onze aankopen op te halen, zag er vaak toegetakeld uit. Zij en haar man hadden een stuk of vijf, zes kinderen, van wie er twee verwekt zouden zijn door de buurman, George Fitch, een brute, zwaargebouwde man die samen met een vrouw die bang voor hem was en een meute eigen kinderen in het huisje naast de Parkers woonde en wiens opvallende rode haar die twee kinderen Parker hadden geërfd, in plaats van het melkboerenhondenhaar van hun officiële vader. Dat soort dingen waren in Hanmer niet ongewoon, zeker niet bij dorpelingen die in zo'n afgelegen groepje huizen woonden als zij. Maar mevrouw Parker – een knappe, forse, rustige vrouw – was wel ongewoon, met dat agentschap en het feit dat ze haar kinderen, van welke origine dan ook, beter in de kleren stak dan de meeste andere huismoeders.

Toen kwam ze op een dag niet opdagen voor het geld, en een dag later wist het hele dorp dat het was omdat ze zich met rattengif van kant had gemaakt. Niemand zou er ooit achter komen waarom ze het had gedaan. Misschien had ze geheime plannen gehad die op niets waren uitgelopen, misschien was ze weer zwanger van George Fitch en werden de ruzies haar te veel, of misschien was ze gewoon weer zwanger... Met ons gevoel voor melodrama hadden we er graag gefnuikte hartstocht in gezien, behalve dat je haar relatie met George Fitch niet echt een liefdesaffaire kon noemen en er eerder sprake was geweest van incidentele verkrachting (destijds zouden we die woorden niet gebruikt hebben, maar we konden ons maar al te goed voorstellen wat zich daar had afgespeeld).

Mevrouw Parkers dood veroorzaakte een klein schandaal. Haar wanhoop week af van het geijkte patroon van passief verzet: zíj zou nooit meer geschopt worden. Het maakte indruk op me, maar tegelijkertijd koesterde ik mijn ervaring met dat andere leven in Hanmer, dat ontspannen leven op kleine, ten dode opgeschreven boerderijen, een bestaan dat je niet steeds weer hoefde te verzinnen. Een bestaan dat niet voor mij was weggelegd. Misschien zou het binnenkort voor niemand meer zijn weggelegd, maar voor mij zeker niet. Ik ging de grens over naar Engeland, naar school in Whitchurch, elke dag tien kilometer heen en tien kilometer terug met de bus: een wereldreis.

X

Nisi Dominus Frustra

ZONDER DE HEER IS ALLES VERGEEFS stond er op de borstzakjes van de blazers van de Whitchurch Girls' High School. En reken maar dat het klopte, al was mijn redding niet de Heer maar Zijn taal, het Latijn. Latijn, de grote dode taal die alleen nog in geschreven vorm bestond, zou mijn gestamel compenseren, mijn slapeloze nachten rechtvaardigen en in het algemeen mijn schrijnend tekort aan sociale vaardigheden goedmaken. In de vroege jaren vijftig gold Latijn nog als een schoolvak van het allerhoogste niveau, een soort lakmoesproef voor academische geschiktheid – je kon alleen naar de universiteit als je bij je eindexamen een voldoende had voor Latijn, waarmee je bewees dat je je kon losmaken van het hier en nu, beschikte over abstract taalinzicht, in staat was je geheugen te trainen en je in je gedachten terug te trekken, met boeken als enig gezelschap. Dus verwachtte iedereen dat het moeilijk was, maar ik vond het verrassend gemakkelijk, juist om de genoemde redenen. Ik werd verliefd op Latijn. Het was natuurlijk de taal die de doden spraken, *ergo* de taal van grootvader. Ik hoorde in elke saaie verbuiging en vervoeging zijn demonstratief geërgerde stemgeluid en zijn preekstijl.

Nisi Dominus Frustra klonk ons als abracadabra in de oren. Maar het motto waar mijn nieuwe school echt in geloofde was *mens sana in corpore sano*, een gezonde geest in een gezond lichaam, en in het leerplan was veel tijd ingeruimd voor teamsport, bijbelkennis en huishoudkunde. De school deed het graag voorkomen alsof de leerlingen nog steeds schoolgeld betaalden en stelde zich ten doel degelijke, gedisciplineerde, tot in de puntjes verzorgde meisjes af te leveren die zouden trouwen met een man die net als hun vader zijn brood verdiende als plaatselijke middenstander of notaris. Er was een handjevol plattelanders en buitenstaanders door het toelatingsexamen gekomen, maar dat had alleen maar tot gevolg dat de school nog krachtiger vasthield aan de bijna kostschoolachtige mores: uniformen, 'afdelingen', en een uitgebreide hiërarchie van ordehandhavers en hulp-ordehandhavers die tot taak hadden de leerlingen uit de lagere klassen eraan te herinneren dat ze rechtop moesten staan en hen bij nat weer in de pauzes het sportveld op te jagen om rondjes te lopen in plaats van in de toiletten bij elkaar te klitten. Dus door verliefd te worden op Latijn hield ik me eerder naar de letter dan naar de geest aan de wetten van de school.

De school hield van meisjes met een goed ontwikkeld karakter: loyale, hartelijke, behulpzame meisjes die zich van hun beste kant lieten zien. Zelfs de gemeenschappelijke fantasieën waren tot in de puntjes verzorgd. Destijds droomden heel wat meisjes ervan om stewardess te worden. Niemand had nog door dat je als stewardess gewoon serveerster was, maar dan in de lucht, en het werk werd geassocieerd met teamgeest, vaderlandsliefde en de vrouwelijke officieren bij de luchtmacht die in oorlogsfilms om de heroïsche piloten rouwden en in hun ondergrondse hoofdkwartier symbolische vliegtuigjes verplaatsten. In vredestijd had je meer kans een piloot te trouwen; of misschien trof je vandaag of morgen een eersteklaspassagier die aan de manier waarop je zijn koffie inschonk al zag dat jij genoeg pit en stijl had om ergens in Surrey met beide benen op de grond zijn levensgezellin te worden.

Intussen was Whitchurch een zelfvoldaan marktstadje in Shropshire dat zijn karakter ontleende aan de detailhandel, de veiling en het geldverkeer. Op vrijdag was er veemarkt en op woensdagmiddag waren de winkels dicht (en daar werd gewetensvol de hand aan gehouden). Toen de industriële revolutie lang geleden in deze omgeving haar eerste hoogtepunten beleefde en Ironbridge voortbracht, was Whitchurch overgeslagen, al hadden we nog de Smith's Foundry en Joyce's Clock Factory (de nazistische radiostem in de oorlogsjaren, lord Haw-Haw ofte wel William Joyce, was een neef) en een in het slop geraakte aanlegplaats aan een nooit meer bevaren tak van het Shropshire Union Canal dat daar stilletjes doodliep. Deze cul-de-sac was een mooi symbool van de toestand waarin het stadje verkeerde.

Het gerucht ging dat het niet veel had gescheeld of Whitchurch was indertijd boven Crewe verkozen als de plaats voor het grote spoorwegknooppunt van deze regio, maar de vooruitziende blik van het onwillige gemeentebestuur had het stadje behouden als handelscentrum voor de plattelanders. Het had nu een slaperig station, niet meer dan een van de haltes tussen Shrewsbury en Crewe, al stond er een steenkooldepot en liep er een met opheffing bedreigde directe spoorlijn naar het westen, naar Aberystwyth, en ook nog een naar Chester. Verder was er een kaasfabriek en een nieuwe Silhouette korsettenfabriek, waar forse vrouwen met hun haar in krulspelden de geharnaste (gewatteerde, cirkelvormig doorgestikte, en van elastiek en baleinen voorziene) beha's en step-ins maakten die al die goed ontwikkelde karakters in vorm zouden houden.

Het bedrijvige middelpunt van het stadje was een kruising van drie straten precies in het centrum, de Bull Ring, de oorspronkelijke veemarkt. High Street, Green End en Bridgewater Street met al hun winkels – ijzerwinkels, kruideniers, kledingzaken, kantoorboekhandels, manufacturenwinkels, zaadwinkels – kwamen op dat knooppunt samen. Maar Whitchurch (dat in totaal vijftienduizend inwoners telde) onderscheidde zich misschien nog het meest door het aantal pubs: meer dan dertig, variërend van 'hotels' als het Queen Vic, waar de rijke boeren de middagmaaltijd gebruikten terwijl hun varkens en runderen werden geveild, tot en met de morsige gelagkamers zoals de Back Street Vaults, of grootvaders oude pleisterplaats de Fox and Goose, waar de lagere standen zich ophielden. Whitchurch, waar niet alleen op marktdagen maar elke dag van de week stevig werd gedronken, had de naam een innemend stadje te zijn, in meer dan één betekenis.

Vooral op zondag was het er druk, want op zondag werd er in Wales geen drank verkocht. Dan veranderde dezelfde blauwe bus waarmee ik naar school reed in een pendelbus die dorstige drinkebroers uit het Maelor-district over de grens naar Engeland bracht, waar vlak voor Whitchurch de enorme Highgate-pub stond, als een openbaar toilet betegeld en met een uithangbord dat trots vermeldde DE EERSTE/LAATSTE PUB IN ENGELAND, afhankelijk van de richting waaruit je kwam. Niet dat ze allemaal daar bleven zitten drinken; ze verspreidden zich over het stadje tot ze, op het spookuur van halfelf, van alle kanten weer de bus in stroomden. Op weg naar huis passeerden ze snurkend nog een bord, ditmaal een van krullerig ijzerwerk, maar van één kant te lezen en niet elektrisch verlicht, waarop stond: CROESO I GYMRU, WELKOM IN WALES.

Op maandagochtend stonk de bus naar Wem Ales en Woodbines: selaW ni mokleW. Geen van ons sprak Welsh, maar we hadden een platter Shropshire-accent dan de mensen uit Whitchurch, waardoor we opvielen. En we hadden onze eigen maatschappelijke rangen: de bus reed langs drie scholen – de secondary modern (gemengd), de grammar school voor jongens en de high school voor meisjes – en er gold een precieze en stilzwijgende verdeling van de zitplaatsen.

De plaatsen achterin waren gereserveerd voor de grote meisjes van veertien en vijftien die naar de secondary modern gingen, zij het niet lang meer. Ze hadden een permanentje, een vriendje en een baan in het vooruitzicht, en droegen hun schooluniform op een nonchalante, heel eigen manier – hier iets erbij, daar iets eraf – en nylons met ladders, die ze opzichtig met nagellak vastzetten. Ze hadden onder elkaar veel te praten en te lachen. Op weg naar huis lakten ze hun nagels en de volgende ochtend peuterden ze de lak er weer af, al gaven ze soms een flesje remover door dat bedwelmend naar perendrups rook. Ze hadden geen huiswerk, maar namen in de boodschappentassen die ze als schooltas gebruikten een stel andere kleren mee; de school was voor hen een laatste concessie aan het beeld dat anderen van de jeugd hadden, want op het platteland waren meisjes op hun vijftiende volwassen.

De jongens van de secondary modern waren jonger voor hun leeftijd en zaten in het midden van de bus op hun banken te keten, deden stoer, waren trots op hun vuile dassen en staken een reservesigaret achter hun oor. Hoewel ze soms de meisjes onder hun rokken keken en schuine moppen tapten, waren ze tweedeklaspassagiers, want de bus was het domein van de meisjes, en de echte binken verwaardigden zich niet de bus te nemen, maar fietsten naar school, als ze tenminste niet spijbelden.

En de jongens en meisjes van de twee middelbare scholen, een opvallende en wisselende minderheid, streken meteen als ze instapten op de voorste stoelen neer. De jongens vielen op door het liturgische paars van hun blazers en petten. Het marineblauw van de meisjesschool ging tenminste in de massa op, althans op afstand; je kwam nooit helemaal van je stigma af. De allereerste keer dat ik de bus nam, beging ik de onvergeeflijke blunder om bijna helemaal achterin naast een groot meisje te gaan zitten dat de plek vrijhield voor haar vriendin. Ze liet me direct met een soort be-voogdende minachting merken dat ik een fout had gemaakt. Die eerste maanden belandde ik meestal naast een echte verschoppeling, Gilbert, een bleke, stille leerling van de jon-gensschool wiens moeder een keer bij de buschauffeur had geklaagd omdat een brutale vlegel zijn pet had gestolen. In elk geval telde je niet mee als je naast iemand van de an-dere sekse zat.

Wij, die het toelatingsexamen hadden gehaald, werden geacht neer te kijken op de leerlingen van de secondary modern, want die waren ordinair en dom. In werkelijkheid waren we jaloers op ze omdat het hun niets kon schelen dat ze buitenstaanders waren, en toen we ouder werden gingen we hun stijl na-apen: de petten en baretten in de zakken gepropt, vet en lak in de kuiven en suikerspinnen, en kettinkjes met medaillons of ringen eraan onzichtbaar onder de bloezen. Toen de rock-'n-roll en de nozems tot Whitchurch doordrongen hadden zij, en wij, al het vereis-te uiterlijk. Na verloop van tijd vormden Gail, mijn vij-andin van de dorpsschool in Hanmer, en ik zelfs onze ei-gen meidenbende en namen we de achterbank over. Maar in het begin voelde ik me alleen maar heel eenzaam in die bus. In mijn veel te grote gabardine regenjas (met capu-chon), met daaronder mijn kartonstijve blazer, met daar-onder mijn veel te grote overgooier, met mijn nieuwe ba-ret en badge en mijn imitatieleren schooltas, die die eerste ochtend veel te zwaar was door mijn schoenenzak met gymnastiekschoentjes en slofjes, volgens voorschrift alle-maal voorzien van mijn naam in watervaste inkt, zag ik eruit als een evacuee of een ontheemde. De bus pikte me elke ochtend om kwart over acht op de hoek van The Aro-wry op en zette me daar om halfvijf weer af, en in de tus-sentijd was het voor mij Latijn en nog eens Latijn.

De dagen verstreken als in een droom, want doordat ik

niet sliep leefde ik in een soort roes en bovendien had ik vaak koorts van de sinusitis, waardoor mijn oren tuitten en ik mijn ogen nauwelijks open kon houden. De woorden, kaarten, tabellen en grafieken in mijn schoolboeken waren voor mij een klassiek geheimschrift, lege O's, onderdanig en open en wachtend tot ze zouden worden ingevuld met betekenis. Ik werd licht in mijn hoofd van de simpele, verrukkelijke abstractheid van het alfabet; ik vond het altijd weer een wonder dat mijn vlekkerige gekrabbel dezelfde macht had als de gedrukte tekens in mijn boeken. Getallen waren lastiger, meer verbonden met voorwerpen, maar toen we eenmaal algebra kregen voelde ik me veiliger. Dit mocht je naar de letter opvatten: plotseling deed ik iets zoals het hoorde. Ik was altijd een snelle lezer geweest en nu dat lezen als werk werd beschouwd was ik overijverig en had ik in de derde klas mijn verzamelbundels binnen de kortste keren uit.

Huiswerk was een godsgeschenk. Eén opdracht vond ik helemaal heerlijk: we moesten voor aardrijkskunde een plakboek maken, met plaatjes die er per land en kolonie in geplakt moesten worden. Als ik met lijm en schaar de verzameling *National Geographic*s uit de pastorie onder handen nam, had ik een excuus om me een nog groter stuk van het voor ordners bestemde deel van de huiskamertafel toe te eigenen; het klopte ook met de ordening van mijn bewustzijn, dat uit niets anders bestond dan een collage van snippers, een nagebootst rijk van symbolen. Ik stelde me mijn geheugen voor als een reeks kamers vol oude munten, geprepareerde slangen en gedroogde, geplette bloemen. Ik leerde gemakkelijk gedichten uit mijn hoofd en hing ze als merklappen aan de muren. Met een beetje extra inspanning kon ik hele bladzijden uit mijn biologieboek of de Franse onregelmatige werkwoorden in denkbeeldige kasten opbergen en voor mijn geestesoog oproepen. Maar Latijnse teksten waren mijn mooiste trofeeën. 'Gallia est omnis divisa in partes tres...' Caesars Gallische oorlogen straalde het afstandelijke zelfvertrouwen van de overwinnaar uit. In die tijd waren alle boeken voor mij uitklapboeken, en dat van Caesar al helemaal. Zijn woorden kon je als een leger tinnen soldaatjes in het gelid zetten.

Maar in de klas durfde ik mijn hand niet op te steken om te laten zien dat ik een antwoord wist en als ik iets moest voorlezen, kwamen de woorden er onverstaanbaar uit en hakkelde ik met een rood hoofd naar het eind van de populaire of zogenaamd muzikale regels uit het toneelstuk of gedicht dat we 'declameerden'. 'Over de hoge bergen/ Door het groene dal...' Ik hunkerde ernaar de schreeuwerige onzin uit zijn lijden te verlossen en in afzondering te ontleden. Van de helft van de woorden waarmee ik op papier speelde kende ik de uitspraak natuurlijk niet en als een behulpzame leraar me verbeterde was ik te vernederd om te horen hoe ze moesten klinken. Het was onbegonnen werk om iets in het Frans te zeggen want omdat ik zo naar mezelf zat te luisteren, kreeg ik er geen woord uit. 'Je m'appelle...' Mijn naam klonk nergens naar in het Frans en als ik me moest voorstellen deed ik het toch altijd al mompelend, zodat iedereen dacht dat ik Laura heette.

Het enige waar ik sinds de dorpsschool beter in was geworden, was mijn stoïcijnse houding. Ik had geleerd mijn tranen te bedwingen. Maar dankzij de schriftelijke overhoringen was ik aan het eind van het eerste semester in bijna alle vakken de beste van de klas. Ik genoot ervan, want het bewees dat wat ik in mijn mars had in de buitenwereld iets waard was. Ik wenste mezelf geluk. Mijn triomf was vermengd met een licht gevoel van wraak. Dat zal ze leren, dacht ik. Ik bedoelde de andere meisjes en de leraren, die dachten dat ik mijn huiswerk door iemand anders liet maken. Maar ik bedoelde vooral mijn ouders, in de eerste plaats mijn vader. Hij had me de dag voordat ik naar de middelbare school ging apart genomen om me te zeggen dat ik niet moest verwachten dat de mensen me daar intelligent zouden vinden, zoals in Hanmer. Hij wilde gewoon dat ik de relativiteit van de dingen zag, dat ik ze in hun context plaatste, dat ik ze van verschillende kanten bekeek, dat ik realistisch was. Dat zal hem leren, dacht ik, toen ik met mijn kerstrapport naar huis ging: we hebben het nu tenslotte niet over klokkijken of fietsen. We hebben het over Latijn, en daar kan hij met zijn pet niet bij.

Hij moest zich troosten met de abominabele cijfers die ik voor gymnastiek had, vooral voor atletiek, en die wel degelijk heel levendig het fietsfiasco in herinnering riepen. Ik kon best bokspringen en in bomen klimmen. Ik kon zelfs over een hek van vijf planken 'zwaaien' als ik me op de derde plank van onder afzette (anders was ik te klein): een hand op de bovenste plank, de andere op de een na bovenste aan de andere kant en huppekee! Maar als ik over het paard moest was ik nergens meer, dan kreeg ik nog voordat ik me op de springplank afzette al slappe benen, verloor al mijn zelfvertrouwen, en knalde in vertraagd tempo tegen de harde leren flank. Aan het wandrek leed ik aan vertigo. Touwklimmen kon ik helemaal niet, de kracht verdween uit mijn armen en ik begon te trillen van de geveinsde en vergeefse inspanning. Hoe de gymjuf me ook aanmoedigde, het mocht niet baten en al gauw keek ze met diepe afkeer naar me.

Ze kon me, stumper die ik was, niets bijbrengen, ik was niet spontaan, niet ontvankelijk en niemand kon me helpen. In haar ogen was ik een ongezond kind in de morele betekenis, een geboren simulant. Ze trok me knarsetandend over het paard, en ze vond het kennelijk onaangenaam om me aan te raken. Maar omdat zij verantwoordelijk was voor onze houding en hygiëne, was ze ook degene die mijn ouders briefjes moest sturen over de luizen in mijn lange, slordige haren (die ik nog steeds in vlechten droeg) en die me moest leren rechtop te lopen als ik op de laatste schooldag van het jaar mijn prijzen in ontvangst nam en, omdat ik de jongste was, als eerste het podium op moest waar ik (volgens haar) meteen al zo'n slechte indruk maakte. Ik was zo'n meisje dat het voor anderen bedierf als ze de kans kreeg. Toch hield ze vol en weigerde ze me vrijstelling van haar lessen te geven, zelfs als ik mijn moeder wijsmaakte dat ik hoofdpijn had en ze me een briefje meegaf. Het verbaasde me niet dat ze zich niet liet overtuigen, want ik vond zelf ook dat ik de boel oplichtte. Maar misschien hadden mijn verstopte bijholtes iets te maken met het feit dat ik zo slecht was in gymnastiek en misschien had ik inderdaad geen evenwichtsgevoel. Indertijd vatte zowel mijn gymjuf als ikzelf mijn passieve verzet op als iets persoonlijks, alsof het aan mijn karakter lag. En het was waar dat ik wel op mijn handen kon staan als er niemand keek.

Maar ik kon geen noot zingen, ook niet als er niemand luisterde, en mijn toondoofheid was een grote teleurstelling voor de muzieklerares, die twintig jaar eerder mijn moeder nog les had gegeven. Verscheidene van de oudere ongetrouwde leraressen herinnerden zich mijn moeder omdat ze er zo leuk uitzag, zo goed kon acteren en zo aardig zong, dus voor hen was ik niet alleen het voorlijke plattelandskind dat ik in de ogen van de jongere leraressen was. Hoewel het overduidelijk was dat ik niet op haar leek, had ik in elk geval een moeder die iets kon. Maar tijdens de muzieklessen zat ik in mijn blocnote te krabbelen en juffrouw Macdonald, niet boos maar verdrietig, stuurde me de klas uit omdat ik niet stil kon zitten: waarom kon ik niet rustig zitten luisteren? Als ik in staat was geweest het te verklaren, had ik gezegd dat muziek iets onbegrijpelijks was, dat mijn gedachten er daarom door werden verstoord, alsof het ruis was, en dat ik me er dus voor moest afsluiten. Als we bij de dagopening zongen gebruikte ik dezelfde truc als in het kerkkoor van Hanmer en opende en sloot geluidloos mijn mond. De meeste gezangen kende ik al en sommige vond ik mooi omdat ze me aan de donkere hoekjes van de pastorie deden denken. 'Onsterfelijk, onzichtbaar/ De enig wijze God' vrolijkte me altijd op: dát was het soort raadselachtigheid waarbij ik me thuis voelde.

Voor de dagen waarop de prijzen werden uitgereikt had de school een eigen schoollied, daterend uit zijn glorietijd in de jaren twintig, een soort loflied op het hockeyspel, met een hooggestemd refrein: 'Er zijn veel Britse scholen/ Hier en wereldwijd/ Waar meisjes zoals wij/ Met vreugde en met vlijt...' We wisten eigenlijk niet of we trots moesten zijn op dit lied, omdat het in de jaren vijftig wel erg gedateerd klonk en zelfs de beste leerlingen van juffrouw Macdonald de compositie niet soepel konden vertolken. Het refrein werd steeds hoger, totdat het eindigde in een langgerekt, schril crescendo: '... dat is de schoo-oo-ool voor mij!' De muziek was geschreven door een vriend van de toenmalige directrice, die zelf in Oxford had gestudeerd. Hij heette Montague Phillips, componeerde operettes en moet een paar vederlichte jaren-twintigsopranen in gedachten gehad hebben voor het hoogtepunt van het refrein. De coupletten zelf vereisten minder vocale acrobatiek, zodat je je kon concentreren op de woorden ('geschreven door mejuffrouw S. Bostock'), die prachtig het ethos van scholen als de onze uitdrukten:

Van heinde en van verre
Als 't ochtendlicht goud straalt,
Komen we hier tezamen
Tot zacht de schemer daalt.
Een klein en heerlijk koninkrijk
Het is van ons alleen,

Een tuin waar alles groeien wil
Van ieder bloempje één.

De arcadische eenvoud van Whitchurch is een volmaakte
omgeving, we zijn bijna een kostschool. We maken onze
meisjes bijzonder, bíjna net zo gemakkelijk als we de tuin
tot metafoor maken (kijk maar!). Het tweede couplet is om
verschillende redenen het beste, een virtuoze variatie op
mens sana in corpore sano, somatische weersomstandig-
heden:

We zijn gezond en scherp van blik
Als 't hockeyspel oplaait,
En werv'lend over 't wedstrijdveld
Het winterbriesje waait!
Maar als uit het azuurgewelf
De zomerzon weer lacht
Scheert recht de bal over het net,
Een bliksemschicht vol kracht.

Misschien had juffrouw Bostock een iets ander beeld van de
meisjes dan Montague Phillips, want haar sporttypes waren
vast te schor om zijn hoge noten te halen. Ze is meer geïnteresseerd in eerlijke deugden (die 'rechte' bal is veelzeg-
gend, bij ons geen onderhandse ballen met effect); hoewel
ze haar eigen conventionele verfraaiingen bijdraagt met haar
alliteraties en haar azuurgewelf, dat zo'n verkeerd dichter-
lijk beeld geeft van het vochtige, bewolkte Shropshire. En
let op het geraffineerd geplaatste 'werv'lend': we zijn zo wer-
velend dat die gemene wind uit Wales voor ons niet meer
is dan een briesje. Het derde couplet gaat over de militaire
held sir John Talbot, die het Britse vertegenwoordigt – we
zullen dreigende 'schaduwen' (ze zijn heel vaag) net zo moe-
dig als hij tegemoet treden. Maar in het vierde en laatste

couplet komt alles bij elkaar, teamsport en maagdelijkheid in de strijd tegen de duistere krachten in 'het echte leven':

Varen we straks de haven uit
Dan gaan we vol vertrouwen
De wijde wereld tegemoet,
Ons sneeuwblank zeil ontvouwen...

Mijn generatie interpreteerde deze regel botweg als een waarschuwing om niet 'te ver te gaan' met jongens, maar we onderschatten juffrouw Bostock, die het in bedekte termen ook over het Britse rijk had en bedoelde dat je de waarden die je je als half-back eigen had gemaakt straks in India of Afrika moest verbreiden, of op zijn minst kuis zonen moest baren die dat zouden doen. Dit was de oorspronkelijke, mythische kiem van de stewardessenfantasie, al zagen wij dat niet. Misschien vertroebelde het feit dat het vreselijke refrein onverbiddelijk nog eenmaal volgde juffrouw B.'s verheven uitzicht op de wijde wereld: Terug naar schoo-oo-ool.

Als ik geluidloos het refrein meezong, was ik helemaal alleen. Mijn eerste jaar op de middelbare school had ik geen vriendinnen en was ik niet alleen onhoorbaar, maar ook vrijwel onzichtbaar: klein, groezelig, lomp, een boekenwurm en slecht in sport. En dan die luizen. Uiteindelijk kochten we bij de drogist de dodelijke shampoo en wasten mijn haar ermee, en ze gingen dood, maar niet allemaal tegelijk, en ik bleef uit gewoonte nog een tijd op mijn hoofd krabben.

Erger, veel erger, was dat ik die eerste winter een beugel moest dragen, voor mijn boven- én mijn ondertanden, een mond vol ingewikkelde glimmende ijzerdraadjes. Nu je tegenwoordig bijna voor gek loopt als je níet naar een orthodontist gaat en nu zo'n metalen lach sexy is, net als een heel rijtje oorringetjes of een piercing in je wenkbrauw – gesanctioneerde jeugdige lelijkheid – is het nauwelijks voorstelbaar dat ik me in 1953 in Whitchurch zo potsierlijk voelde met mijn beugel. Ik kende niemand die ook een beugel had. Het was een bizarre misvorming, zoiets als een heel erg scheel oog, zo verschrikkelijk scheel dat je een ooglapje moest dragen; of een wijnvlek, of een beenbeugel. Zelfs met een bril was je al enigszins afstotelijk en vreemd. Soms troostte ik me met de gedachte dat ik in elk geval niet ook nog een bril had, maar dat hielp niet: mijn verlegenheid was een eigen leven gaan leiden, afschuwelijk en voor iedereen zichtbaar. Ik stond letterlijk met mijn mond vol tanden, getemd door mijn muilkorf, en de meeste mensen deden bijna net zo hard hun best niet naar mij te kijken als ik mijn best deed niet naar hen te kijken.

De beugel was het pijnlijkste onderdeel van mijn overgangsrite naar het land van het Latijn, en deed ook letterlijk pijn – elke keer dat het ding werd bijgesteld werden mijn kaken gefolterd. Maar mijn bezoeken aan de tandarts werden op zichzelf een avontuur. Je moest in die tijd wel erg scheve tanden hebben wilde de nationale gezondheidszorg de 'cosmetische' behandeling vergoeden, en de mijne stonden scheef genoeg. Ik was verwezen naar een specialist in Rodney Street, de Harley Street van Liverpool, die me ter bemoediging gipsen afgietsels van de gebitten van andere patiënten liet zien, zoals ze er 'voor' en 'na' uitzagen, en die zei dat mensen vaak bedeeld waren met de verkeerde tanden. Je erfde ze van een voorouder wiens kaak een heel andere vorm had, zodat ze gewoonweg niet in je eigen kaak pasten en, zoals bij mij, vooruit staken en scheef gedrukt werden. Het was ook niet bevorderlijk geweest dat ik altijd door mijn mond ademde, maar dat interesseerde hem minder dan het idee dat al die monden door de eeuwen heen genetisch misvormd waren.

Hij had op een onpersoonlijke manier een fascinatie voor

gebitten en omdat hij merkte dat ik leergierig was, legde hij me zoveel uit over zijn werk dat ik me gevleid voelde. Volgens hem waren mijn tanden niet echt de mijne, dus hoefde ik me niet te schamen, en in zijn behandelkamer schaamde ik me dan ook niet. Dat kwam ook – al werd er met geen woord over gerept – doordat hijzelf abnormaal klein was, bijna een dwerg. Tegen het eind van de behandeling was ik langer dan hij en toen was ik een meter vijfenvijftig. Het feit dat hij zo klein was gaf onze afspraken iets magisch. Zijn afgietsels van 'voor' en 'na' in hun vitrines, zijn lyrische beschrijvingen van de eigenzinnigheid van tanden, en het heroïsche project om ze te reguleren sloten aan bij de fases van de menselijke evolutie die we op school behandelden – duizenden jaren van prehistorie in één enkele patiëntenstatus. Net zoals dokter McColl me mijn slapeloze nachten cadeau had gedaan, veranderde de tandarts in Liverpool mijn wanstaltige mond in een symbool van vooruitgang. En de afspraken betekenden bovendien een bezoek aan de grote stad.

We kwamen vanaf de westoever van de Mersey de stad binnen, langs de enorme Lever Brothers-fabriek in Port Sunlight, waar ze gele Sunlight-zeep, Persil-waspoeder en Lux-toiletzeep maakten, en waar de zware dierlijke stank van talg en vet hing, met daarbovenuit de lucht van carbolzuur en ten slotte een chemische gardeniageur. Dan naar de Mersey-tunnel, en vlak voor de ingang opnieuw een opeenvolging van geuren, uit een slachthuis en een looierij aan een weg met langs de kant karren vol bloederige huiden en hoeven. Vervolgens de gladde betonnen buis van de tunnel en aan de andere kant Liverpool, vol kraters en kuilen van de bominslagen.

In Liverpool zag ik in het echt het stadsbeeld dat ik van de bioscoopjournaals kende: de ruïnes van gebombardeerde huizenblokken, met behang, haardplaten en waterleidingen, zomaar in de openlucht aan muren hangend die zolang ze niet werden afgebroken met houten steunbalken werden gestut. Niet ver van Rodney Street stond de enorme nieuwe anglicaanse kathedraal, midden op een groot stuk braakland waar hele straten met de grond gelijk waren gemaakt. Als we vroeg genoeg waren liepen we door de galmende zijbeuken, want hoewel het mijn moeder niet beviel dat het een nieuw gebouw was, was het toch een soort monument dat het gotische verleden in ere hield. Daarna liepen we naar de donkere wachtkamer van mijn ondermaatse specialist, met zijn degelijke vooroorlogse meubels en olieverflandschappen, het voorvertrek van 'na'.

Het besluit om mijn tanden recht te laten zetten kwam voornamelijk van mijn moeder: het was onderdeel van haar streven naar aantrekkelijkheid en haar droom van een ander leven. Zij wilde iets aan mijn scheve gebit laten doen, niet omdat ze naar de beschaafdheid van de middenklasse haakte, maar omdat het te maken had met haar verstrooidheid en gepieker, net zoals de luizen in mijn haar waar zo lang niets aan was gedaan. Het had in wezen met de *pastorie* te maken en was iets van haar persoonlijk, een hersenspinsel met een verborgen logica. Zijzelf had kronen op haar voortanden, omdat ze op haar zestiende haar tanden had gebroken toen ze in het donker van de trap viel, in haar haast om grootvader en grootmoeder uit elkaar te halen die in de keuken in een helse ruzie verwikkeld waren. Je zag direct dat het valse tanden waren, dacht ze, en ze had er een hekel aan. De kronen zullen haar wel herinnerd hebben aan grootvaders liederlijke gedrag met haar vriendin Marj, en aan de walging en onzekerheid die het haar onmogelijk hadden gemaakt zich te concentreren toen ze zelf op de middelbare school zat. Dus was ze niet alleen zuinig op mijn uiterlijk, maar gaf ze me ook de kansen die zij nooit had gehad, zoals ze later vaak verbitterd zei. Ze bedoelde niet de kans om aantrekkelijk te zijn (ze wás aantrekkelijk, die tanden zag je eigenlijk niet), en ook niet de kans om naar school te gaan – die kansen had ze gehad –, maar de kans om ongeschonden door het leven te gaan. Het egoïsme van haar ouders had haar gebroken, zij en mijn vader hadden de schade die ik had opgelopen hersteld, ik kon het geslaagde leven leiden dat haar was onthouden – zo zat haar denkwereld in elkaar.

En uiteindelijk kreeg ze gelijk, al was het niet op de manier die ze bedoelde of wilde. Toen ik ouder werd merkte ik dat ik een dubbelleven kon leiden: een leven met mijn uiterlijk en een leven met mijn gedachten: kortom, met jongens en met Latijn. En dat zou me vervolgens populariteit bij mijn middelbareschoolvriendinnen opleveren. Omdat ik een knap gezichtje had, al jong borsten kreeg en op mijn elfde voor het eerst ongesteld werd (een belangrijk statussymbool), zou het me vergeven worden dat ik geen goed ontwikkeld karakter had. Maar mijn ouders zagen steeds duidelijker hoezeer ik door grootvader gevormd was. Ze had haar eigen beschadigde tanden kunnen laten herstellen, maar een of andere verlammende herinnering weerhield haar; ik moest het in haar plaats doen en anders zijn, en wat zag ze als ze naar me keek: een soort moreel atavisme.

Maar zolang ik de beste van de klas was, bleef mijn sluwheid zonder gevolgen. Ik werkte keihard om mijn positie te behouden. Ik had er plezier in, maar het was ook een kwestie van overleven, want mijn cijfers waren mijn excuus. Mijn ouders en ik waren het over één ding eens: wat ik op school presteerde, deed ik bij wijze van spreken op het slappe koord; zolang ik het volhield telde mijn gebrek aan moreel evenwicht niet, maar zodra ik misstapte en viel zou ik mijn ware gelaat tonen en dan zou blijken dat ik verwaand, onrealistisch, egocentrisch en ziek was. Bij de eerste misstap zou ik helemaal van voren af aan moeten beginnen om te leren hoe ik netjes, gehoorzaam, sociaal en extravert moest zijn, een braaf meisje. Ik dankte God voor het Latijn. *Nisi Dominus...* Ons schoolmotto komt uit psalm 127: 'Zo de Heere het huis niet bouwt, tevergeefs bouwen zijn bouwlieden daaraan...' De boodschap is dat je niet trots mag zijn op je eigen prestaties, omdat je zonder Hem niets bereikt. 'Het is tevergeefs, dat gij vroeg opstaat, laat opblijft, eet brood der smarten; het is alzo, dat Hij het Zijn beminden als in de slaap geeft.' Tijdens mijn slapeloze nachten keerde ik, afvallig als ik was, deze leerstelling om. Als het zo goed met me gaat, dacht ik, dan moet dat wel betekenen dat ik goede connecties heb en dat degenen die het voor het zeggen hebben heimelijk achter me staan.

XI

Het gezin

Mijn moeder verklikte me, maar ik hield van geheimen, dus ik verklikte haar nooit als ik haar had gechaperonneerd bij een bezoek aan mevrouw Smith, die in Whitchurch een wat weggestopt kledingwinkeltje had. We deden eerst onze echte boodschappen (het 'rantsoen' werd in elk geval door de kruidenier thuisbezorgd), waarna we onopvallend naar het stille gedeelte van de High Street liepen, ver van de drukte van de Bull Ring, een deur openden waardoor een gedempt belletje ging rinkelen en het benauwde hol van mevrouw Smith binnenglipten. Mevrouw Smith was 'exclusief'. Hoewel ze altijd een paar kledingstukken in haar etalage had – een getailleerd mantelpakje, bijvoorbeeld, en een elegante driekwart mantel, geëtaleerd op paspoppen zonder benen, armen en hoofd – hingen er geen prijskaartjes aan en waren ze slecht te zien, dankzij een dikke laag oranje cellofaan die tegen de ruit geplakt zat. Mevrouw Smith zelf stond binnen op wacht; ze was mollig, strak in het korset, aanminnig, en damesachtig opgemaakt met poeder, rouge, getekende wenkbrauwen en een gestift tuitmondje. Haar haar droeg ze in een vormvaste permanent en zelf had ze ook een voorkeur voor getailleerde mantelpakken, waarbij ze namaakjuwelen en dure parfum droeg. Mevrouw Smith moedigde het niet aan dat mensen zomaar even binnenliepen en we hebben er dan ook bijna nooit iemand anders aangetroffen, hoewel er in een hoek een stoel stond om op te zitten als je moest wachten.

Ik heb er heel wat moeten wachten, want mijn moeders

onderhandelingen met mevrouw Smith waren delicaat en brachten een uitgebreid ritueel van verleiding met zich mee. Thuis bladerden we waar iedereen bij was in de kledingcatalogus en kochten op afbetaling. Die kleren spreidden hun aantrekkelijkheden heel openlijk tentoon, evenals hun prijzen. Ze werden bezorgd en je droeg ze, en droeg ze af. Hier was alles veel intiemer, 'klassiek' en geheimzinnig. De naam 'mevrouw Smith' klonk al onecht; het leek of ze iets met de zwarte markt te maken had, alsof ze ooit betrokken was geweest bij dubieuze handel in textielbonnen. Maar wat haar bekakte accent en haar hese gefluister werkelijk probeerden te verhullen was het feit dat het grootste deel van haar voorraad – misschien wel alles – tweedehands was. Het waren afdankertjes van stand, vrijwel niet gedragen, waarbij je geen moment aan rommelmarkten mocht denken. Het was eersteklas, voor een fractie (een nogal forse fractie) van de oorspronkelijke prijs. Wanneer mevrouw Smith de kwaliteit van de stof en de superioriteit van de snit benadrukte, behandelde ze mijn moeder als een gemankeerde dame en een droomster, iemand die het risico liep haar leven aan het aanrecht van een doorzonwoning te slijten als ze niet een goed mantelpak of een werkelijk *geklede* japon had.

Mijn moeder ging dan naar de achterkamer om te passen en zichzelf met een verlegen maar tevreden glimlach in de passpiegel te bekijken, terwijl mevrouw Smith gladstreek, platklopte en mompelde. Er kwam een moment dat ze naar de prijs moest vragen en dan werd er met het hoofd geschud en gezucht; maar mevrouw Smith zei met een gemaakt lachje dat het toch zo goed stond bij haar teint en haar figuur, wilde ze niet een kleine aanbetaling doen en het weg laten leggen, en de volgende week nog eens komen passen... Vaak kwamen we er zonder iets vandaan, maar had er toch een transactie plaatsgevonden: mijn moeder had dan iets afbetaald op haar rekening en iets aanbetaald op iets 'nieuws' en meestal was de afbetaling tevens een aanbetaling, zodat haar schuld aan mevrouw Smith almaar groeide. Het nieuwe kledingstuk bleef een paar weken bij mevrouw Smith in de achterkamer hangen voordat het mee naar huis genomen werd en helemaal achter in de kleerkast werd verstopt, tot het moment waarop ze het durfde te laten zien en te dragen – dat wil zeggen, totdat aannemelijk was dat ze het had kunnen betalen. Dat luisterde nauw, en soms kon ze niet anders dan haar aankopen bij mevrouw Smith laten doorgaan voor haar eigen oude kleren, iets wat ze in grootmoeders hutkoffer had gevonden.

Geld was, zoals gewoonlijk, het knelpunt in huis, het omstreden terrein tussen fantasie en realisme – dat wil zeggen, tussen haar en mijn vader. Geld was een mijnenveld. Ze ging door voor dromerig en onpraktisch, maar ze ging ook door voor afhankelijk, vol vertrouwen en in zekere zin een open boek, een beetje zoals kinderen hoorden te zijn (en ik niet was). Natuurlijk wist mijn vader van mevrouw Smith, maar hij kwam er nooit helemaal achter hoe ver mijn moeders relatie met haar ging – niet in termen van contanten en ook niet in termen van gevoelens. Was ze ontrouw met mevrouw Smith of niet? Op de Valma met de mooie kleren en de dagdromen was hij verliefd geworden. Maar oneerlijkheid, misleiding en persoonlijke schulden (de Debetstand van de Zaak was iets heel anders) waren ondeugden uit de pastorie waarvan hij haar had verlost. En dan: was haar verlangen naar kleren waar we het geld niet voor hadden geen kritiek op hem, alsof ze niet tevreden was met haar leven en nog altijd droomde van een andere toekomst? Voelde ze zich genomen, een Assepoes die per ongeluk met de kolenman was getrouwd? Had ze er spijt van dat ze met hem getrouwd was? Nee, nee, protesteerde ze dan, en ze wendde haar gezicht af als hij extra geld te voorschijn haalde om mevrouw Smith af te betalen (geld dat gebruikt zou worden om een klein aanbetalinkje te doen op die japon die ze al weken paste). Hij kon weleens gelijk hebben, dacht ik. Tenslotte zei mevrouw Smith altijd dat mijn moeder toch zo slank en jeugdig was, dat het bijna niet te geloven was dat ze getrouwd was en zo'n grote dochter had.

Had ze er spijt van dat ze met hem getrouwd was? Ik in elk geval wel en ik hoopte zij ook, net als grootmoeder, die het vaak heel zachtjes zei. Maar mijn moeder geloofde dat je één werd door het huwelijk. Net als die ceremonies in de film wanneer een cowboy en een indiaan een snee in hun pols maakten en bloed in elkaar lieten druppelen, schiep het een band die even onlosmakelijk en innig was als een biologische. Grootmoeder werd daar razend om, en ze haatte mijn vader nog erger omdat hij mijn moeders loyaliteit had afgetroggeld en het had gewaagd haar met een roodhuidenclan uit Hanmer te verbinden. Ze had een hele lijst grieven tegen mijn vader, en gebruikte zijn naam, 'Eric', als een soort scheldwoord. Eric had vuil werk en een harde stem. Eric maakte altijd heisa over geld. En het allerergste: Eric scheen niet te snappen wat een voorrecht het was om ons met de auto naar Chester of Shrewsbury te mogen brengen.

Maar hoewel mijn moeder die tekortkomingen erkende en met grootmoeder meepraatte als ze mannen in het algemeen voor ellendelingen en bedriegers uitschold, maakte ze toch een uitzondering voor mijn vader. Ze weigerde hardnekkig hem voor monster uit te maken. Erger nog: ze sliep nog altijd bij hem, en dat deed ze niet alleen omdat er geen logeerkamers of zolderkamertjes waren in de doorzonwoning. Ze had op zijn minst de halve nacht op kunnen blijven, vond grootmoeder, om er zeker van te zijn dat hij vast in slaap was als ze bij hem in bed ging liggen, maar nee.

Grootmoeder moest genoegen nemen met geringere tekenen van verraad. En mevrouw Smith was een bondgenote. Dat intieme, geparfumeerde hokje vol verkleedkleren deed denken aan de kamer boven de winkel in Zuid-Wales waar grootmoeder en haar zuster Katie urenlang bezig waren zich op te doffen. Dit was weer helemaal het terrein van hun moeder. Mevrouw Smith was dan misschien corrupt, maar in haar insinuerende stem klonk toch een echo van de overleden vrouw wier haar de kleur van een gouden pondstuk had. Dat mijn moeder steeds weer naar mevrouw Smith gelokt werd om zich door haar te laten betuttelen en vleien kwam door haar behoefte aan een moederfiguur, en niet zozeer door angst voor verlies van sociale status.

Want blijkbaar wilde niemand bij ons in de familie moeder zijn, iedereen was een eeuwige dochter. Je kon zelf kinderen hebben en toch een moederskindje blijven, zoals grootmoeders voorbeeld dagelijks aantoonde. Ook mijn moeder zette de traditie voort, al kon ze zich haar grootmoeder, de mythische moederfiguur aan het begin van de reeks, nauwelijks herinneren. Maar zij was, heel anders dan grootmoeder en Katie, onzeker in haar meisjesachtigheid, beschaamd en afgemat door haar eigen incompetentie als huisvrouw. Grootmoeder – die aan haar huishoudelijke taken nog het een en ander toevoegde door vaak op onmogelijke tijden hand- en spandiensten en vers geroosterde krentenbolletjes te verlangen – verergerde haar ontevredenheid door herinneringen op te halen aan de paradijselijke dagen van haar eigen jeugd, die gevuld waren met haren borstelen en pretjes. Maar grootmoeders voorbeeld bood geen andere remedie dan je opdoffen om naar de film te gaan. (We hadden nog geen televisie en bovendien waren de programma's in de jaren vijftig fris en degelijk, je kon de dag niet verdromen op een dieet van soaps en oude films.) Grootmoeder had haar huwelijk gereorganiseerd om de levensstijl waarop ze prijs stelde in stand te kunnen houden. Ze legde de nieuwe gelofte af grootvader in goede en in kwade dagen te haten, perste hem een inkomen af en weigerde hem ooit nog met een vinger aan te raken, zoals ze vaak trots vertelde. Maar omdat mijn moeder van mijn vader hield, zocht zij naarstig naar een ander middel om de kleren van mevrouw Smith te kunnen dragen en te kunnen betalen.

Zo kwam ze op het idee een baantje te zoeken – wat ze, zonder mevrouw Smith te noemen, beschreef als een manier om er eens uit te komen. Hoe trots mijn vader op haar was, op haar beschaafdheid en haar 'anders'-zijn, blijkt uit het feit dat hij geen bezwaar maakte tegen haar plan, hoewel het ook kan zijn dat hij al direct voorzag dat het niets zou worden. De openbare mening was er zeker tegen. Vrouwen die niet uit de arbeidersklasse afkomstig waren en ook geen vrij beroep uitoefenden (we wisten wel dat er vrouwelijke artsen en advocaten waren, maar hadden er nooit een gezien) hoorden thuis te blijven, of goede werken te gaan doen als ze ongedurig werden. Maar mijn moeder had niet meer zo'n veilige positie in de middenklasse dat ze vrijwilligerswerk kon gaan doen, ze had het geld nodig. Er waren wel damesachtige banen die nog net tot de mogelijkheden behoorden: je kon receptioniste worden, of het soort secretaresse dat niet hoeft te typen. Maar zulke banen waren in Hanmer niet te vinden; ze zou op en neer moeten reizen naar Whitchurch of nog verder weg, en daarvoor zou ze moeten leren autorijden. De logische eerste stap was dus om borden met een L te kopen en les te nemen bij mijn vader…

Maar na iedere les was het oordeel minder bemoedigend. Ze bleek te zenuwachtig, te gevoelig te zijn om het examen te halen. Mijn vader was een stuk aardiger dan hij tegen mij was toen het me niet lukte te leren fietsen. Mijn moeder, zei hij – en daar was zij het mee eens – was niet praktisch genoeg om auto te rijden. En zo verdween de baan naar het rijk van de onwerkelijkheid en deed daar dienst als een van de dagdromen waar ze een heel repertoire van had; en de kleren van mevrouw Smith bleven telkens weken- en maandenlang verborgen achter in de kleerkast alvorens listig voor de dag gesmokkeld te worden. En we bleven bezoekjes brengen aan mevrouw Smith. Uiteindelijk werd het hele idee dat mijn moeder zou gaan werken – of liever gezegd het mislukken ervan – een bevestiging van de gescheiden werelden van mijn ouders: de zijne de buitenwereld van de werkelijkheid, de hare de luchtkastelen en de doorzonwoningfrustraties. Niet autorijden werd het zoveelste blijk van haar gevoeligheid. Net als niet schoonmaken en niet koken gaf het (op mysterieuze wijze) aan dat ze voor iets beters in de wieg gelegd was, een leven dat zich niet beperkte tot thuiszitten – en dat droeg weer bij tot haar onpraktische charme als echtgenote.

Aan de andere kant praatte ze wel af en toe bitter over de zuster van mijn vader, tante Binnie, die was begonnen met autorijden in de oorlog, toen er geen rijexamens waren, en die vast net zo zenuwachtig was. Het was algemeen bekend dat tante Binnie alleen naar plaatsen kon rijden waar ze al eens eerder heen gereden was, langs wegen die ze kon dromen – hoewel er nooit bij werd verteld hoe ze daar dan de eerste keer heen was gereden. En om te parkeren moest ze minstens een boerenerf tot haar beschikking hebben. Intussen had ze wel een rijbewijs en mijn moeder dacht weleens dat zij, als ze toevallig op een ander moment was begonnen, ook à la Binnie had kunnen rijden en in haar chique mantelpak naar haar werk gaan.

Het mocht niet zo zijn. Wat zou er van het huiselijk leven geworden zijn als zij ons in de steek had gelaten? Wie had grootmoeders korstjes dan moeten afsnijden en met de Franse slag de keukenvloer dweilen? Ik in elk geval niet; ik was een kluns in het huishouden. Maar we zouden ons wel gered hebben, iets meer rotzooi was niet zo erg geweest; we zouden alleen maar gesneden ham en cake hebben gegeten, en zelf onze vissticks hebben laten aanbranden. En wat betreft de psychische organisatie van het huishouden zou het een zegen zijn geweest. Mijn moeders bangigheid en haar angst voor conflicten maakten het akelig gemakkelijk om haar te tergen en te koeioneren, en dat deden we dus, grootmoeder, mijn broer Clive en ik. Maar omdat grootmoeder het excuus had van haar leeftijd en haar suikerziekte, en Clive nog maar klein was, was ik haar grootste kwelgeest. Als ik niet op school of op de boerderij van Watson was, ging ik erop uit en wist niemand waar ik was, en dan maakte zij zich verschrikkelijk ongerust; als ik gedwongen werd om Clive mee te nemen kwam hij gehavend thuis (ik heb hem een keer het nieuwe schrikdraad van Hunt laten aanraken); en in huis zat ik te pruilen, te dreinen en te vitten, en was in alle staten als ik mijn huiswerksommen niet kon oplossen. Ik schreeuwde tegen haar, misschien heb ik haar zelfs weleens geslagen. En als mijn vader thuiskwam verklikte ze me.

Hij kwam zelf vaak laat thuis, ruikend naar kou en koeienstront, met een hoofd vol onafgedane Zaken waarover hij door de telefoon tegen oom Albert schreeuwde –, Het is Verdomme ook Altijd Wat, Het Hangt me Mijlenver de Keel Uit – waarna hij in de keuken bij de gootsteen zijn handen ging wassen. Mijn moeder liep dan achter hem aan en terwijl ze zijn graag-of-niet-eten opwarmde, barstte ze in tranen uit en vertelde over mijn misstappen. Ik had haar dodelijk ongerust gemaakt, ze wist niet wat ze met me aan moest en ze *kon niet tegen ruzie*. Dat laatste zinnetje had altijd effect. Ruzie betekende de oude ellende uit de pastorie; hij was het aan zijn eer verplicht haar uit de greep daarvan te bevrijden. Had ik nog iets tot mijn verdediging aan te voeren? Ik deed net alsof ik met mijn huiswerk bezig was, maar hij wilde een Duidelijk Antwoord op een Duidelijke Vraag, en als ik loog en hem niet aan wilde kijken werd hij razend. Tegen die tijd staat het programma vast, is er geen weg terug. Ik beef, snotter en trek een schuldig gezicht, hij schreeuwt dat hij me een Lesje zal Leren dat ik Niet Gauw zal Vergeten – ook dat is code: de school is niet de Echte Wereld – en legt me over de knie en slaat me totdat ik zeg dat het me spijt, dat ik het nooit meer zal doen.

Dan volgt het moment waarop mijn moeder haar handen wringt en hem smeekt me niet te hard te slaan, en ik brul en kronkel van vernedering. Dit alles vindt plaats in de doorzonwoonkamer, met Clive en grootmoeder als toeschouwers. Clive zit er braaf maar bang bij, grootmoeder trilt van opwinding, ze geniet van ruzie en geniet ervan dat Eric zijn ware Hanmerse gedaante toont. Ik beloof dat ik het nooit meer zal doen. Maar dat zal ik wel. Ik sluip naar boven om mijn gezwollen ogen rust te geven met een boek en neem me voor beter te liegen. Ik lees en lees, terwijl Clive aan de andere kant van de kamer beweegt in zijn slaap en mijn vader en moeder in bed zachtjes tegen elkaar liggen te praten. Ze kunnen naar de hel lopen, zeg ik bij mezelf. In de kleine uurtjes komt grootmoeder even binnen en sist me toe dat alle mannen beesten zijn. Maar mijn moeder heeft me de les geleerd die me scheidt van de reeks dochters. Ik wil niet op haar lijken, er zijn te veel kinderen bij ons thuis.

Toen ik op een nacht met rode ogen verdiept was in het romantische verhaal waaruit mijn naam afkomstig was, *Lorna Doone*, zag ik plotseling niet mezelf maar mijn moeder in het kleine meisje dat helemaal niet past in de donkere Doone Glen, maar eerder een elfje of een prinsesje lijkt, en mijn vader in het personage van de brave John Ridd, de boerenzoon die later als onverschrokken herenboer verliefd op haar wordt, en die het verhaal op zijn eigen manier vertelt. Het is een avontuurlijk verhaal: John redt Lorna van de wetteloosheid van haar clan (we bevinden ons in het woeste zuidwesten van Engeland in de jaren tachtig van de zeventiende eeuw, de tijd van de Monmouth Rebellion en de Bloody Assizes van rechter Jeffrey; de Doones zijn vogelvrijverklaarden die voor niemand partij kiezen dan voor zichzelf) en ontdekt dat ze helemaal geen geboren Doone is, al is ze wel een dame en boven zijn stand: 'Ze richtte zich fier op... en keerde zich om alsof ze in een rijke koets wilde stappen of een paleis binnengaan; terwijl ik in mijn naïeve eenvoud zo verbaasd en gekrenkt was...' Maar de schrijver plaagt alleen maar. Hoewel ze aan het hof in Londen een overweldigende indruk maakt, blijft Lorna John trouw. Hij wordt in de adelstand verheven wegens diensten aan de Kroon en na een prachtige scène waarin Lorna op haar trouwdag in de kerk wordt neergeschoten door een briesende Carver Doone (als hij haar niet kan krijgen, krijgt niemand haar) verslaat John de duistere machten in een tweegevecht en leeft ons paar nog lang en gelukkig op de hoeve Plover's Barrow.

Ik begrijp nu waarom ik zo getroffen werd door Lorna Doones gelijkenis met mijn moeder. Dat komt doordat haar negentiende-eeuwse schepper, R.D. Blackmore, die in Oxford had gestudeerd en tot dan toe alleen 'klassieken had vertaald zonder erg veel aandacht te trekken' (zoals een van zijn biografen het formuleert), in zijn roman de moeilijke maar uitstekend verkopende kwestie hoe hij zijn heldin met een 'mindere' kan laten trouwen zonder dat ze verdacht wordt van lustgevoelens voor de brave John (die bijna twee meter lang is en de worstelkampioen van de streek), heeft opgelost door Lorna van begin tot eind angstvallig kuis en kinderlijk te maken. Blackmore had een nieuwe formule gevonden voor romantische verhalen, waarin de heldinnen – zoals Jane Eyre twintig jaar eerder – gewoonlijk met de meester trouwden. Als de held sociaal niet veel te betekenen heeft, dan gaat alle aandacht naar zijn viriliteit, hoewel de Victoriaanse heldin niet hoort te weten waar ze moet kijken. *Lorna Doone* is een onschuldige voorloper van het werk van Lawrence. Deze John gelooft, net als de minnaar van lady Chatterley, heilig in de natuurlijke orde der dingen tussen de seksen en hij praat ook een beetje plat als hij het niet vergeet. Bijvoorbeeld:

> Ik weet dat vrouwen in het noorden mogen maaien... Maar in onze streek doen vrouwen het werk dat geschikt voor ze is; ze volgen de mannen op een afstand, buiten het bereik van de zwaaiende sikkel, en ze vangen hurkend, met hun borst en armen geheven, de zwaden koren op waar de maaiers ze laten vallen, en pakken ze stijf bij elkaar met een bosje aren dat ze eronderdoor halen en eromheen winden, ze met een knie bij elkaar houdend...

Hoewel dit maar een terzijde is over boerengebruiken, doet het denken aan de betogen over gepaste verhoudingen die Mellors zo graag afsteekt. Blackmores heldin zou zich voor geen goud in een korenveld vertonen – tenslotte doen we in symbolen: voor Lorna ligt de charme van John Ridd in de krachtige autoriteit die onder zijn respectvolle houding schuilt. Ze kan altijd een jong meisje blijven. Het was zeker geen volmaakte allegorie van mijn vaders relatie met mijn moeder, want John Ridd heeft het gezellige Plover's Barrow en zijn eigen moeder om over zijn kindvrouwtje te moederen als hij met haar thuiskomt. Maar je kunt niet alles hebben.

Ik stel me graag voor dat grootvader net als Carver Doone inwendig ziedde bij hun huwelijk, toen hij zijn dochter naar de kerk leidde en haar aan haar eigen brave John toevertrouwde, en dat daarom die naam hem te binnen schoot toen ik geboren werd. Net als Carver zal hij boosaardig hebben neergekeken op mijn vaders John Ridd-achtige combi-

Grootvader met mijn moeder vlak voor haar trouwen, 1942

natie van welbewuste deugdzaamheid, bescheidenheid en mannelijke heldhaftigheid. Toen hij na de oorlog terugkwam uit het leger was Eric geknipt voor de rol van verantwoordelijke volwassene: grootvader was er ook op gebrand dat hij die op zich nam, vooral omdat mijn vader dan zou proberen uit zijn eigen zak de boeken van de pastorie kloppend te krijgen. Grootvader kon altijd nog de rokken van zijn geestelijke waardigheid om zich heen trekken en een beroep doen op zijn hogere Gezag. Na zijn dood had mijn vader ook deze schim van een rivaal voor de rol van pater familias niet meer en al was hij nog jong (drieëndertig in 1952), dankzij zijn militaire training was hij geneigd die rol heel serieus te nemen. Aan het Thuisfront spande alles samen om een drilmeester van hem te maken.

Wij 'manschappen' waren chronisch ongehoorzaam. We wilden niet bij zijn compagnie horen, we waren er zelfs niet zeker van (afgezien van mijn moeder) dat we aan dezelfde kant stonden. Omdat hij dat voelde was hij op zijn qui-vive voor tekenen van insubordinatie en hield hij angstvallig vast aan zijn gezag – temeer omdat dat in zijn zakelijke relatie met klanten en werknemers zo zwaar op de proef gesteld werd. Als je in het leger carrière had gemaakt, stuurden ze je nooit terug naar je oude regiment nadat je bevorderd was; je ging naar een ander regiment, waar je gloednieuwe leidersrol boven iedere twijfel verheven was. Maar toen mijn vader terugkwam in Hanmer, waar hij voor de oorlog alleen het bevel had gevoerd over de padvinders, bleek hij zichzelf bijna elke dag te moeten bewijzen.

Thuis was hij in elk geval de enige volwassene, er was geen andere beroepsmogelijkheid. Hij had Het Laatste Woord, zo zag hij dat. De jaren in het leger hadden zijn lichaam en geest gestaald, zijn persoonlijkheid was verstard en bij zijn ruggengraat zat een granaatscherf die hij in Normandië had opgedaan. De oorlog gaf hem een roeping, de vrede nam hem die af, maar liet het ethos ervan achter. Hij identificeerde zich niet met het officierenkorps van de troepen in vredestijd, snobisten in koude-oorlogstijd die gin-tonic dronken in de mess en met elkaar keuvelden. Zich aanpassen en blijven was volstrekt niet aan de orde. Maar hij stemde in 1945 wel Tory, want als een ware Don Quichot was hij zichzelf gaan beschouwen als voorstander van hiërarchie. Hij míste de oorlog, die was zijn slechtste tijd, zijn beste tijd, de mooiste tijd van zijn leven. De oorlog was zijn universiteit en zijn Grand Tour, en op een haar na zijn einde. Hij was verbaasd dat hij nog leefde. Maar in sommige opzichten was het alsof de grote film voorbij was en het leven dat voor hem lag gekrompen was. De dagelijkse geschreeuwde 'debriefing' van oom Albert over de Zaak was een therapie voor deze vorm van shellshock, net als verhalen over de oorlog vertellen.

Zodra zich maar de schijn van een gelegenheid voordeed – en een wolk die voor de zon langs trok kón dat zijn, een terloopse opmerking over het weer – deed mijn vader aan wie maar wilde luisteren verslag van zijn belevenissen. Caen, Luik, Düsseldorf, Hamburg, Genua, Triëst, Pola... Kaëssellie viel pas in de loop van de jaren langzamerhand uiteen tot de initialen K-S-L-I, the King's Shropshire Light Infantry, het regiment waarbij hij een week na het begin van de oorlog in 1939 werd ingedeeld en dat hij verliet toen hij bevorderd was. De buitenlandse namen waren een vertrouwde litanie. Al gauw zat hij dan met de botte kant van een mes over het tafelkleed te krassen, zette peper, zout en de ketchupfles in het gelid en bracht in kaart waar hij gewond was geraakt, waar de moffen hen bijna in de pan gehakt hadden, waar hij zijn sporen had verdiend. Sta op, sir John Ridd!

Mijn vader was een krijgsgevangene, al was hij nooit opgepakt. De hele rest van zijn leven ging hij steeds weer dwangmatig de stappen na waarmee hij erdoorheen was gekomen, terwijl zovelen het niet overleefd hadden: modderige laarsafdrukken in de zomer van 1944, sporen in de sneeuw in de winter van 1944-'45. Er kwam een afwezige blik in zijn ogen. Soms schudde hij zijn hoofd in een soort woordeloze verbijstering. Het zesde bataljon van de Royal Welch Fusiliers, waaraan hij was toegevoegd in het kader van de stroom versterkingen in juli voor de invasie in Normandië, verloor ten westen van Caen binnen achtenveertig uur achttien officieren en tweehonderdzestig manschappen (de helft van de officieren en een kwart van de manschappen). Daarna werd hij tot kapitein bevorderd. Kort daarop raakte hij zwaar gewond (op 16 augustus) en werd teruggestuurd naar Engeland. Hij was zes weken aan het front geweest, veelal in loopgraven onder zware beschietingen. Zijn verhalen gingen niet over de heldhaftigheid van het doden, maar over de vastberadenheid, de kalmte en het geluk die je nodig had om niet te sterven. Het waren verhalen over eervol overleven, die eerder bij de Eerste dan bij de Tweede Wereldoorlog leken te horen.

Er was zelfs een verhaal waarin hij zich vanuit de loopgraaf in het niemandsland waagde, hoewel het zich afspeelde in Duitsland. De verliezen waren minder groot toen hij terug was bij de Royal Welch in de Ardennen, maar daar deed hij wel de vreselijkste patrouille van zijn leven. De Duitsers hadden in een dennenbos aan de overkant van een steil dal gezeten, maar zaten ze daar nog? Hij werd er met een sergeant en vier soldaten op afgestuurd om daarachter te komen. Tussen hen en de overkant was een helling met ongerepte sneeuw die afliep naar de rivier beneden. De snelste manier was de helling af rennen: als er op hen geschoten werd, wisten ze het antwoord. 'Dus stapten we hier over de rand van de loopgraaf...' Het opgeplooide tafelkleed verandert in sneeuw. Ze verdelen zich in twee groepjes, de sergeant met zijn twee mannen ongeveer vijfhonderd meter naar rechts, en rennen zigzaggend de helling af door diepe, zachte sneeuw, hun voeten vastplakkend in de klonters; en als ze op ongeveer driekwart van de weg naar beneden zijn openen de Duitsers, die zich schuilhouden achter de theepot en de suikerpot, het vuur en wordt de sergeant geraakt. Hij blijft stil liggen, zijn mannen klauteren haastig terug naar de loopgraaf, mijn vader en zijn tweetal, die door hun vaart niet kunnen stoppen, bereiken de rivier, zoeken buiten adem dekking onder een brug en wachten op het donker alvorens terug te ploeteren. Missie volbracht. Het was op klaarlichte dag gebeurd, zonder dekking en zonder sneeuwkleding. 'We waren kanonnenvoer, eigenlijk,' zei hij dan zonder bitterheid, met zijn vingers op de tafel trommelend. 'We werden erop uitgestuurd om te kijken, een gemakkelijk doelwit.' De sergeant overleefde het, hij hield zich dood en werd gevangengenomen. In dit verhaal liepen mijn vader, de sergeant en de soldaten allemaal evenveel risico. In een ander verhaal droeg hij een machinepistool toen ze oprukten door het Reichswald, omdat scherpschutters in de bomen de gedaanten van officieren die alleen met een pistool gewapend waren eruit pikten. In feite zag hij zichzelf graag als een kapitein met het overlevingsinstinct van een onderofficier.

In de bossen raakte hij voor de tweede keer gewond, toen hij munitie vervoerde over een open plek (ze waren buiten het bereik van hun eigen geschut geraakt en moesten hun mortieren terughalen): er kwam een granaat neer, twee mannen werden ernstig getroffen, maar hij had geluk, de granaatscherf die door zijn gebit ging had geen ergere gevolgen dan een tandartsbehandeling na het afleveren van de munitie – 'penicilline en tetanusprikken en een paar dagen leven als een vorst bij de divisiestaf'. Op dat moment is het bijna voorbij, hoewel er nog een paar hachelijke momenten komen in Triëst en Pola, waar hij uiteindelijk de vrede moet bewaren tussen strijdende Joegoslavische en Italiaanse facties. Politieagentje spelen is niet echt iets voor hem, maar het hoort bij het dienen van recht en orde, bevelen is een last die hij draagt. Hoewel hij orders natuurlijk niet blindelings opvolgt zoals de abject gehoorzame, met de hakken klakkende vijand.

Hij dacht veel na over dat onderscheid, want als hij werkelijk Duitsers tegenkwam, waren ze verontrustend herkenbaar: fors, blond, met blozende wangen en blauwe ogen, en opgelucht dat ze nog leefden. Als lid van de bezettingstroepen had hij toezicht moeten houden toen alle volwassen Duitsers de bioscoop werden binnengedreven waar films werden vertoond uit de concentratiekampen. Maar hij had het zelf moeilijk gevonden te geloven dat ze de werkelijkheid weergaven en dat zijn 'tegenhangers' in de Wehrmacht hadden geweten wat er gebeurde. Zoals zovelen in het Britse leger had hij gedacht dat de ergste berichten over massale uitroeiing van de joden als gruwelpropaganda door de geallieerden verspreid waren, totdat hij met eigen ogen Bergen-Belsen zag. Maar ja, redeneerde hij, misschien was er in de Duitse aard een hang naar abstracte, mechanische oplossingen, iets onmenselijks, fanatieks. Terwijl de Britten in de beste betekenis van het woord amateurs waren, ridderlijk en onafhankelijk van geest... De mens tegenover de machine. Zo voerden zijn verhalen hem terug naar het heden – opstaan, zich uitrekken, zijn overall aantrekken – met een hernieuwd vertrouwen in de redelijkheid van vaderlands realisme. Herinneringen maakten hem alleen maar halsstarriger. O, wat verlangde ik ernaar volwassen te worden, zodat ik mijn eigen verhalen kon verzamelen en de strijd om de werkelijkheid met hem uitvechten.

Het leven bij ons thuis maakte dat ik me weer enthousiast op boeken en schoolwerk stortte, en dat mijn dwaaltochten door de velden iets van een guerrilla kregen. Toen ik twaalf was hield mijn vader op me te slaan – niet omdat ik gehoorzaam had leren zijn, zelfs niet omdat ik beter loog, maar om fatsoensredenen. Mijn puberale borsten en rondingen begonnen de hele vertoning een compromitterend, seksueel tintje te geven. Tenslotte was over de knie leggen een populair motief in jaren-vijftigfilms, een getemde-feeksachtig paringsritueel. John Wayne gaf Maureen O'Hara een bijzonder gedenkwaardig pak slaag in *The Quiet Man*, maar het gebeurde overal. In romantische komedies, kostuumdrama's en westerns kregen volwassen vrouwen een pak slaag bij wijze van voorspel. Geen wonder dat papa zich geneerde.

Rond diezelfde tijd grijnsde oom Bill (de socialistisch realist) me spottend toe langs het vochtige uiteinde van zijn Woodbine en merkte op dat ik de Brigitte Bardot van Hanmer begon te worden. Toen werd hij handtastelijk en duwde ik hem in het kikkerdril aan de rand van de vijver bij

Hunt (we maakten een wandeling) en beende naar huis. Uit de radio klonk een liefdesliedje en ik weet nog dat ik vol walging dacht: dat is het dus, de grijpgrage vingers van oom Bill. En dus verklikte ik Bill... Nee, dat deed ik niet. Ik hield van geheimen en vertelde niemand iets. Ik was geen kind meer, ik was beslist bezig volwassen te worden. De geile Bill en mijn deugdzame vader lieten elk op hun eigen manier blijken dat ze dat gemerkt hadden, ook al hadden ze weinig idee wat er in mijn hoofd omging.

XII

Het gezin, vervolg

Ik was nu bijna een tiener. De dertien slagen van mijn klok zouden vrijwel precies samenvallen met Bill Haley and His Comets, en het onverbiddelijke bonken van dat lekkere lawaai zou zonder ophouden door mijn hoofd dreunen, als bloed dat in mijn oren bonsde. Mijn ouders klaagden en lachten me uit om mijn plotselinge slaafse (en natuurlijk toondove) liefde voor rockmuziek, maar ze waren toch ook opgelucht. Eindelijk gedroeg ik me eens normaal. Rock-'n-roll leidde tot de officiële scheiding van de generaties; tieners van na 1955 waren een ander soort mensen, ze bewogen zich op een ander ritme. Toen ik een tiener was kreeg ik het in zekere zin ook gemakkelijker; ik was me niet meer zo bewust van de obsessies van mijn ouders, ik lette minder op hen. Hun jaren vijftig waren een andere wereld.

En voorlopig zat ik nog in het limbo van de kindertijd, hing wrokkig rond in hun leven en keek toe. Mijn moeder nam me vaak mee naar bijeenkomsten van de vrouwenvereniging in de parochiezaal van Hanmer, waar gezette dames (geheel volgens de traditie van Hanmer was er een die mevrouw Large heette, en er was ook een mevrouw Cheers) verlotingen voor goede doelen organiseerden, wedstrijden in het versieren van taarten op touw zetten, en beleefd naar gastspreeksters luisterden die kwamen vertellen wat Constance Spry te zeggen had over bloemschikken en hoe je je kon redden zonder huishoudelijke hulp. Het lied van de vrouwenvereniging was 'Jerusalem' van William Blake, en als ik die woorden hoor, zie ik altijd de krakkemikkige parochiezaal voor me met zijn splinterige vloerplanken en zigzaggende rijen klapstoelen, waar de oude verduisteringsgordijnen nu dienst deden om tocht buiten te houden: een tijdelijke tempel voor de geest van het matronedom die toezag bij whistdrives en tuinfeesten in de wijde omgeving.

'*Breng me mijn boog van gloeiend goud. Breng me mijn pijlen van verlangen,*' zongen de dames, terwijl ze droomden van roestvrij stalen keukenmessen en elektrische mixers. Hun tweed mantelpakken roken naar vocht en kamfer, hun wangen trilden onder een laag poeder, hun lippenstift liep uit in de groefjes onder hun snor en hun blauwe ogen traanden door de walm van de kolenkachel. Ze zetten hun hoed (vilt, veren) nooit af, zelfs niet als ze hun jasje uittrokken om thee en sandwiches rond te delen. De meesten waren ouder dan mijn moeder, of leken ouder. Het waren welgestelde dames van een soort die wij alleen in de kerk zagen: boerinnen in goeden doen, vrouwen en weduwen van notabelen en hun ongetrouwde zusters, die van kaarten, roddel en bakwedstrijden hielden. Mijn moeder kon in geen van die categorieën iets bijdragen: ze ging niet met andere mensen om, ze kon volstrekt niet koken, eten trouwens ook niet, en leek er dus volkomen misplaatst. Maar dat was ze niet: ze had een vaste taak, een rol te spelen, want de vrouwenvereniging had een toneelclub die ieder jaar een stuk op de planken bracht, plus nog een aantal shows die bij de andere plaatselijke afdelingen werden vertoond, en zij speelde in allemaal de hoofdrol. Hierop waren háár pijlen van verlangen gericht. Dat ze zo weinig contacten had met het dorp en niets kon beginnen met beslag en marsepein werd goedgemaakt door haar acteertalent. Ze was ongrijpbaar, kameleontisch. Zelfs haar stem was ongewoon, ze had nog altijd haar Zuid-Welshe accent, dat met zijn zangerigheid – in combinatie met haar snelle voordracht – op zich al dramatisch klonk in vergelijking met het trage brommen dat je in Hanmer hoorde.

De forse matrones van de vrouwenvereniging waren allemaal dol op haar, maar ik kromp sidderend ineen van walging als ik haar verrichtingen bij het amateurtoneel zag. Elke keer dat ze het podium op kwam – en zelfs als ze thuis haar rol leerde – maakte ik me zo boos dat ik er misselijk van werd. Het moet deels plaatsvervangende schaamte zijn geweest als ik zag hoe haar gebruikelijke schuwheid en gebrek aan zelfvertrouwen (ik was zelf immers ook verschrikkelijk verlegen?) veranderden in deze openbare vertoning. Of eigenlijk is veranderen niet het goede woord, want wat amateurtoneel vooral zo akelig maakt is dat je altijd door de vermomming heen de werkelijke persoon eronder kunt zien. Mijn moeders toneelspel was in mijn ogen een walgelijke demonstratie van onoprechtheid; ze deed alsof ze vlot en zelfverzekerd was terwijl ze 'in werkelijkheid' een stuntel was. Of, erger nog: op het podium liet ze zien hoe ze altíjd komedie speelde, want haar stunteligheid in het dagelijks leven was ook een pose... Haar spel boezemde me angst en weerzin in, al zag ik wel dat ze verreweg de beste actrice van het gezelschap was en dat iedereen applaudisseerde. Heimelijk deed ze dit míj aan, ze zette míj te kijk met mijn verlegenheid doordat zij zo onfatsoenlijk was te koop te lopen met haar eigen gefrustreerde verlangen naar een romantischer leven.

En in de loop van de jaren werd het erger, want de toneelclub gaf langzamerhand toe dat het onmogelijk was mannen te krijgen om mannen te spelen en onbevredigend om de dames Large in travestierollen te laten optreden, en concentreerde zich op toneelstukjes, dialogen en monologen voor alleen vrouwen. Hoewel ze ergens begin jaren vijftig, misschien in de vaderlandslievende stemming van na de kroning, nog *This Happy Breed* van Noël Coward hadden opgevoerd, kon mijn moeder later schitteren in monologen à la Joyce Grenfell – virtuoze, tragikomische uitingen van exhibitionisme die allemaal over schaamte gíngen, schaamte in het kwadraat. Ik was razend. *Breng me mijn strijdwagen van vuur...*

Ik zong geluidloos in mezelf 'Jerusalem', haalde de woorden weg bij de vrouwenvereniging, veegde de schorre stemmen eraf, stopte de letters terug in het boek en zette het boek weer op zijn plaats in de bibliotheek in mijn hoofd. Een grote ergernis was ook dat woorden op het toneel veranderden in louter adem en spuug, en dat ze onder de mensen werden gebracht, terwijl ik er in eenzaamheid van wilde genieten. Als we Jeruzalem bouwden in de groene dreven van Engeland zou het, als het aan mij lag, een stad worden met afzonderlijke torens waarin je je kon terugtrekken om alleen, waarschijnlijk 's nachts, van gedachten te wisselen met denkbeeldige vrienden die uit de kaften te voorschijn zouden stappen. Personages spelen op het toneel was een brute aanslag op alle fictieve mensen ter wereld.

Heimelijk verachtte en veroordeelde ik het hele idee van theater (ik schaamde me voor mijn plankenkoorts, maar dat wilde niet zeggen dat toneelspelen belangrijk was). Ik kende honderden dichtregels uit mijn hoofd, die ik voor mijn geestesoog liet paraderen alsof ze in zekere zin van mij waren. Lezen was al een soort theater, 'levend' theater was daar een prozaïsche travestie van. Als ik alleen was las ik ook wel toneelstukken, niet alleen Shakespeare en Marlowe voor school, maar ook Shaw, Synge, Eugene O'Neill en zelfs Coward en Terence Rattigan, die ik uit de bibliotheek leende en die – de laatste twee – mij voorkwamen als het summum van spitsheid. Volgens mij waren ze volstrekt onspeelbaar. Hun wereldse personages waren *onzegbaar* chic, ze leden aan een soort onvervulbaar verlangen naar volmaaktheid.

Ennui was een woord dat me fascineerde, vooral omdat ik geen idee had hoe je het moest uitspreken. Het exotische ervan was niet Frans maar fantastisch, het hoorde bij de andere wereld waarin ik rondzwierf als ik zo gulzig, doelloos las. Want hoewel ik niet kieskeurig was, vermeed ik prozaïsche of realistische boeken, ik wilde geen *levensechte* personages ontmoeten, ik had liever personages die er overtuigend in slaagden onrealistisch te zijn. Al mijn favoriete boeken waren poëtisch, ook als ze niet in dichtvorm waren en de namen van de schrijvers – Rafael Sabatini, Rider Haggard – klonken alsof ze zelf fictieve romantische helden waren. Niet dat het me veel interesseerde wat door wie geschreven was.

Boeken hoorden niet bij een eigen tijd of plaats, hun inhoud vermengde zich over alle grenzen heen. Eigenlijk vormden ze allemaal samen één boek – en ik had inderdaad een boek dat alle andere kon vervangen, geërfd uit de pastorie en verbannen uit de algemene boekenkast in de doorzonkamer omdat het geen rug en geen kaft meer had. Dat was *Poëzie voor de jeugd*, een dikke bloemlezing die op scholen als prijs gegeven werd, verschenen in 1881 en vaak herdrukt; het bevatte een schat aan heldendichten en sentimentele verzen, grotendeels van de romantici en hun Victoriaanse navolgers, vooral Mrs. Hemans en Longfellow. In *Poëzie voor de jeugd* stonden duistere gravures van kastelen bij maanlicht, schipbreuken en vogels – de enige wilde dieren die etherisch genoeg waren om de boodschap van het boek uit te dragen, want hoewel het vol stond met verzen over wat er zoal voorviel in de natuur (stormen, waterstromen, eb en vloed) zweeg het in alle talen over dierlijke lusten, en zag het kans de liefde te verwarren met ten afscheid naar je geboorteland zwaaien. Het eigenlijke onderwerp was de dood: de dood van kleine kinderen, de dood in de verste uithoeken van het imperium, de dood op zee onderweg daarheen – en gewoon de dood zonder meer. De dood was de grote prijs van *Poëzie voor de jeugd*. Stervenden waren altijd verheven genoeg voor poëzie: de schoorsteenveger van Blake, de gladiator van Byron 'Afgeslacht om de Romeinen te vermaken', de jongen op het brandende dek, de jonge minstreel, Somebody's Darling, Ozymandias, Lenore van Poe, Lord Ullins dochter die verdween over het water, de verlaten meerman, het eenzame meisje uit de Hooglanden, Simon Lee de oude jager, de 'stomme, onbefaamde Milton' van Gray, en Lucy als een viooltje bij een bemoste steen, al tijdens haar leven, maar dat duurde niet lang. Deze wereld was 'het bivak van het leven', niet meer dan de 'voorsteden van de eeuwigheid', in de gedenkwaardige woorden van Longfellow. De laatste woorden in *Poëzie voor de jeugd* waren van Shelley: 'O Wereld, leven, tijd, Wier laatste treden ik beklim...' Zaligheid. Ennui.

Ik dwaal af, weg van mijn moeders wereld – maar daar ging het bij boeken ook juist om: je kon erin wegvluchten. Niemand kwam me achterna om onderzoek te doen naar mijn leesgewoontes, want hoewel mijn moeder de boeken uit de pastorie zorgvuldig bewaarde en ze zelfs weleens afstofte, sloeg ze er nooit een open, letterlijk nooit. Ze las alleen toneelteksten van French's, de *Woman's Own* en de verslagen in de *Whitchurch Herald* over amateurtoneelvoorstellingen in de regio. Boeken had ze resoluut afgezworen toen ze door grootvader werd verraden – het leek wel alsof hij in de boeken verscholen zat, met al zijn promiscuïteit, dubbelhartigheid en gebrek aan zelfdiscipline. Dat werd natuurlijk niet met zoveel woorden gezegd. In theorie vond mijn moeder lezen loffelijk, maar aan de kleine huivering en de opgetrokken neus waarmee ze zei dat ze er niet van hield kon je zien dat ze zich er niet mee wilde bezoedelen. En ik wist dat ze gelijk had, het spookte in die boeken. De boekenkasten zaten niet alleen helemaal vol met pastorie-houtworm, een gevaar voor het nieuwe bank-stel; ze waren ook een kerkhof, je kon je begraven in een boek en wegglijden in asociaal, plichtvergeten ennui. Groot-moeder mocht dan in levenden lijve bij ons wonen, cake wegwerkend met haar mummelmondje en piepend ade-mend, maar grootvader was er ook nog. Hij kwam als een geest uit een fles te voorschijn zodra ik me onderhield met de dandy's en desperado's uit de restanten van zijn boe-kenbezit. Stond mijn moeder er niet handenwringend bij, en zei ze niet dat hij mij verwend had?

Ik was er zo zeker van dat ik het alleenrecht op overtre-dingen had dat ik gewoonweg niet zag dat zíj als ze op het podium stond ook helemaal zijn kind was. Maar ongetwij-feld zagen de gezette dames hem in haar. De vrouwenver-eniging leek zo degelijk, damesachtig en fatsoenlijk dat het nooit bij me opkwam het verband te leggen – ook al had ik het voorbeeld van zuster Burgess iedere dag voor ogen –, maar in feite had meer dan één van die ongetrouwde vrou-wen in hun tweed mantelpakken een affaire met grootva-der gehad. Ze zagen in het acteertalent van mijn moeder on-getwijfeld een glimp van zijn bittere, om aandacht vragende welsprekendheid. Net toen ik dacht dat ik zijn geest solip-sistisch had weggewerkt, was hij er weer, niets veranderd, nog altijd rondvlinderend in de herinneringen van anderen. Ik identificeerde hem met de boeken met de doorgestreep-te titels, daar had ik hem (dacht ik) voor mezelf.

De enige die wist wat er in die boeken stond was de broer van mijn moeder, oom Bill, en hij deed er smalend over. Hij zei dat fictie tijdverspilling was, opium voor de bourgeoi-sie, dat je greep moest zien te krijgen op het werkelijke le-ven. Hij had zijn eigen boeken, en zelfs een eigen plank in de boekenkast, omdat hij voortdurend van de ene gehuur-de kamer naar de andere verhuisde en zo weinig mogelijk mee wilde slepen. Daar had hij een rij boeken over de evolutie en dikke zelfstudieboekwerken met rechttoe rechtaan titels als *Wiskunde voor iedereen* en *Wetenschap voor de burger*. Maar hij had ook een flink aantal exemplaren toegevoegd aan grootvaders verzameling irrealiteiten, zoals *Gejaagd door de wind, Amber, King's Row, De weerwolf van Parijs*. Die las ik ook, verrukt dat ik er zoveel uit te weten kwam over verboden liefde, burgeroorlogen, de geschiedenis van het korset, incest en necrofilie. De door oom Bill afgekeurde verzameling escapistische klassieken zag er anders uit en voelde anders aan dan de boeken uit de pastorie. Dat kwam niet alleen doordat je kon lezen wat er op de rug stond, maar ook doordat hij ze in Canada had gekocht, waarheen hij aan het eind van de oorlog overgeplaatst was, en alleen al door hun banden en hun kwistige gebruik van papier ademden ze Noord-Amerikaanse lichtzinnigheid, op een moment dat Engelse boeken klein en zuinigjes gedrukt werden. Dat verschil is voorgoed in mijn geheugen gegrift in de nacht dat ik *Gejaagd door de wind* uitlas, in bed, in een huis vol slapende mensen: terwijl ik dichter bij het eind kwam, steeds sneller lezend, voelde ik met mijn rechterduim de geruststellende dikte van de bladzijden die ik nog om moest slaan en wíst dat het goed moest aflopen. En toen – niets! Alleen maar een bedrieglijk stel blanco pagina's, overgelaten door onverschillige binders. Ik moest verschrikkelijk huilen. Daarna heb ik nog jarenlang als ik aan een boek begon werktuiglijk gecontroleerd hoe de laatste bladzijden eruitzagen. Dankzij oom Bill heb ik kennisgemaakt met de materiële kant van de cultuur, al was hij zich dat niet bewust.

Bills fanatieke geloof in harde feiten was niet helemaal consequent. Op zijn plank met handboeken stond een verzameling fake-antropologie; een daarvan was *Vreemde gebruiken rond het huwelijk*, dat ik aandachtig bestudeerde. Er stonden opwindende en vage beschrijvingen in van tradities als *bundling*, wat niets exotischers scheen in te houden dan seks voor het huwelijk tussen aanstaande echtgenoten in het koude noorden. Waarschijnlijk kropen ze dicht tegen elkaar aan om warm te worden. In die tijd (toen in films zelfs getrouwde stellen niet samen in een tweepersoonsbed te zien mochten zijn) was dit natuurlijk hoogst gewaagd. Ik wist dat deze *Vreemde gebruiken* verboden prikkelingen moesten verschaffen, maar ik kon niet op de juiste golflengte komen, ik las het boek keer op keer uit pure verbijstering en teleurstelling.

Op oom Bill reageerde ik ongeveer net zo: hij bleek lang niet zo'n verwante geest te zijn als hij leek, ondanks zijn ruzies met mijn vader over Zaken. Hij was ook een realist, op zijn eigen manier – hij gruwde tenminste van alles wat ideëel was en had er verdacht veel plezier in de waarheid te ontbloten. Honger was werkelijk, seks was werkelijk, en geld was nog werkelijker omdat het je in staat stelde die beide andere behoeften te bevredigen. Als hij zijn demystificerende betogen afstak, stond Bill op zijn hakken te wiebelen, met zijn handen in zijn zakken en een ongeduldige grijns op zijn gezicht, en rammelde met zijn geld. Hij was klein en mager, en zag er zelf altijd nogal hongerig uit, hoewel hij liever rookte dan at. Hij was zeker verstoken van seks, hij beweerde altijd stoer, met een bitter lachje, dat trouwen onzin was, dat het neerkwam op kopen en verkopen: vrouwen als particulier bezit. Zonder geld moest je je redden met wat je kon krijgen en niet te kieskeurig zijn. Hij scheen het niet erg te vinden dat ik zijn avances had afgewezen (de Brigitte Bardot van Hanmer), hij bewees me een dienst door me kennis te laten maken met de rauwe feiten, daar zou ik later nog wel achter komen. Aan onze leerzame wandelingen kwam niet helemaal een eind, niet meteen, maar ik bewaarde een wantrouwige afstand; ik had het gevoel dat ik uitgelachen werd, hij nam me niet serieus als medelezer.

Bill hoorde wel en niet bij de familie: hij was een buitenstaander, een zelfverklaard zwart schaap, waarbij ik me toen ik klein was altijd een van die schapen voorstelde die over de mijnsteenhopen in de Rhondda zwierven, met roet besmeurd en in vuilnisbakken snuffelend, en in zekere zin zat ik er niet zo ver naast. Hij was een echt stadsmens en had niets dan minachting voor Hanmer. Na de oorlog was hij naar Wolverhampton verhuisd, waar hij als een soort losvaste klusjesman voor iemand die hij bij de luchtmacht had ontmoet herstel- en schilderwerk in fabrieksgebouwen deed; in tegenstelling tot wat hij me had wijsgemaakt was hij geen arbeider op de werkvloer. Hij ging ook naar de avondschool omdat hij, net als mijn moeder, als tiener van school was gegaan toen grootvader en grootmoeder te druk bezig waren elkaar af te maken om het te merken. Hij had vaag het idee voor architect te gaan studeren, hoewel hij de lessen voornamelijk bijwoonde, zei hij, om vrouwen te versieren en geld voor de gasmeter uit te sparen. Hij was trouwens toch te rusteloos om iets af te maken en hij was er trots op dat hij zo ontworteld en berooid was. Als de revolutie kwam zouden de nette burgers er wel achter komen hoe de zaken lagen.

Intussen was hij afhankelijk van tijdelijk werk en van wat grootmoeder hem toestopte. Billy (zoals ze hem altijd noemde, hij was nog steeds haar kleine jongen) viel volledig buiten haar overigens universele haat voor de mannelijke soort, hij kon bij haar geen kwaad doen. Ze spaarde haar pensioen op en beknibbelde op haar bijdragen aan het huishoudgeld om hem uit de brand te helpen als hij platzak was, wat vaak het geval was. Misschien was dat de reden waarom hij zich nog liet zien – hoewel hij verslaafd was aan zwerven en schooieren. Hij had altijd een paar broekklemmen in zijn zak voor het geval iemand hem een fiets zou willen lenen.

Als hij op bezoek was kon je er zeker van zijn dat de sfeer

om te snijden was. Mijn vaders houding van welbewuste deugdzaamheid viel dan meer dan ooit op, want hoewel hij met Bill 'ruziede' over politiek, was dat niet meer dan een symbolische schermutseling; hij ging nooit zover dat hij iets over het geld zei, om de gevoelens van mijn moeder te ontzien. Wat mij betreft werd Bill geleidelijk aan minder belangrijk. In plaats van een feitenfanaat van me te maken, versterkte hij mijn overtuiging nog dat denkbeeldige wezens *echter* waren. Mijn revolutiescenario's werden gespeeld door donquichotachtige figuren in historisch kostuum, waarnaast hij slonzig, ongeloofwaardig en eendimensionaal was. Ik was nog steeds alleen in mijn hoofd. Meer dan vroeger, in zekere zin. Rond die tijd, net op dat ogenblik van beginnende puberteit, tussen kind-zijn en geoorloofd tienerchagrijn, merkte ik dat je je soms prettiger kon afzonderen in gezelschap van je familie dan alleen.

De zaterdagmiddagen met mijn ouders in de bioscoop kregen een nieuwe betekenis. Het was een verademing dat het spel op het witte doek niet dat vervreemdende persoonlijke aspect had van het toneelspel in de parochiezaal. Bij de filmsterren had je het prettige gevoel dat ze zoals ze waren in de hemel der onsterfelijken waren opgenomen. Het kan zijn dat Kirk Douglas en Jean Simmons door hun rollen in bijvoorbeeld *Spartacus* heen schemerden, maar zijzelf – 'Kirk Douglas', 'Jean Simmons' – waren meer dan levensgroot en heel onwerkelijk, wat een veilig idee was; niet de slappe verzinsels die ze speelden, maar zijzelf waren de helden en heldinnen van de Grote Hollywood-film. Ze waren altijd zichzelf, haar ogen waren altijd gevoelvol, haar lippen trillend, haar glimlach lief en spontaan, haar enkels dik; zijn kiezen altijd opeengeklemd, het kuiltje in zijn kin even onwaarschijnlijk als dat van Popeye. De sterren konden zonder enig probleem in contact komen met de mensen uit mijn favoriete boeken. Als ik met de hele familie naar een film keek, was ik in hogere sferen, en verdwenen mijn vader en moeder en de ongeïnteresseerde Clive in het muffe donker totdat ze alleen nog maar het geritsel van snoeppapiertjes waren.

Als we uit de bioscoop kwamen treuzelde ik om het moment uit te stellen dat ik weer buiten in het grauwe licht zou komen en om me te onderhouden met de ingelijste portretten van filmsterren in de foyer. Ik keek tersluiks naar mezelf in de spiegels, op zoek naar een reflectie van hun dromerige, geschminkte perfectie in mijn eigen gezicht, en vond even iets van glamour in mijn ogen met de door slapeloosheid zware oogleden. Elke Odeon, Gaumont of Majestic had in die tijd een hele reeks foyers en gangen met rondingen en dik tapijt, die fungeerden als luchtsluis of artiestenfoyer, antichambres voor de fantasie. Als we langs de rij voor de tweede voorstelling naar buiten liepen, hield ik me afzijdig van mijn familie en stelde me voor dat de blikken van vreemden op mijn gezicht rustten. Misschien zouden ze begrijpen dat ik helemaal niet bij die mensen hoorde, dat ik me heimelijk in veel voornamer gezelschap bewoog.

Maar op weg van Wrexham of Shrewsbury naar huis had ik geregeld last van wagenziekte, hoofdpijn en katterigheid door de combinatie van de opwinding in de benauwde bioscoop en de vis met friet na afloop. Soms stopten we zodat ik kon overgeven op een parkeerplaats, maar meestal slikte ik de opkomende gal in, viel versuft in een halfslaap en speelde de film nog eens af op de binnenkant van mijn oogleden, met het geronk van de motor als soundtrack. Het viel niet mee om de illusie in stand te houden. Onze auto's maakten veel lawaai, door het hobbelen over de kuilen in boerenerven hingen de uitlaten en knalpotten op halfzeven, de motors sputterden en rammelden. Op de prioriteitenlijst van de Zaak kwamen auto's na vrachtwagens, en mijn vader hield ze met kunst- en vliegwerk aan de praat. Vaak moest er onderweg iets aan de auto gerepareerd worden en hij had een oude, vettige overall in de kofferbak liggen voor de veel voorkomende noodgevallen. Als de motor helemaal niet wilde starten, klommen we in onze beste kleren in de cabine van een vrachtwagen, Clive en ik op de versnellingsbak, ingeklemd tussen mijn vader en mijn moeder. Zo brachten onze uitstapjes ons bij elkaar. Zelfs in de auto voelden we ons een familiebedrijf, een menselijke besloten vennootschap (behalve als grootmoeder meeging, wat ze weleens deed, al zou ze zich er nooit toe verlagen in een vrachtwagen te stappen, ook al zou er plaats genoeg geweest zijn). De auto was een van ons, die droeg ertoe bij dat we een eenheid werden, het typische jaren-vijftiggezin: twee ouders en twee komma zoveel kinderen, rijdend over de levensweg, sociaal mobiel, hun eigen particuliere onderneming.

Clive en ik, op de achterbank of in de vrachtwagen tussen onze ouders geperst, leerden wat onze plaats was. Wij waren de passagiers, zij hadden de verantwoordelijkheid. Alleen was het allemaal nogal krakkemikkig. Toen we een keer op een winterse zaterdag in het donker terugkwamen uit Wrexham zei mijn moeder, die voorin zat – fantasierijk en afwezig, haar vaste rol, – op dromerige toon dat de koplampen toch zulke mooie figuren maakten, die flakkerden op de haag als we voorbijreden. Mijn vader was al begonnen vertederd te reageren (net iets voor haar, zo onpraktisch, maar goed dat ze niet reed) toen hij zich plotseling realiseerde dat er iets niet klopte en hard op de rem trapte. De motor stond in brand. We stapten allemaal uit en stonden rillend langs de kant van de weg terwijl hij de motorkap opendeed en direct haastig weer dichtklapte toen de vlammen naar buiten sloegen. Hij spurtte naar een garage een eind verderop aan de weg, terwijl wij in de lichtkring van het vuur naar de brandende auto stonden te kijken. Pas toen een passerende automobilist stopte en beduidde dat we daar weg moesten beseften we hoe gevaarlijk het was. Hij kon wel ontploffen: deze keer was de panne ernstiger dan gewoonlijk. Maar toen kwam mijn vader met de sleepwagen van de garage en een brandblusser, en ten slotte werden wij teruggebracht naar Hanmer en bleef onze Standard Vanguard bedekt met schuim achter op het terrein voor de garage.

Daarna gingen we een tijdlang met de vrachtwagen uit, totdat mijn vader een nieuwe tweedehands auto aanschafte om af te rijden. De auto-die-in-brand-vloog werd een familieverhaal waarin om onduidelijke redenen de wonderlijke opmerking van mijn moeder de grap vormde, en niet mijn vaders nonchalance als monteur en zeker niet het feit dat we bijna levend geroosterd waren. Ons gezinsleven was dan misschien een fragiele constructie, en mijn ouders hebben het misschien gaandeweg bedacht, maar ze konden goed improviseren – tenminste voor zover uit hun verhaal blijkt.

Ze vormden altijd één front en deden alsof alles degelijk, normaal en vanzelfsprekend was. Dit is het gezin van die tijd: geslaagd en ondernemend. Pas als je beter kijkt zie je dat deze huisvrouw pathologisch bang is voor eten, thuis doodongelukkig is, eigenlijk meer een kind is dat droomt van mooie dingen en pretjes; en dat deze zakenman nooit kapitaal zal vergaren, dat hij nog altijd een jong soldaatje is, dat zich steeds maar weer buiten de loopgraaf waagt. Hun obsessies waren elkaar tegengekomen, verliefd geworden en getrouwd; ze vulden elkaar aan en hielden elkaar in stand. Op de foto's van hun sobere bruiloft in oorlogstijd heeft hij net zijn snor laten staan om er oud genoeg uit te zien om bevelen te geven, en zij glimlacht als een filmster. Hun onzekerheid en hun optimisme zijn ontwapenend, als je hen als paar ziet. Maar dat deed ik niet, in die tijd. Ze gaven je *niet de ruimte*. Het gezinsleven was de doorzonkamer, de gezinsauto. Die leek wel een nieuwbouwhuis op wielen in een nachtmerrie.

Toch logenstrafte grootmoeder het idee dat huwelijken in de hemel worden gesloten; Bill ook, met zijn *Vreemde gebruiken*; en mijn moeders vriendin van voor de oorlog, de gescheiden Ivy, verergerde haar misstap nog doordat ze weer met een man omging en wilde hertrouwen. Ivy heeft meer dan wie ook bijgedragen aan mijn bevrijding van de claustrofobie waaraan ik thuis leed, waar ze haar eigen redenen voor had, want ze moest haar dochter Gail ergens onder kunnen brengen omdat die haar anders voor de voeten liep. Zo kwam het dat Gail, mijn oude tegenstandster op de dorpsschool van Hanmer, af en toe meeging op onze zaterdagse uitstapjes (wat met mijn moeder geregeld was).

Gail werd toegelaten in onze familiekring waar verder iedereen buiten werd gehouden, omdat ze zich niet kon veroorloven over ons te kletsen en haar moeder zich niet kon veroorloven kritiek te hebben op mijn moeders manier van huishouden. Ik herinner me dat ik met een soort verbazing naar haar keek toen we op een vochtige middag in de bergen bij Llangollen ieder op een steen zaten en onze kleffe boterhammen met banaan deelden, terwijl mijn ouders en Clive verscholen achter de beslagen ramen in de auto zaten. Het leek zo onwaarschijnlijk dat ze er werkelijk zat, alsof ze achter een spiegel vandaan was gekomen. Haar haar was lichtbruin, het mijne blond, haar ogen groen, de mijne blauw, haar huid licht olijfkleurig en vochtig, de mijne lichtroze en droog, maar inwendig was ze woedend, en dat herkenden we in elkaar. Zoekend praatten we door totdat we op gemeenschappelijk terrein kwamen. Zij hield van dieren, ik van boeken, maar de meeste van haar dieren waren hersenschimmen: de pony die haar moeder niet kon betalen, de hond die ze niet mocht hebben omdat de boeren alle honden die alleen als gezelschap gehouden werden uit principe doodschoten, de leguaan die ze ook niet mocht hebben omdat je die alleen in het reptielenhuis in de dierentuin zag.

Leren zwemmen was het eerste belangrijke dat we samen deden. Gail was goed in gymnastiek en atletiek, maar net als ik had ze een hekel aan zwemmen gekregen door de keren dat we met school naar het zwembad in Whitchurch waren geweest – klein, vol stoom, stinkend naar chloor, met gebarsten tegels en een oorverdovende galm, en de gymnastiekjuffrouw die tot drie telde en je er dan in duwde. Nu, in de zomervakantie, gingen zij en ik naar het meer, net als de andere kinderen uit Hanmer (die bijna geen woord meer tegen ons zeiden sinds we voor het toelatingsexamen geslaagd waren), verkleedden ons op de oever tussen de ganzen- en eendenpoep, en stoeiden in het warme water dat naar regen rook totdat we merkten dat we konden drijven en daarna zwemmen – al was het op een manier waar de gymnastiekjuffrouw ontzet over was toen we weer naar school gingen. Als ik nu bij mezelf 'op zijn hondjes' zeg, zie ik nog Gails hoofd met haar rubber badmuts boven het troebele water uitsteken, haar ogen hard als kiezelstenen van verbetenheid, haar wimpers aan elkaar geplakt door het vocht, terwijl ze als een razende pagaaide en nauwelijks vooruitkwam. Ik hield haar bij en deed hetzelfde, allebei leerden we op zijn hondjes vooruit te komen en al gauw konden we gemakkelijk hele einden zwemmen, zelfs in het afgrijselijke zwembad.

Als opstandige dochters vonden we elkaar, en toen we elkaar eenmaal gevonden hadden konden we onze ouders aan hun lot overlaten. Kort voordat ze dertien werd was Gail bruidsmeisje bij haar moeders huwelijk voor de burgerlijke stand en dat zagen wij allebei als een overgangsrite. Zij en ik vormden nu met ons tweeën een soort miniatuurgeneratie, we popelden van ongeduld om bij de tieners te horen. Zonder haar zou ik me nooit met zoveel overtuiging op die rol geworpen hebben. Zij maakte een eind aan de nadelen van de eenzaamheid, niet aan de in eenzaamheid beleefde intense momenten – en dat lijkt me ook een manier om te beschrijven hoe vriendschap werkt.

Zwemmen was fantastisch na mijn mislukte pogingen om te leren fietsen en touwklimmen. En ik kon het ook alleen doen, als onderdeel van mijn intieme contacten met de modderige natuur van Hanmer. Ik loog tegen mijn ouders, zei dat ik een afspraak met Gail had en ging er door de weilanden vandoor om helemaal alleen te zwemmen. Het is een keer gebeurd dat de gerimpelde, bruine mevrouw Jones, die in een van de oudste huisjes bij het meer woonde, waar de vloer van aarde was en zij vaak met een zwaan op schoot voor de gezelligheid bij het vuur zat, naar buiten kwam en haar vuist naar me schudde, en dreigend riep dat ik nog zou verdrinken. Ik watertrappelde en zwaaide terug. Poëzie voor de jeugd.

DEEL DRIE

XIII

All Shook Up

Als ik bij Gail thuis kwam, stond haar moeder altijd met een sjaaltje om haar haren en een sigaret in haar mondhoek op een trapleer vakkundig met de ene plakkerige strook behang na de andere te manoeuvreren om de neoklassieke krullen of de bamboebosjes op elkaar te laten aansluiten. Nu ze weer getrouwd was had Ivy ook een nieuwbouwwoning, in Horseman's Green. Hier stortte ze zich vol rusteloos idealisme op haar huisvrouwelijke taken. Ze knapte het hele huis op, elke kamer kreeg structuurbehang met een eigen pastelkleurig motief, en ze had er zoveel plezier in dat ze zodra ze klaar was een hoekje lospeuterde, al het behang weer van de muren trok en van voren af aan begon. Gails nieuwe huis was altijd bijna af, maar nooit af, en dat vond ze best, want ze was veel te lang alleen met haar moeder geweest om zich zomaar in haar nieuwe gezinssituatie te schikken.

Haar stiefvader deed alsof ze niet bestond. Hij heette meneer Ward en was een rustige man die in de fabriek werkte en erg op zichzelf was. Zijn hartstocht lag bij de grasparkieten die hij in de achtertuin fokte. Gail schrapte pietjes van de lijst van levende wezens waar ze van hield – al mocht ze de glanzend zwarte beo wel die bij de achterdeur woonde en met zijn perfecte imitatie de rokershoest van Ivy en het kinderlijk geslis van haar nieuwe zusje Denise belachelijk maakte. 'Mammie if ftom,' lispelde de beo als je te dicht bij zijn kooi kwam. Gail was het met hem eens. Ze was zo'n kindsterretje dat het moeilijk vindt volwassen te worden. Ze had als klein meisje altijd op succes kunnen rekenen, met haar pijpenkrullen en haar lieve jurkjes en natuurlijke charmes; nu begon ze met verdubbelde inzet een onhandige puber te worden – ze zou het nooit pikken dat ze niet meer nummer één was.

We waren voor elkaar bestemd: toch nog hartsvriendinnen. Samen waren we typische tieners. Als we 's avonds van elkaar weggerukt waren, stemden we onze zielen via Radio Luxemburg op elkaar af en luisterden met ingehouden adem naar de toptwintig, tot en met nummer 1, voor het geval ons idool was ingehaald door een of andere huilebalk van voor de revolutie. We spreidden het risico. Uit foto's en knipsels stelden we een held samen – een narcistisch monster dat aan al onze oningeloste dromen moest beantwoorden. Hij had volop ennui voor mij en zinnelijke hartstocht voor Gail, hij was zacht en toch ook hard, had een bleke fluwelen huid, volle gitzwarte lokken, en lege, hongerige, roofzuchtige ogen met hertenwimpers. Hij zakte door zijn knieën van de lust als je zijn snaren liet tokkelen en hij greep de microfoon of zijn gitaar (was het wel zijn gitaar?) vast alsof zijn leven ervan afhing en kweelde: *'Jus' take a walk down lonely street, jus' put a chain aroun' my neck an' lead me anywhere, don' be cruel...'* Hij was grotendeels Elvis, maar tenslotte was Elvis niemand en van iedereen. Zijn weke mond, zijn wellustige dikke tong en die flitsende grijns waren al geclaimd voordat de *Zeitgeist* hem volpropte met tuttifrutti en hij de koning van de kitsch werd.

Elvis en zijn soortgenoten deden maar wat, ze werden niet gedreven door ambitie maar door hormonen. Ze lieten een schouder hangen, schokten, en kreunden over *fevers* en *chills*, en komieken maakten grapjes over apen, waarmee ze stilzwijgend naar de verkeerde huidskleur verwezen. Elvis kwam uit een achterbuurt en dat gold al helemaal voor

Jerry Lee Lewis, met zijn extatische zuidelijke baptisten-praat over het einde der tijden (*Great Balls of Fire!*) – het waren arme blanken, blank uitschot, het soort dat de grens tussen blank en zwart vervaagde. Wíj zagen jongens uit de provincie die met hun hele hebben en houden *carpe diem* leken uit te schreeuwen. *We willen het nu.* Ze kwamen van-uit de verste uithoeken met modder op hun ziel, ze waren de helden van het buitenleven. Toen Elvis zich op het wit-te doek in *Love Me Tender* belachelijk maakte en bij de af-titeling achter een paardenploeg strompelde – en wij om-vielen van het lachen, want wie kon dat weerstaan? – zagen we in die sentimentele leugen ondanks alles de waarheid. Er was een still vrijgegeven die we koesterden, geschoten tijdens de opnames van die eerste afschuwelijke film: Elvis in spijkerbroek, hangend op een canvas stoel tussen een woud van kabels, op het eerste gezicht eerder een van de crewleden dan de ster. Hij had een colaflesje aan zijn lippen, zijn haar stond in pieken overeind van het vet en het zweet, en zijn andere (rechter)hand met de zegelring hing losjes over de armleuning, de lange vingers ontspannen gespreid.

Ik beschrijf die foto alsof ik hem voor me had liggen, al is het veertig jaar geleden dat Gail en ik hem met onze nieu-we lange nagels aan flarden klauwden. Dit was de Elvis van wie we hielden, de gemankeerde putjesschepper, en we haal-den onze neus op voor zijn keurige, gezonde rivalen – voor-al voor Pat Boone, met zijn gebronsde geboende gezicht, een scheiding in zijn blonde haar en die stem die mijn moeder fris en licht noemde. Toen Ivy en de stiefvader op een ge-denkwaardige dag een uitstapje met ons maakten naar Southport, hadden Gail en ik er al onze tijd en al ons zak-geld voor over om van de ene jukebox naar de andere te ren-nen en te zorgen dat Pat Boones brave hit 'Love Letters in the Sand' in het hele winderige stadje werd overstemd door 'All Shook Up'. De een was niets dan zoetsappigheid en lichtheid, de ander kwam nauwelijks uit zijn woorden en stond vunzig te stoten en te draaien. *'Please don" ask me what's on my min', I'm a little mixed up but I'm feelin' fine...'* Alle Elvissen kreunden en jengelden tegelijk en de golven rolden het strand op en spoelden Pat Boone weg. En wij klampten ons aan elkaar vast in een wachthokje op de boulevard dat naar sinaasappelschillen en pis stonk, en gilden uitgelaten mee, als de bacchanten die Orpheus verscheurden.

In Southport kwam het water tijdens de vloed maar een paar keer per jaar echt hoog, maar in onze euforie zagen we het in alle kleuren van de regenboog verstuiven. We bedoelden: *niets is voor eeuwig.* Rockidolen gaven alles, maakten lawaai op niks af, het waren trekpoppen die de wereld wilden hebben, maar vooral gewild wilden zijn, zodat al hun uitzinnige, rusteloze energie wegsijpelde en ze van jou waren. Hun bestaan was breekbaar als een 78-toerenplaat, tweedimensionaal als een foto, wij moesten zorgen dat ze werkelijk bestonden. We wilden ze opvreten, wat waren we gulzig, als we ze in hun geheel verzwolgen zou hun kracht op ons overgaan, zouden ze van ons zijn, zouden ze ons zijn. Toen Jerry Lee voor een tournee in Engeland landde, met zijn veertienjarige vrouw die ook zijn nichtje was, was de zonde waar de *lost boys* over zongen voor iedereen zichtbaar. *Shake, baby, shake.* Seks voor kinderen. 'Wegwezen,' siste mevrouw Lee door het kiertje van de deur van hun suite in het Ritz of het Savoy naar de journalist van *News of the World.* 'Wegwezen, Jerry en ik liggen in bed.' In plaats daarvan werden ze zelf weggestuurd, het land uit gezet vanwege hun hillbilly gebruiken rond het huwelijk. Hun schaamteloosheid en achterlijkheid brachten heel wat woede, verontwaardiging en morele paniek teweeg. Ze wisten niet beter. Wij stelden ons voor hoe ze in haar babydoll op het vijfsterrenbed stond te hupsen. *'I just wanna be yo' teddy bear,'* zong Elvis.

De seks in de liedjes was een tweede kans om jong te zijn. In Hanmer en Whitchurch kreeg je, in theorie, niet de tijd om tiener te zijn: je moest op je vijftiende een baan zoeken, of als je nog op school zat je blik al op de toekomst richten. Op de jongensschool zaten een paar intellectuele branieschoppers die over jazz en het existentialisme boomden, maar die oefenden alvast voor als ze naar de universiteit gingen. Rock was je spiegelen aan het uitschot – een gevaarlijk spel in de rimboe, hoewel het van meet af aan allemaal netjes verpakt was.

In een van de eerste rockfilms, *The Girl Can't Help It*, komt een scène voor waarin Fats Domino vanachter de piano over zijn schouder kijkt en een volledig blank, wiegend en swingend publiek – sommigen met vlinderstrikje of hooggesloten rond kraagje en hooguit dertien jaar oud – toezingt over de pleziertjes van de vrije zaterdagavond. De stralende Fats weegt zelf al ruim honderd kilo, heeft een grote kop en is ook nog piepjong, maar door de wol geverfd want in zijn wereld verloopt de tijd anders. In *The Girl Can't Help It* treden zwarte artiesten nooit tegelijk met blanke op en zie je nooit in één shot zowel zwarte als blanke acteurs, behalve in de scène waarin Jayne Mansfields zwarte dienstmeisje het niet kan laten een kuitenflikker te maken en op de maat van de muziek met haar ogen te rollen als de blanke-maar-verlopen Eddie Cochrane op de televisie komt. Dat geeft de nieuwe tienermuziek het stempel van authenticiteit, maar tegelijk blijft het altijd fatsoenlijk: we wéten dat we naar het uitschot koekeloeren, dat het maar een spelletje is. Als je naar die film keek, was het alsof je op de kermis tussen de lachspiegels liep. Daar waren de jongens schattig en hilarisch, veilig in hun kinderbox. Het huwelijk van Jerry Lee en mevrouw Lee, Myra, was een gemengd huwelijk tussen feit en fictie.

Er was één groot raadsel: als je een tiener was, was je dan

sneller of juist langzamer volwassen aan het worden? Waren Gail en ik gek van opwinding of verveelden we ons dood? Of alle twee tegelijk? We knetterden van de emotionele statische lading. Als we op de bus wachtten, of in Whitchurch op straat rondhingen, hielden we elkaars hand vast om onszelf te aarden – niet teder of met gevoel, maar stevig knijpend alsof we elk moment konden omvallen of opstijgen en alleen onze verstrengelde vingers ons op de grond hielden. We keken neer op de zeden van Hanmer en barstten in honend gelach uit als vaderlijke types bij ons in het dorp vroegen of we al aan verkering dachten. *Verkering!* Dat nam niet weg dat we met argusogen keken of de Jonge Boeren (*jong!* sommige liepen al tegen de dertig en wachtten tot hun blozende vaders zouden doodgaan of met werken op zouden houden) misschien tekenen vertoonden – iets te lange bakkebaarden, een duistere blik – die verraadden dat ze het *wisten*. Maar wat moesten ze weten? Iets wat wij al wisten, iets wat wij nog niet wisten? De wereld was vol uitdagende mogelijkheden. Zelfs de saaie jongens die op 'avondjes' in de pastorie pingpongden en lauwe priklimonade dronken konden er, als je ze in het halfdonker schuin van opzij zag, onguur uitzien. We zaten uren te kletsen – met elkaar, niet met hen –, te speculeren en de symptomen van onderdrukt verlangen te duiden.

Het waren ondankbare en schandalige pogingen, vooral op de avondjes in de pastorie, want daar heerste nu een rustig en gemoedelijk regime. Meneer Hopkins, de opvolger van mijn grootvader, was in alles een gematigd man – gematigd snobistisch, gematigd vermogend (zijn kinderen zaten op kostschool) –, niet geneigd tot theatrale preken of wat voor uitspattingen dan ook. De pastorie had geen donkere hoekjes meer, want er was grondig de bezem door gehaald. Mevrouw Hopkins gaf luid en duidelijk te kennen dat het huis een ongehoorde zwijnenstal was toen zij erin trokken en iedereen begreep dat ze daarmee ook op morele onzindelijkheid doelde. Nu was het er licht en mocht het hele dorp komen kijken, en meneer Hopkins hield zijn onschuldige pingpongpartijtjes op zolder en zijn catechese in de zijkamer die vroeger met stoffige zwarte ramen op het pleintje uitkeek.

Mettertijd bleek de catechese meer gelegenheid tot zonde te bieden dan het tafeltennissen. Na een paar lessen fluisterde de oude huisgeest van de pastorie, die zo smadelijk de deur was gewezen, me in dat ik positie moest kiezen. Toen de anderen vertrokken bleef ik achter en verklaarde dat ik niet het vormsel toegediend kon krijgen, omdat ik niet in God geloofde. Het was waar: een combinatie van *Poëzie voor de jeugd*, Shaw, Hardy en mijn grootvaders afvalligheid had ervoor gezorgd dat ik op mijn dertiende in de Universele Sterfelijkheid en de Meedogenloze Natuur geloofde. Maar meneer Hopkins was niet geïnteresseerd in mijn theorieën. Mijn geloofsverzaking leek hem te vermoeien en in verlegenheid te brengen, en volgens hem moest ik hoe dan ook meedoen, want anders zou ik maar uit de pas lopen en mijn ouders verdriet doen. Zijn oppervlakkigheid en nuchterheid maakten me woedend, maar ik was er ook erg blij mee. Ik volgde zijn raad op en wist van mijn moeder voor de grote dag een paar witte schoenen los te krijgen, *met hoge hakken*. Ik moest er echte kousen bij aan, wat betekende dat ik een jarretelgordel moest dragen, wat weer betekende dat het vormsel toegediend krijgen in feite een overgangsrite was. De ceremonie zelf liet me koud – het was de eerste en de laatste keer dat ik te communie ging. Gail, altijd belust op sensatie, beweerde bij hoog en bij laag dat er een rilling over haar rug liep toen de bisschop zijn handen op haar hoofd legde, maar zij is ook geen trouwe kerkgangster geworden.

De magie van de Kerk maakte geen indruk meer op ons.

Ons eigen lichaam was mysterieuzer dan de hosties, en het zonderlinge idee van de Mothers Union dat het magische ritueel van de huwelijksvoltrekking het bruidspaar tot in elke vezel rijp maakte om kinderen te verwekken, was in Hanmer, waar zoveel bruiden met een dikke buik voor het altaar stonden, nooit erg geloofwaardig geweest. De taak van de Kerk kwam eerder neer op een soort duiveluitbanning, waarbij de incubus toch nog echtgenoot en broodwinner werd.

Toen Gail en ik in de zomer na mijn dertiende verjaardag een keer in het meer gingen zwemmen stond daar zo'n slechterik somber in het water te staren, want hij was veroordeeld om twee dagen later te trouwen. We wisten dat hij op weg naar huis door mijn straat moest en die avond hing ik verdacht lang buiten rond, waar ik net deed of ik bij de heg bramen plukte en ondertussen hoopte dat hij me deelgenoot zou maken van zijn wanhoop, misschien zelfs een schuldige kus met me zou wisselen, maar hij kwam helemaal niet langs. In plaats daarvan kwamen de late zomermuggen zich in zwermen aan mijn bloed te goed doen, en hun prikken werden zwerende blaasjes, want ik was vreselijk allergisch geworden voor allerlei nieuwe dingen. Mijn lichaam reageerde extreem op alle prikkels, of ze nu van binnenuit of van buitenaf kwamen, en ik werd elke drie weken ongesteld, met grote golven bloed dat naar ijzer rook, rugpijn, hoofdpijn en krampen. Elke keer zwol ik eerst op en viel dan kilo's af als ik een paar dagen niet naar school ging en thuis liep te kniezen, in eenzame afzondering met aspirine en verdwaasde dagdromen. Deze metabolische ellende had ook zijn plezierige kant. Ik zat krimpend van de pijn in een stoel te lezen en verpakte mijn bebloede maandverbanden in pakpapier en duwde ze met de pook achter in de open haard, waar ze langzaam smeulden, net als ik.

Kwaad bloed, heet bloed. Ik had ook vaak een bloedneus.

Ik had nog maar net mijn watervrees overwonnen en leren zwemmen, of het chloor in het zwembadwater bleek mijn bijholtes te irriteren, zodat ik niet kon meedoen aan de zwemlessen. Ik had er de pest over in, want ik had eindelijk een manier gevonden om indruk te maken op mijn vijandin de gymjuf. Ik was geen snelle of sierlijke zwemmer, maar ik durfde in het diepe te duiken. Als je je eenmaal had afgezet deed de zwaartekracht de rest; duiken was een heerlijke mengeling van loomheid en adrenaline, en leek in niets op het springen over haar paard zonder hoofd, al dacht zij van wel en keek ze opeens met respect naar me, totdat het chloor weer een simulant van me maakte. Tegen die tijd had ik mijn lange haar laten afknippen, zodat ik met mijn badmuts op een glad hoofd had. Ik had er niet echt spijt van, want mijn vlechten hadden me altijd aan de beschamende luizenjaren herinnerd. Nu had ik tienermeisjeshaar, het soort haar waarmee je eindeloos en hoopvol experimenteerde met pagekopjes, nu eens met een pony dan weer zonder, plakkerig van de Amami, een zoetig geurende nijlgroene haarverSteviger, en knisperend als een suikerspin van de hairspray. Gail genoot na háár jaren van pijpenkrullen en papillotten nog meer dan ik van de vrijheid om zelf haar kapsel te verprutsen.

Gehoorzamend aan de Geest van de jaren vijftig besloten we beiden al snel tot een paardenstaart, en daarna droegen we ons haar altijd half opgebonden en half los, onze pony's altijd te kort of te lang; we benaderden al aardig de ideale onverzorgdheid. Haren en nagels waren onze fetisjen. We gebruikten onze afgeknipte dode punten en afgebeten velletjes niet om voodoopoppen te maken, maar ze waren zo griezelig belangrijk dat je zou denken dat we er toverkracht aan toeschreven. We waren het zelf en toch ook weer niet, alsof het de symbolen waren van een taal die uitdrukking gaf aan onze rusteloze overtuiging dat we iets nieuws vertegenwoordigden. Er was niets triviaals aan. Als je een onderdeel van die taal veranderde, verschoof meteen de hele rest.

Zo hadden paardenstaarten een speciale betekenis, want ze pasten niet bij de baretten van het schooluniform. Je moest óf al je haar onder je baret stoppen, en dan leek je bijna kaal, óf die stomme pet plat gevouwen als een vilten pannenkoek boven op je kruin vastpinnen (nog meer haarspelden en schuifjes en klemmetjes). Het was duidelijk dat het gemakkelijker en zelfs correcter was om hem in je zak te proppen. En dan kon je meteen je schoolvestje achterstevoren aantrekken zodat het net een coltrui leek (en je das verborg), en de ceintuur van je regenjas aansnoeren zodat je een wespentaille kreeg, en dan had je het helemaal voor elkaar – je droeg het Andere uniform, dat van de meisjes die op straat rondhingen en de Whitchurch High School een slechte naam bezorgden. Gail en ik misten vaak 's middags opzettelijk de schoolbus en namen dan de latere die om vijf uur het winkelpersoneel en de arbeiders uit de Silhouette-fabriek de grens over bracht. Dan hadden we een extra uur om achter de jongens aan te zitten en ons in te beelden dat ze achter ons aan zaten, en zo lang mogelijk met een plastic bekertje grijze schuimige koffie te doen, terwijl we ons tussen twee nummers concentreerden op de knipperende gekleurde lampjes van een van de bolle jukeboxen die de stad nu rijk was.

Gail had het talent alles heel intens te doen. Ze kon lege momenten als deze koesteren alsof ze een jong hondje aaide totdat het wriemelend tot leven kwam en aan je vingers sabbelde. Zelfs op school vulde ze de leemtes in de dag met avontuur. Ze wist feilloos haar gedweep met de meisjes uit de hogere klassen te cultiveren. Ze koos een broodmager sportmeisje uit en strooide haar zand in de ogen met haar slaafse toewijding, volgde haar overal, deed haar stijl van serveren na, tekende haar profiel op het schoolbord, vroeg haar wat haar lievelingskleur was, verdiepte zich in haar horoscoop – en richtte haar loyaliteit dan plotseling op een ander en liet de eerste in verwarring achter, verstoken van de attenties waar ze (volgens de regels van dit spel) volstrekt onverschillig voor hoorde te zijn. Gails bevliegingen waren zo veeleisend en willekeurig dat het leek alsof die grote meisjes met háár dweepten, in plaats van andersom. Ik was haar vertrouweling en deelde haar obsessies, maar mijn heldenverering werd niet aangewakkerd door Dina de aanvoerster van het hockeyteam met haar sproeten, of door de lenige Jean met haar elastieken gewrichten. Mijn gedweep gold Gail zelf, ik was gefascineerd door haar overtuigingskracht. Ze speelde de rol van de Jeanne d'Arc in het stuk van Shaw toen we het hardop lazen in de klas. Ze was Jane Eyre, ze was Cathy ('Nellie, ik bén Heathcliff!'), ze was de heldin.

Later, toen we zowaar aan de praat raakten met de jongens van de jongensschool die ons in de koffiebars luidruchtig links hadden laten liggen, vertelden ze ons dat ze direct hadden geweten dat a) wij lesbisch waren, en b) Gail mij – dromeriger, voller, blonder – als haar lokvogel gebruikte om de jongens te krijgen waar ze een oogje op had. We waren verbaasd en kwaad, maar helaas niet om de goede redenen. We hadden diep verontwaardigd moeten zijn over hun botte aanname dat 'lesbisch' betekende dat je tussen wal en schip viel, de status – *faute de mieux* – van vrouwen die geen man konden krijgen, en over hun onvermogen zich voor te stellen dat een meidenbende (al bestond die maar uit twee) een fanatisme kon opbrengen dat niet onderdeed voor de riten van hun jongensbende. Maar eigenlijk waren we het grotendeels met ze eens.

Ook wij namen als vanzelfsprekend aan dat relaties met jongens en mannen ons het recht zouden geven om als echte vrouwen de wereld tegemoet te treden. Onze obsessie voor elkaar werd 'geaccepteerd' als iets onwerkelijks en het hielp ook dat we weliswaar hand in hand liepen en elkaar optutten – elkaars haren borstelden en nagels vijlden –, maar elkaar verder nooit aanraakten, zodat al dat kinderachtige gedoe in de bosjes achter de pastorie (waar zij trouwens toch nooit aan had meegedaan) in de nevelen van de tijd oploste. Nu denk ik: hand in hand lopen was genoeg. Al onze strelingen lagen vinger aan vinger in dat ene besloten. Onze rite de passage was een doel op zichzelf – we pakten niet een hand om de grote weg over te steken, maar omvatten oude en nieuwe passies, afgewezen ouders en broers en zussen, de schimmen van onze toekomstige minnaars, echtgenoten, kinderen, levende have, en eigenliefde, allemaal in de palm van onze handen.

Gail en ik waren dankzij het voorbeeld van onze ouders vastbesloten nooit te trouwen of kinderen te krijgen. Liefde en huwelijk hoorden bij elkaar als paard en wagen. *Dad was told by Mother, you can't have the one without the o-o-ther.* Wij waren wel wijzer en in onze verbeelding moesten ze streng gescheiden blijven. Ondertussen hielden onze degelijke schoolgenootjes uit Whitchurch zich aan de regels van het spel, overtuigd dat we het wel konden ontkennen, maar dat types als wij jaloers op hen waren en dat we gewoon de pech hadden dat we uit Hanmer kwamen. Mijn luizen en beugel, Gails gescheiden moeder, en onze busritten heen en terug over de grens maakten het verklaarbaar dat de echte wereld ons ontglipte, wat zonder twijfel de reden was dat we ons zo aanstellerig aan elkaar vastklampten. Dus werden we niet als buitenstaanders of rebellen gezien. De status van buitenstaander was voorbehouden aan de kinderen van de secondary modern, die afgevallen waren bij de sociale selectie waar het toelatingsexamen een soort dekmantel voor was.

De middenklasse van het stadje behield zijn karakter door onverstoorbaar iedereen die afweek op te nemen. Een verbijsterend voorbeeld was een meisje uit mijn klas, dat ik goed in de gaten hield omdat ze verontrustend slim was en vast betere cijfers voor wiskunde zou hebben gehaald dan ik, als ik niet zo op mijn huiswerk had gezwoegd. Ze heette Jean Evans, haar vader had in de oorlog in het leger gezeten maar werkte later weer voor de spoorwegen, en haar moeder was caissière geweest in een keurige winkel. Ze waren aan het begin van de oorlog getrouwd, net als mijn ouders, en ze waren kleurloos fatsoenlijk. Jean was enig kind. Tot zover niets bijzonders. Maar Jean was zwart. Nou ja, donkergeel met een waas van roetzwart dons, en ze had kroeshaar, voor zover het niet zorgvuldig plat was getrokken. Ze zal wel het kind geweest zijn van een van de Amerikaanse soldaten die korte tijd bij Ellesmere gelegerd waren. Maar niemand in Whitchurch, en al helemaal niemand op school, repte ooit over dit boeiende feit. Jean was het kind van haar ouders en ging naar de high school, en daarmee uit. In die tijd woonden er natuurlijk geen zwarten in Whitchurch, waardoor het misschien minder opviel dat ze afweek. Aan de andere kant waren er genoeg 'ordinaire' meisjes die witte lipstick en zwarte eyeliner droegen, en de hele dag op de fabriek met krulspelden onder hun nylon hoofddoekjes liepen: dat waren de meisjes die je destijds diende te mijden, de arme blanken.

Dat nam niet weg dat onze directrice, als erkenning van de tienerangst op dit gebied, een dame van Pond's uitnodigde die ons zou leren hoe we ons moesten opmaken. Het was streng verboden om met een opgeverfd gezicht op school te komen, maar ze begreep best dat we er als aardige, normale meisjes al van droomden net zo'n man te trouwen als onze papa en dat we als we ons uniform niet aanhadden de juiste signalen moesten afgeven. Nadat ze ons in kort bestek had geleerd hoe je kon zien of je een vette, droge of gecombineerde huid had, koos de dame van Pond's twee vierdeklassers uit, een muizige brunette en een muizige blondine, en ging ze aan de slag met foundation, poeder, wenkbrauwpotlood, oogschaduw, mascara en lipstick om te demonstreren hoe je het wapenarsenaal van het brave meisje kon uitbreiden met make-up. Om te beginnen geen rood, geen zwart, en geen wit, en vooral geen eyeliner; maar wel roze lippen, zachtbruine wenkbrauwen en wimpers, en blauwe oogleden. Natuurlijke make-up, zei de Pond's-mevrouw, terwijl ze de meisjes hun nylon kapmanteltjes af deed. Dus nog muiziger, met make-up die je een smaakvol, representatief, kwetsbaar uiterlijk gaf; praktische make-up die, als je na je eindexamen eenmaal als secretaresse achter een bureautje zat, de hele dag zou blijven zitten en alleen vakkundig bijgewerkt hoefde te worden; make-up voor je verlovingsfeestje, met roze nagellak in de kleur van je lipstick voor als je trots je ring liet zien. En vooral *preventieve* make-up. Die speciale tint roze van de lipstick en dat zweempje turquoise in die afschuwelijke oogschaduw waren voorbehoedmiddelen. Ze betekenden flikflooien, *wachten*, sparen voor een rijtjeshuis. Destijds, in 1957, berustte het enige voorbehoedmiddel waarover jonge meisjes konden beschikken op een fabeltje, dus waarom dan niet liever Pond's-nachtcrème?

Gail en ik hielden tijdens deze enge demonstratie van de seksuele *realpolitik* in Whitchurch elkaars hand vast. Ze trok haar mondhoeken naar beneden, wat ze prachtig kon – haar gezicht was fijnbesneden en volgroeid, al was ze voor de rest nog kinderlijk. Zij zou haar lippen nooit hoeven te omlijnen en met roze vettigheid hoeven te verven om te zorgen dat er geen baby's kwamen. En als ik me heimelijk een beeld vormde van mijn toekomstige ik, putte ik moed uit haar minachting. Wat ik het liefst had gewild kon ik bij voorbaat wel vergeten. Zo was er de vrouw uit de tweede-rangs sciencefictionfilms, met gebeeldhouwde jukbeende-ren, het haar in een onberispelijke Grace Kelly-rol, die in een witte jas met een klembord door de gonzende gangen van een kerncentrale beende terwijl eerbiedige mannen ach-ter haar aan snelden. Niet dat we op de meisjesschool wis-kunde of natuurkunde of scheikunde hadden. We kwamen niet verder dan wat daar 'algemene natuurwetenschappen' werd genoemd, waar je niet eens eindexamen in kon doen; als je ouders het goedvonden, ging je in de zesde klas naar de jongensschool voor de echte exacte vakken, en daar droomde ik van. Onder andere.

Een andere toekomst kwam uit het verleden: uit Kath-leen Winsors bestseller *Amber*, die in de tijd van de Res-tauratie speelde en een van de gewaagde boeken van oom Bill was. Amber is grootgebracht door fatsoenlijke, Puri-teinse boerenmensen, maar er stroomt wild aristocratisch bloed door haar aderen en als in 1660 de Cavaliers in galop terugkomen weet ze niet hoe snel ze zich tussen de rottende bladeren moet laten ontmaagden en laten meenemen naar Londen. Amber wordt op slag verliefd op haar verkrachter, lord Carlton – een losbol, een kaperkapitein die oud genoeg is om haar vader te kunnen zijn, 'een man zonder banden en verplichtingen' die niet alleen de oude wereld maar ook Amerika kent. Dus haar eerste seksuele ervaring is beslis-send, verandert haar in één amechtige alinea in een vrije vrouw: 'Ze was met elke vezel van haar lichaam blij dat het was gebeurd. Het leek alsof ze tot dat moment maar half had geleefd.' Hoewel hij nooit lang thuis is en niet van plan is met haar te trouwen, is hij nu voor altijd haar leidsman, en ze neemt zijn gewetenloze listigheid over om zich een positie als actrice te verwerven en een berekenend courti-sane te worden.

Dit verhaal was niet minder raadselachtig dan de zondeval in het boek Genesis. Hoe kon Carlton door één keer met zijn fallische toverstaf te zwaaien al zijn kennis overdragen? Ik probeerde tevergeefs te begrijpen wat er tussen de regels stond, zoals ik ook, als Amber merkt dat ze zwanger is, de veelbelovende hint probeerde te begrijpen over anticonceptie (die kennelijk ook geheel in Carltons macht lag):

> 'Ik wilde voorzichtig zijn... maar af en toe vergat ik het.' Amber keek hem aan, verbaasd. Wat bedoelde hij? In Marygreen had ze horen zeggen dat je zwangerschappen kon voorkomen door driemaal in de bek van een kikker te spugen of de urine van een schaap te drinken...

Amber komt er nooit goed achter wat ze moet doen om niet zwanger te worden, maar omdat we ons in het land van de losbollen bevinden, waar je je pokkenlittekens met mouches maskeert, kan ze haar baby's ongestraft laten aborteren of bij pleegouders onderbrengen. Maar nooit ofte nimmer zal ze het vertrouwen in haar heer en meester verliezen. Misschien is ze een slechte vrouw, maar ze is in elk geval een echte vrouw. Meisjes die een carrière wilden gingen naar de jongensschool. Amber was in feite niet haar eigen bezit: zelfs haar lichaam had ze geleend.

Maar dat vonden we vanzelfsprekend. Toen de beste zwemster van onze school op de dag van een belangrijke wedstrijd ongesteld was, moest ze haar ouders en de directrice toestemming vragen om Tampax te mogen gebruiken, omdat dat weleens afbreuk zou kunnen doen aan het mysterie van de maagdelijkheid. Al was dat onwaarschijnlijk. Dat jaar dat we in de vierde klas zaten waren we allemaal ingekapseld in fabeltjes – misschien in de eerste plaats Gail en ik, die juist dachten van niet. Echte jongens bleven buiten bereik. We misten bussen en gooiden geld in jukeboxen

en ondertussen hadden we elkaar. Alle lunchpauzes op
school, als we de gymzaal voor onszelf hadden, haalden we
een grijsgedraaide 78-toerenplaat met een swingende saxo-
foonsolo te voorschijn die 'Zambesi' heette, en oefenden de
quickstep, waarbij Gail mij leidde. We zeiden tegen elkaar
dat we liever zouden rock-'n-rollen, maar we moesten kunnen quicksteppen voor het schoolbal van het volgende jaar,
waar de vijfde- en zesdeklassers van de meisjesschool én de
jongensschool zouden komen. Maar die figuur met een dubbele kruisstap kregen we maar niet goed. We struikelden
steeds over onze voeten en moesten telkens opnieuw onze
positie innemen, mijn ene hand in die van haar in de ball-
roomdanshouding, mijn andere licht op haar schouder, haar
andere in mijn taille. Misschien deden we de passen opzettelijk verkeerd, vanwege het genot elkaar zo formeel, zo vrij-
blijvend te kunnen omarmen. Een, twee drie, en terug naar
af.

XIV

Love-fifteen

Bij het enkelspel verloor ik altijd het eerste punt, maar als we dubbelden was zij er, springend en zwaaiend bij het net, klaar om de return van een argeloze tegenstander op mijn bescheiden bovenhandse opslag af te straffen, en dan stonden we meteen met 15-0 voor. Op de tennisbaan speelden we inderdaad het spel waarvan de jongens ons verdachten – ik was de afleidster, mijn meisjesachtige, krachteloze ballen misleidden onze tegenspelers, zodat ze werden overvallen door Gails flitsende slagen. En als ze haar langs de 'trambaan' passeerden of haar te grazen namen met een hoge bal waar ze niet bij kon, dan was ik er om bij te springen en de bal dubbelhandig terug te slaan. Je kon zonder overdrijving zeggen dat ik een slechte tennisster was en ik wilde voor geen goud aan het net staan. Maar wat ik wel kon – koppig harde ballen terugmeppen, ballen met monotone regelmaat breed en diep plaatsen en zo nu en dan een kapballetje geven – zag er, in de schaduw van haar klassieke flair, geweldig gewiekst en effectief uit. Ze had een elegante, snelle, krachtige opslag, haar onderhandse ballen en sprongen naar het net waren een genot om te zien, en haar backhand was veerkrachtig en trefzeker. Ik voelde me onzichtbaar en was blij toe. De baan was van haar, ik hield de wacht bij de achterlijn en vergat naar mezelf te kijken. Tijdens een partij voerden we aan één stuk door een subgesprek van gemompelde complimenten, wanhopig gekreun en waarschuwend gesis ('Jouw bal!', 'Laten gaan!'), dat ons dichter bij elkaar bracht als we verloren en onze overwinningen nog zoeter maakte.

Onze grootste triomf vierden we toen we bij de districts-kampioenschappen pas werden uitgeschakeld nadat we drie koppels volwassen dames hadden ingemaakt, hoewel we met valse bescheidenheid luisterden toen de eindstanden van de wedstrijden tegen andere scholen in de aula bekend werden gemaakt. De directrice was tevreden: eindelijk deden we eens iets voor de goede naam van de school en maakten we ons los uit ons subversieve geklit. Je kon tijdens een tenniswedstrijd niet hand in hand lopen. Ze dacht dat we toch nog de smaak te pakken kregen van competitie of teamgeest (ze was een moderne moraliste en hoopte dat uit meer persoonlijke hygiëne en de te verschijnen nieuwe Engelse bijbelvertaling grote dingen zouden voortkomen), maar in werkelijkheid verstevigden we onze twee-eenheid.

Onze act bij het dubbelspel was het resultaat van vele uren waarin we stiekem onze rollen oefenden door *tegen* elkaar te spelen. Afgezien van het meer was de enige sport-accommodatie in Hanmer een nieuwe gravelbaan ruim anderhalve kilometer buiten het dorp, met rondom een meer dan manshoge afrastering van harmonicagaas. Net als de nieuwbouwwijk sloeg het tennisveld een rechthoekig gat in de sociale structuur van het dorp en dateerde het ook uit het naoorlogse tijdperk van scheurtjes in de feodale orde. In de schoolvakanties hadden Gail en ik overdag de baan voor onszelf; dan had niemand tijd om te tennissen, afgezien van de mensen die over een eigen grasbaan beschikten. Love-fifteen. Ik verloor altijd, elke partij. Maar soms lukte het me haar opslag te breken en een doodenkele keer won ik mijn eigen servicebeurt, vanaf de achterlijn, en dan feliciteerde ze me, net zoals ik met haar meeleefde als ze een dubbele fout sloeg, als een smash uit ging, of als een gemene slag van mij – een return op een return – haar bij het net passeerde en ik niet bij de achterlijn stond om hem op te vangen. We speelden onszelf. We speelden onszelf en we wonnen.

We kregen nooit genoeg van deze verbasterde versie van het spel, die de verschillen tussen ons als puzzelstukjes in elkaar schoof. Het punt was niet dat Gail domweg een voorsprong had (al was de wil om te winnen zeker een van haar troeven), want mijn passieve aard had ook zo zijn aantrekkelijkheid. Als we gingen tennissen, fietste ze vanaf Horseman's Green naar mijn huis, stapte daar af en liep met de fiets aan de hand samen met mij naar de baan, want ik kon nog steeds niet fietsen en dat nam ze voor lief, het hoorde nu eenmaal bij me. Ze had op school gemakkelijk een andere partner kunnen vinden, iemand die echt kon tennissen, maar ze vroeg het nooit iemand, zij was ook verslaafd aan onze partijtjes in Hanmer. Je kon wel degelijk hand in hand lopen tijdens het tennissen.

Op vochtige zomeravonden organiseerden de al behoorlijk oude Jonge Boeren vriendschappelijke partijtjes gemengd dubbel en verbraken daarmee de betovering. In hun gezelschap verloren we ons geloof in onszelf, want het drong langzamerhand tot ons door dat wij niet alleen niets in hen zagen, maar dat zij nog veel minder in ons zagen. Als ik aan zo'n blozende, forse man was gekoppeld, wiens gebronsde buitenkleur plotseling ophield bij zijn opgerolde hemdsmouwen, zag ik hoe Gail aan de andere kant van het net haar glans verloor. De geschiedenis van haar moeder en het overweldigende gebrek aan land van haar familie werkten als tegengif tegen elk gevoel van verliefdheid en maakten hen blind voor de vorm van haar dijen en de kracht in haar slanke, benige polsen. Wat mij betreft, mijn familie bezat ook geen land en hun vaders, ooms en neven waren mijn vader nog geld schuldig omdat hij hun vee naar de veiling had vervoerd, geld dat ze hem afbetaalden als het hun uitkwam, in de wetenschap dat hij ze niet onder druk kon zetten (als je een van hen beledigde, spande de hele clan samen en namen ze de volgende keer dat er in Wrexham of Whitchurch markt was een ander). We konden die Jonge Boeren wel uitlachen om de haren in hun oren en hun te lange korte broeken, maar zij vonden ons op alle fronten minderwaardig. Ze waren nuchter, ze stonden met beide benen op de grond. De boer die wil een vrouw, zoals we op het schoolplein onder de muur van het kerkhof hadden gezongen. Geen wonder dat ze ons het gevoel gaven dat we niet bestonden.

Toch bedierf het gemengd dubbelspel niet voorgoed ons verliefde enthousiasme voor het tennissen. Net zomin als de wolken muggen en steekvliegjes die tegelijk met de Jonge Boeren te voorschijn kwamen, hoewel ik afschuwelijk allergisch was voor muggenbeten en regelmatig in bed lag met wanstaltige, weke, amberkleurige blaren en olifantenenkels die alleen met kompressen van warme grijze klei weer slonken. Normaal gesproken waren mijn benen toch al een bron van schaamte en zorg – te kort en te dik, met roze vlekken – zodat die afzichtelijke huiduitslag bijna een opluchting was, een excuus om ze van onder tot boven te bedekken, de stigmata van de puberteit, net als de door opspelende hormonen veroorzaakte puistjes die je met Clearasil maskeerde. Ik kon er nu beter tegen dat ik 'ermee door kon'. Gail had me genoeg vertrouwen gegeven om me aan te passen en het tennissen gaf me genoeg vertrouwen om te gaan hockeyen. Ik was natuurlijk verdediger (linksachter in het tweede elftal), en een ijskoud seizoen lang stond ik elke zaterdagmiddag bij de 23-meterlijn mijn voeten warm te stampen en te wachten tot ik vermoeide spitsen kon tackelen nadat ze stijlvol passerend en dribbelend het halve veld over waren gerend met de bal, die ik dan uiteindelijk onderschepte en weer helemaal terug keilde. Maar vaak lukte dat niet eens en na hockeywedstrijden waren mijn benen overdekt met paarszwarte bloeduitstortingen, een soort schutkleur – net als het hockeyen zelf, dat bedoeld was om de geest van de school tevreden te stellen.

Ik hield me voor dat ik niet echt meedeed, dat ik alleen ogenschijnlijk deed wat ze van me wilden, de scherpe kantjes van het wantrouwen en de afkeer haalde. Zelfs als ik in de rust samen met de tien anderen sinaasappels leegzoog en onze adem in de gure lucht één mistwolk vormde, keek ik vanaf de zijlijn ongelovig naar het effect. Toch wees dat hockeyen op een groot verschil tussen Gail en mij: zij dééd niet eens alsof ze meedeed aan teamsporten, laat staan dat ze echt meedeed. Afgezien van het tennissen had ze alleen belangstelling voor buitensporten en atletiek en was haar repertoire klassiek olympisch. Ze ging haar eigen weg, terwijl ik daar de morele kracht voor miste. Ik kon geen weerstand bieden aan het verlangen in de smaak te vallen en geaccepteerd te worden, ook al was dat verlangen zo doorzichtig dat juist de hevigheid ervan mijn pogingen ondermijnde. In het tweede elftal was iedereen hooguit uit beleefdheid vriendelijk: ik bracht ze in verlegenheid omdat ik te graag wilde en ze waren voortdurend op hun hoede. Alleen in haar gezelschap kon ik mezelf vergeten.

Terwijl ik gewild wilde zijn, wilde zij als ze opsloeg met vier onberispelijke aces winnen, of het schoolrecord speerwerpen breken en de ongelovige blik in hun ogen zien als ze het meetlint uitrolden, of een chimpansee als huisdier hebben, of al haar nagels tegelijk laten groeien zonder dat er een brak en ze dan paars lakken, of Paul Anka ontmoeten en hem van haar eeuwigdurende toewijding overtuigen. De dingen waar zij naar haakte lagen maar net buiten haar bereik. Ze stonden haar helder voor de geest en waren welomschreven, het najagen ervan was een doel op zichzelf, en aan teleurstellingen beleefde ze ook plezier. Mijn verlangens waren daarentegen schimmig, vaag en vormeloos, en afhankelijk van mensen die ik waarschijnlijk alleen uit boeken kende – afgezien van Gail. Ik kon geen spelletjes spelen, want zonder haar was ik doodernstig. Ik joeg alleen erkenning na, reacties van anderen (elk oog was een kristallen bol), zodat ik wist wie ik was. Maar hoe gespannener ik anderen in de gaten hield, hoe killer ze werden. We keken allebei naar ons eerste schoolbal uit, maar hoopten op heel verschillende dingen.

De voorbereidingen om van de gymzaal-annex-aula een danszaal te maken begonnen in november, toen de leerlingen van mevrouw Last, de handenarbeidlerares, gesjabloneerde clowns uitknipten om de oude verduisteringsgordijnen op te fleuren tot een vrolijk achterdoek waarmee ze de wandrekken aan het oog konden onttrekken. In 1957 was de meisjesschool aan de beurt om ruimte ter beschikking te stellen en een band te huren. We waren liever naar de jongensschool gegaan: met zijn schilderachtige sportvelden en zijn Dorische zuilengang was het een veel betere kopie van een kleine kostschool. Ze hadden er zelfs een eenzaam groepje inwonende leerlingen, wier vaders als militair in het buitenland gelegerd waren. Maar toen er eenmaal krijtpoeder was gestrooid op de parketvloer van onze gymzaal, als altijd een beetje plakkerig omdat we er tussen de middag aten, de lampen waren ingepakt in roze vitrage met ballonnen en slingers, de aangrenzende klaslokalen waren veranderd in garderobes en bij de toiletten bordjes met DAMES en HEREN hingen, toen konden we ons tot onze verrassing moeiteloos voorstellen dat we in een andere, nieuwe zaal stonden.

Een paar weken eerder, vroeg genoeg om alles te laten bezinken, hadden wij vijfdeklassers een speciale les in balzaaletiquette gekregen om ons op ons eerste bal voor te bereiden: discrete muizige make-up; een pastelkleurige jurk; *lage* hakjes (eleganter, en bovendien zouden jongens vast

geen meisjes ten dans vragen die langer waren dan zijzelf);
eau de cologne maar geen parfum; geen zichtbare bandjes,
maar wel heel veel bandjes (zelfs als je nauwelijks borsten
had was het ondenkbaar dat je zonder beha naar het bal ging,
het zou erop duiden dat je min of meer achterlijk was, als
je je zonder elastieken harnas vertoonde was dat een teken
van morele zwakzinnigheid, net als scheelkijken en kwij-
len); als een jongen je ten dans vroeg, moest je ja zeggen,
maar je mocht niet te vaak met dezelfde jongen dansen; tussen de dansen mocht je niet hand in hand zitten en moest
je allebei naar je eigen hoek terug, net als boksers als de bel
luidde; je mocht niet wang aan wang dansen; en – een nieuwe regel – geen gejive, geen gerock, geen geroll. Er waren
nog meer verboden, maar die waren te vulgair om hardop
uit te spreken. Geen alcohol in de bowl, geen onwelvoeg-
lijk contact (tongen, buiken, genitaliën, dijen), geen tête-à-
têtes op het donkere hockeyveld...

En voor Gail en mij geen 'Zambesi' in de pauze meer. Dit
was het echte werk, jongens van vlees en bloed. Door al die
verboden, vooral de impliciete, waren jongens nog exoti-
scher geworden dan ze al waren; het leek wel alsof we nog
nooit een jongen hadden gesproken. De hele school gonsde
van de opwinding, en de gelaatsuitdrukking van de directrice werd milder door de hoopvolle verwachting, want zij
zou straks de gevaarlijke geest van de adolescentenseksu-
aliteit uit de fles laten en temmen. Ze sprak bij de dagopening in versluierde, suggestieve bewoordingen over vrijheid
en verantwoordelijkheid, en wij giechelden ongemakkelijk
– het was allemaal vagelijk schokkend, alsof je door een politieman werd gekieteld.

Op de dag zelf mochten we 's middags naar huis om ons
om te kleden. Mijn moeder en ik hadden een compromis
gesloten over mijn jurk – haar droom over wolken witte
chiffon, die we toch niet konden betalen, en de mijne over

een in alle betekenissen goedkoop jurkje met blote schouders, een strakke rok en veel donkerrood, dat ik in de catalogus had gezien, hadden geresulteerd in een kuitlange jurk met hoge taille 'waarin je alleraardigste figuurtje goed uitkomt', zei de winkeljuffrouw in Shrewsbury dromerig terwijl ze over mijn schouder keek en net even te lang bezig was de jurk over mijn heupen glad te strijken. Het was een Wedgwood-blauwe jurk met een wit motief en een vierkante, bijna diep uitgesneden hals, en stiekem vond ik hem mooi, al klaagde ik dat hij kinderachtig was. Daarna terug naar school, naar de warme stampvolle 'garderobe' en een mengeling van verboden parfum, badzout, talkpoeder, haarlak, sinds kort verkrijgbare, scherpe deodorants en bekenden die met hun glanzende sandaaltjes en rode konen een andere gedaante hadden aangenomen en zich voor de enige passpiegel verdrongen. Toen we de gymzaal binnenkwamen dacht ik dat ik zou flauwvallen; het plafond was verdwenen, de wanden rezen de hemel in en op de vloer en in de hoeken zag ik poelen van schijnbaar ondoordringbare duisternis.

De afschuwelijke taak het bal te openen rustte op de schouders van de oudste klassenvertegenwoordigers van beide scholen, maar die hoefden tenminste niet iemand ten dans te vragen, of gevraagd te worden. Stel je voor dat niemand je vroeg! Dan zou je langzaam steeds dieper in de vergetelheid verdwijnen en de duisternis zou zich boven je hoofd sluiten. De jongens liepen schuchter door de zaal, hun slapen glimmend van het zweet en de Brilcreem, elkaar porrend en vooruitduwend, en toen stond er opeens een voor me die zei: 'Mag ik deze...' Eh, ja, enorme opluchting, en het was een makkelijke, een wals. Zodra mijn eerste opwelling van dankbaarheid was weggeëbd, viel me op dat mijn partner er ook niet bij was met zijn gedachten. Hij leek zich maar met moeite de passen te herinneren, want hij zwengelde mijn arm op en neer en telde zachtjes (een, twee, drie), en zijn adem rook naar de gapende muilen van de pubkelders die op de dagen dat in Whitchurch het bier werd afgeleverd openstonden langs de straten. Bier. Hij had gedronken, en hoewel dat in theorie opwindend was, omdat het niet mocht (en hij er hoe dan ook te jong voor was), kwam het er gewoon op neer dat hij afwezig, verward en klam was. Hij trapte op mijn tenen (een, twee...) en kreunde alsof hij meer pijn had dan ik, en toen was het voorbij en was ik terug in mijn hoek, met zwarte vegen op mijn witte schoenen en nog steeds wachtend tot het echte, occulte ritueel van de avond zou beginnen.

Nu zou ik vast gevraagd worden door een van de verspreide zesdeklassers in hun smokingjasjes, iemand die ouder was dan ik (de leraren dansten alleen met elkaar, jammer genoeg) en wiens terloopse aanraking de raadselen van de quickstep en de eindexamennatuurkunde zou ontsluieren. Maar mijn volgende twee partners bleken net zo onhandig en zenuwachtig als ik. Zo kwam ik geen stap verder, en alsof hij me dat nog eens goed wilde laten voelen was mijn eerste partner weer terug, inmiddels nog slonziger, met open boord en het zweet van zijn voorhoofd wissend. Deze keer telde hij niet terwijl we over de dansvloer draafden, maar schreeuwde hij met een fluisterstem boven de muziek uit in mijn oor: zijn moeder was van een trapleer gevallen en had haar arm gebroken, in de winkel waar ze werkte, waar ze niet had hoeven werken als haar zoons en haar echtgenoot goed voor haar hadden gezorgd, wat ze niet deden, en zijn eigen misdragingen maakten het allemaal nog erger, geen wonder dat hij teut was... Hij hinnikte sarcastisch en leek zo in huilen uit te kunnen barsten. Dit was vreselijk. Elke dans met hem voerde me verder weg van mijn droomprins en hij drukte zijn smoezelige smet op me – dit keer niet alleen de blauwe tenen en de vuile schoenen, maar er zat vast en zeker een vochtige plek op mijn jurk, onder op mijn rug waar zijn hand had gelegen, en mijn haar voelde plakkerig waar hij me met zijn mond vlak bij mijn hoofd zijn verhaal had verteld. Wie was die jongen? Hoe kwam ik van hem af?

Terug in de meisjeshoek wisten ze tenminste wie hij was: een verre neef van een van de vijfdeklassers, Sheila, een slungelige verschoppelinge met schots en scheef vooruitstekende tanden die ooit, toen ik nog een verschoppelinge met een beugel was, had geprobeerd vriendin met me te worden. Hij heette Victor Sage, was de trots van zijn moeder, die als enige wat in hem zag, hij was berucht omdat hij altijd de clown uithing, dronk en na sluitingstijd achter de Back Street Vaults vocht, en ze woonden in Whitchurch in een nieuwbouwwijk en zijn moeder werkte bij Dudleston's, de manufacturenzaak in High Street. Ik kreeg hoofdpijn. Ik staarde in de DAMES naar mijn spiegelbeeld. Natuurlijk. Daar had mijn moeder voor de oorlog gewerkt, samen met Gladys, die dus wel zijn moeder zou zijn. Ik herinnerde me dat ze om het hardst opschepten, vooral die keer dat ik mijn toelatingsexamen had gehaald, en Victor ook, zoals zijn moeder trots tegen de mijne zei terwijl ze net deed alsof ze ondergoed inpakte om tijd te winnen voor een praatje. Op weg naar mevrouw Smith ging mijn moeder vaak een praatje maken met de huidige mevrouw Sage, en dan stond ik ongeduldig te wachten en aan haar mouw te trekken. Mijn belager werd daarmee Whitchurch ten top, onderdeel van de bekende verwikkelingen die ik zo graag wilde afschudden. En knap was hij ook al niet, met die grijnzende mond vol gaten waar tanden ontbraken, al had dat me niets kunnen schelen als hij de sprookjesmentor was geweest op wie ik had gewacht, de prins van de ennui.

Gail was veel verder gekomen met de verwezenlijking van haar dromen. Haar ogen glansden en ze neuriede een paar maten van de tophit van Paul Anka, 'Diana', die over een gefantaseerde oudere vrouw ging en die hij had geschreven toen hij veertien was, geïnspireerd door zijn verliefdheid op zijn kinderoppas. Het was ongelooflijk, maar ze had in Whitchurch een dubbelganger van Paul Anka ontdekt – dezelfde hoge jukbeenderen en hetzelfde gitzwarte haar –, en hoewel zijn ogen blauw waren en die van Paul bruin (hij was 'van Syrische afkomst'), lagen ze op precies de goede manier diep in hun kassen, met precies de goede naar binnen gekeerde blik. Deze Michael Price was een jongen als een opgeschrokken gazelle, die categorisch weigerde te dansen; hij was waarschijnlijk net zo moeilijk te veroveren als de aanbedene van een sonnettendichter, en zo hoorde het ook. Ik ging woedend de dansvloer weer op. Een van de klassenvertegenwoordigers vroeg me ten dans, maar nu was het te laat. Toen Vic Sage terugkwam, zoals ik al had verwacht, werd ik kribbig, vergat dat ik verlegen was en zei hem dat hij moest opdonderen. Hij schrok en struikelde een paar passen achteruit, maar het mocht niet baten: we waren aan de laatste wals toe en er was geen tijd om op een andere partner te wachten. Dus ploeterden we nog eenmaal zwijgend door de gymzaal, en toen hees ik me in de garderobe in mijn jas, en haalde mijn punctuele vader me ten overstaan van iedereen in een veewagen op (de auto was weer eens kapot) en was mijn vernedering compleet.

Die ontmoeting op het schoolbal zou beslissend blijken, maar nog niet, nog niet. Vooralsnog leek het gewoon een slechte start van het spel. Love-fifteen. Maar ik was eraan gewend met een verliespunt te beginnen en ik bleef net zomin als de anderen lang kniezen over wat me was overkomen. Gedurende de dagen voor de kerstvakantie gedroegen we ons allemaal – zelfs de meisjes die aan de kant hadden gezeten of met eigen broer hadden moeten dansen – alsof we ons 'debuut' hadden gemaakt. Als we in de pauze of na schooltijd onze kerstcadeaus kochten, de voor- en nadelen afwogen van verschillende cadeauverpakkingen met geparfumeerde zeep en badzout voor onze moeders, en sokken of zakdoeken voor onze vaders (aftershave werd nog gevaarlijk verwijfd gevonden), voerden we een nieuwe dans uit die je alleen vanuit een verkenningsvliegtuig had kunnen zien, omdat onze danspartners jongens waren die vaak een paar straten verderop rondhingen. Toch waren hun passen afgestemd op de onze en andersom, zodat onze wegen elkaar op gezette tijden kruisten. Het was een dans waar je ook aan kon meedoen als je in een café zat, of bij een bushalte stond, en er hoorde ook bij dat je de aandacht trok, zwaaide, opmerkingen maakte met de bedoeling dat ze toevallig werden gehoord en zelfs met die jongens fragmentarische privégesprekjes voerde, al waren die meestal van het soort 'mijn vriendin zegt dat jouw vriend háár heeft verteld dat hij heeft gezien dat je met mij praatte'.

Gail staarde Michael Price aan tot hij niet meer wist waar hij kijken moest en knalrood werd, wat ze opwindend vond: en voor mijn plezier staken we de straat over om Vic Sage te ontlopen als hij met zijn fiets aan de hand langs een goot van Green End slenterde, of we liepen de melksalon voorbij als we zijn fiets daar zagen staan. Het hoorde allemaal bij de poppenkast. Gail en ik beschreven elke avond ieder in ons eigen dagboek uitgebreid de jongens van de jongensschool die we hadden gezien en van wie we de naam nu kenden, en dat lieten we elkaar dan de volgende dag lezen, al waren we op het moment zelf bijna altijd samen geweest. Het ging ons erom alles wat in de verste verte op een ontmoeting leek, hoe vluchtiger hoe beter, op te kloppen en te koesteren. Ik herinner me dat ik in een paar van mijn beste dagboeknotities jongens beschreef van wie ik een glimp had opgevangen door een schoongeveegd stukje van een beslagen ruit van de bus waarin we over de grens naar huis reden.

Maar er waren ook intiemere contacten, en hoewel de directrice probeerde te geloven dat Gail mij op het slechte pad bracht – omdat ik zo verlegen was en altijd met mijn neus in de boeken zat, ondanks mijn boerse neigingen –, was ik degene die het initiatief nam. Voor de dans op straat droeg je je schooluniform, maar als je op zaterdagochtend in burger was kon je je als volwassene verkleden. Dat was opwindender dan het klinkt, want in de jaren vijftig was glamour volwassen en probeerden vijftienjarigen er als dertigjarigen uit te zien in plaats van andersom. Als ik die winter op zaterdag naar Whitchurch ging, droeg ik een nepsuède jack met brede schouders, een kokerrok, een strak truitje en hoge hakken (die, zoals de lompe realist oom Bill verlekkerd uitlegde, de houding van een vrouw veranderden: ten behoeve van onze biologie met de tieten vooruit en de kont naar achter). Het was een uitdossing die me goed stond: ik had er het juiste figuur voor en ik had de schaamteloosheid van een slaapwandelaar, het was alsof ik me met dat brutale exhibitionisme in feite verschool, net als met de Max Factor pancake die mijn blos verhulde.

In deze vermomming nam ik in mijn eentje de ochtendbus, kocht bij W.H. Smith mijn *New Musical Express* en ging bij Edwards aan de hoektafel bij het raam zitten, boven de grote ouderwetse kruidenier met zijn geur van Cheshire-kaas, bacon, rietsuiker en de gemalen koffie waar ze de korrelige grijze soep van brouwden die ze boven serveerden. De hoektafel was een soort kraaiennest of uitkijkpost vanwaar je de halve High Street overzag, en allerlei verveelde jongens en meisjes (maar voornamelijk jongens) kwamen naar boven om de voorbijgangers te bespieden. Als je daar zat vereenzelvigde je je met de jongens, maar je flirtte ook met ze – misschien wisselde je blikken van verstandhouding met ze als *zij* daar beneden op straat bleef staan om naar *hem* te glimlachen, maar je werd zelf ook van top tot teen bekeken. Ik merkte dat ik eigenlijk niet eens een gesprek hoefde te beginnen en dat ik zo nodig altijd kon doen alsof ik mijn tijdschrift las. Gail wist het meestal zo te regelen dat ze met haar moeder kon meerijden en kwam wat later, maar zij was eigenlijk alleen geïnteresseerd in het kijken, niet in het bekeken worden, en halverwege de ochtend was de kring van stoelen in de hoek zo groot geworden dat bijna niemand meer uit het raam kon kijken. Het café kreeg tegen die tijd weer zijn eigenlijke functie en zou zo dadelijk het hongerige winkelpubliek voorzien van een lunch van aardappelen, vlees en groente met veel jus. Dus na een onderonsje in de dames-wc, waar ik Gail op de hoogte bracht van wat ik had gezien en gehoord en wegdook voor de matrones die in de spiegels hun hoeden opnieuw vastpinden, opereerden we weer als meidenbende.

Ze bood tegenwicht tegen de hypnotiserende dwang om jongens te veroveren, bijna om het even welke, die mijn bestaan moesten bevestigen, die me *lieten bestaan*. Maar die dwang was even onontkoombaar als de zwaartekracht. Ik wilde niets liever dan volwassen zijn, ik wilde een toekomst in getrokken worden waar ik iemand zou zijn, en de enige manier waarop ik dat kon bereiken was voorlopig niemand te zijn, oningevuld, gemaskerd, begeerlijk. Op een van die winterdagen vertelde een meisje aan de hoektafel een van de jongens dat ik jarig was: het was 13 januari 1958. Hoe oud ik werd, vroeg hij terloops. Vijftien, smiespelde ze en hij deed met veel overdrijving alsof hij schrok (kindermisbruik!), maar hij schrok ook echt. Alleen het blanke uitschot van de secondary modern in Broughall (voor de grap ook wel het Bordeel genoemd) kwam zo snel tot wasdom, net onkruid.

De eerste jongen met wie ik vlak voor de lente echt uitging, de blonde Alan Burns met zijn babyface, zat net zo in

*Ik als veertienjarige op de markt in Whitchurch,
met de papegaai van de fotograaf*

de knel als ik. Hij was ook nog maar vijftien, maar hij rookte en dronk, en vond het vreselijk dat hij zo jong was. Een paar weken lang gingen we op zaterdagavond samen naar de film en zoenden zo voortvarend dat mijn gezicht ontveld voelde, al weet ik zeker dat hij zich nog niet schoor. De derde week zei hij af en vertelde een vriend, die het aan een vriend vertelde, die het weer aan mij vertelde, dat ik 'te serieus' was. Ik zei tegen de boodschapper, die het doorvertelde, dat het me niks kon schelen en tegen Gail dat het me best kon schelen, want ik dacht dat dat hoorde, al wist ik het niet zeker. Onze afspraakjes waren doortrokken geweest van gespannen eigenliefde, en we hadden een droge mond van de plankenkoorts. Ik dacht toen dat hij bedoelde dat ik te serieus over hém was en schaamde me en voelde me gekrenkt. Hij bedoelde het waarschijnlijk in algemene zin – Alan had zijn vlucht voorwaarts al uitgestippeld. Hij zou die zomer met voldoendes voor zijn eindexamenvakken van school af gaan en aanmonsteren bij de koopvaardij. Ik herinner me dat we elkaar jaren later eens tegen het lijf liepen, allebei hippe twintigers, en dat ik dacht, o dát was het, hij heeft altijd al meer van jongens gehouden.

Maar misschien dat ik destijds in 1958 gewoon iets had gezegd waardoor hij zag wat voor boekenwurm ik was, hoezeer ik stilletjes in mijn eigen gedachtewereld leefde. Net als alle meisjes wist ik dat je nog beter te lang kon zijn dan te slim. Met mijn een meter zestig, mijn verlegenheid en mijn blonde haar kon ik ermee door, al was ik zo slecht in prietpraat dat ik soms van de weeromstuit moeilijke woorden gebruikte (hypocriet, pretentieus), die voor ik het wist uit mijn mond schoten, net als de padden in het sprookje. In elk geval kon je het verkeerde soort zwijgen cultiveren – het soort dat betekende dat je in je eigen gepieker verzandde in plaats van aandacht voor de ander te hebben. Als ik met een jongen alleen was werd ik zo in beslag genomen door wat hij misschien wel van me dacht dat ik nooit echt luisterde naar wat hij eigenlijk zei.

Als ik las was het anders, dan telde nog steeds elk woord. De nacht dat ik *Dracula* uitlas was een stuk opwindender dan een zaterdagavond in de Regal. Als ik in mijn eigen poel van licht lag, nachtvlinders tussen het peertje en de lampenkap heen en weer ketsten, en de kabel van de radioantenne tegen de ruit sloeg, dan gleed ik vlak voor het krieken van de nieuwe dag in een roes terwijl mijn kleine broertje (niet meer zo erg klein, hij was negen) in de schaduwen aan de andere kant van de kamer vast in slaap was. Hoewel ik tegenover onze ouders kwaad volhield dat ik het afschuwelijk vond dat ik een slaapkamer moest delen met Clive, genoot ik door zijn slapende aanwezigheid des te meer van mijn orgieën van leesplezier. Ik zondigde met een ijdele vampier terwijl onschuldige mensen in vergetelheid gedompeld waren. De nacht was van Dracula en mij. Wat moest ik gapen als ik aan de doodkist van het gewone daglicht dacht.

Maar dat was aanstellerij: ik had mijn 'debuut' gemaakt

en was vastbesloten om zo mogelijk slaapwandelend mijn weg door het leven te vinden en carrière te maken. Iedereen dacht dat jongens en huiswerk niet samen konden gaan, maar omdat ik nooit sliep had ik genoeg tijd voor allebei en was ik nog steeds de beste van de klas. Boeken waren meer dan een eenzame ondeugd. Onze nieuwe lerares Engels, mevrouw Davies – lang, knap, haar donkere haar tot pagekopje geknipt, haar grote mond rood geverfd – keek met plezier naar Gail en mij: naar Gail om het lef waarmee ze in de klas voorlas, naar mij om mijn slordige, hartstochtelijke opstellen. Ze begreep dat we elkaars tegenhangers waren, ze was er zelf ook een. Ze vormde met meneer Davies een professioneel duo, in zijn soort het eerste in Whitchurch: hij gaf natuurkunde op de jongensschool en ze hadden een leegstaande plattelandspastorie gekocht, die ze aan het opknappen waren – of eigenlijk aan het afbreken. Die zomer nodigden ze een paar van hun leerlingen uit, onder anderen ons, om te helpen bij het omspitten van de tuin en het witten van de bijgebouwtjes.

In die onverwachte pastorale omgeving kwam ik Vic Sage weer tegen. En omdat hij zo helemaal niet voldeed aan wat ik me bij een vriendje voorstelde, vertelde ik hem van alles: dat ik mijn ouders oprecht haatte, niet alleen maar bij wijze van spreken, en me niet kon voorstellen dat niet iedereen dergelijke gevoelens had; dat ik er natuurlijk op rekende op mijn eindrapport voor al mijn vakken voldoendes te krijgen, en me er alleen nog zorgen over maakte of het wel dikke voldoendes zouden zijn; dat ik niet kon klokkijken; dat zijn idee dat het 'rechtvaardig' was dat zijn directeur hem een pak rammel gaf omdat hij zich niet aan de regels hield (en bijvoorbeeld op de thuisreis van hun schoolreisje naar Stratford-upon-Avon dronken in de schoolbus zat) onzin was, gehoorzaamheid kweekte tirannie; en bezit was diefstal. Als we 's avonds wachtten tot haar moeder of mijn vader ons kwam

Bij meneer en mevrouw Davies met Vic Sage (rechts)
en onze vriend Martin

ophalen, nestelden Gail en ik ons samen in een leunstoel,
terwijl meneer Davies (die ouder was dan zijn vrouw en – namen we aan – in theoretisch opzicht intelligenter) het betreurde dat we niet behoorlijk konden schaken of zelfs maar
dammen en wij hem over andere kwesties uithoorden. Ik herinner me nog steeds zijn uiteenzetting over hoe je predesti-
natie en vrije wil met elkaar kon rijmen: het was alsof God
van alles wat er gebeurde een filmverslag maakte, dat Hij op
elk willekeurig moment kon bekijken. Dat had geen invloed
op de keuzes die wij, de gefilmden, maakten, onze vrijheid
werd niet in het minst beperkt door het feit dat wat er gebeurde, gebeurde en *altijd was gebeurd*. Als je midden in het
leven stond en je een weg baande door de jungle, dan kon je
natuurlijk door de bomen het bos niet zien. Ik weet bijna zeker dat de definitie van vrijheid die zomer zo luidde.

XV

Sunnyside

Zelfs in het Maelor-district was te merken dat de Tory-regering het bankdisconto had verlaagd en de kredietbeperking had versoepeld. Mijn leeftijdgenoten uit Hanmer die op hun vijftiende van de secondary modern waren gekomen, verlieten het dorp om werk te zoeken, want de boerderijen werden groter en meer gemechaniseerd en hadden minder arbeidskrachten nodig; ook het veetransport was overhoopgehaald. Toen vlees niet meer op de bon was en hamburgers en biefburgers waren uitgevonden, breidden de veevervoerders, onder wie mijn vader, hun activiteiten uit en beperkten ze zich niet meer tot de lokale markten. Het ging goed met de Zaak. Niet dat er contant geld was, de omzet was gewoon hoger en hij kon meer lenen. Op betalingsherinneringen schreef hij nog altijd 'a.u.b.', en drie maanden later 'a.u.b.', en het leek altijd veelbetekenend dat het briefpapier (dat per postorder kwam) Kalamazoo heette, alsof het bedoeld was voor ondernemingen in sprookjesland. Toch moet gezegd worden: we hadden het nog nooit zo goed gehad. In 1959 verhuisden we de grens over naar de westkant van Whitchurch, waar de stad langzaam aan ophield en er geen trottoirs meer waren, naar een huis dat Sunnyside heette. De rest van dit verhaal speelt in een nieuwe omgeving. Of in zekere zin nieuw.

Ik kwam al jaren elke dag met de bus langs Sunnyside. Het was een villa van rond de eeuwwisseling (glas-in-loodramen, puntgevels, smeedijzeren versieringen), die achter een hoge heg een eindje van de weg af stond aan een begrinte

oprijlaan, omringd door laurierbomen, goudenregens en se-
ringen, en vanaf de weg aan het oog onttrokken door een
bruine beuk. Het kromgetrokken witte hek hing altijd half
open en zelfs het bord met TE KOOP was al gauw verweerd
en ging op in de algehele verwaarloosde aanblik. Meneer en
mevrouw Davies waren hun tijd vooruit. Niemand wilde
een groot huis, behalve wie een pension of een 'Tehuis' wilde beginnen. En er waren ook geen verzoeken om bouw-
vergunningen. Er waren na de oorlog geen particuliere huizen gebouwd aan Wrexham Road – de nieuwbouwwijk waar
Vic woonde, grensde aan de achtertuinen, dus dit was geen
chic gedeelte van de stad. Ze vroegen niet veel voor Sunnyside – het huis met zesduizend vierkante meter grond
kostte 1800 pond – en mijn vader zag direct dat hij in de
achtertuin een klein vrachtwagenpark kwijt kon en dat de
stallen prachtig konden dienen als werkplaats en garage.

Er waren natuurlijk nog meer redenen. Ik was niet de enige die het benauwd kreeg in het overvolle doorzonhuis. Wat
mijn ouders ook gehoopt hadden toen ze met de kleine Clive
aan een leven als echt gezin begonnen, hun geluk werd vrijwel onmiddellijk verstoord door de komst van grootmoeder
en mijn misère, en langzamerhand zat The Arowry nummer 4 barstensvol frustratie. Grootmoeder, die steeds bro-
zer werd en niet meer buiten kwam, en beefde door de parkinson maar ook van machteloze woede, kon de steile trap
naar de badkamer bijna niet meer op komen en Clive zwierf
op alle tijden van de dag buiten rond, net als ik had gedaan.
Iedereen vond het er vreselijk. Maar als we uit waren geweest op meer status, zoals het hoorde, hadden we eigenlijk een keurige halfvrijstaande, van alle moderne gemak-
ken voorziene vijfkamerwoning moeten kopen. Nu gingen
we terug naar de toekomst. Sunnyside had een krachtige
uitstraling van bouwvalligheid en persoonlijke vrijheid
waar we geen van allen weerstand aan konden bieden – be-

halve Clive dan, maar die telde nog niet mee. We gingen terug naar de pastorie, maar zonder grootvader – heerlijk voor mijn ouders, en (zelfs) voor mij en voor grootmoeder, want ondanks de vrolijke, gezellige naam was het een donker, teruggetrokken huis met heel veel door dikke muren gescheiden kamers.

De vorige eigenaar had aan het eind van zijn leven alleen nog maar heen en weer gesloft tussen twee vertrekken, de woonkamer en de keuken ertegenover, door een groene gecapitonneerde deur die vroeger de scheiding vormde tussen bedienden en meesters, maar door zijn scharnieren gezakt was en nu niet meer dicht kon. In het stof van jaren had hij een pad uitgesleten waarop je nog net de mozaïekfiguren in de stenen vloer van de gang kon zien. Sonny (Sunny?) Foulkes. Zijn ouders hadden het huis in 1919 gekocht – de zwierige kapitein van de Irish Guards die het had laten bouwen was in de Eerste Wereldoorlog gesneuveld. Het was oorspronkelijk gebouwd voor allerlei vermaak, dat kon je nog zien, want Sonny had het bewoond alsof hij er clandestien ingetrokken was, zonder iets te veranderen. Er was een hele 'vleugel' met een biljartkamer en (op de verdieping erboven) vijf kleine slaapkamertjes voor het personeel; kelders met wijnrekken, vliegenkasten en haken om wild aan te hangen; een kast voor jachtgeweren die deskundig geplunderd was door jongens uit de nieuwbouwwijk, hoewel ze een opgezette windhond in een vitrine hadden laten staan; een hobbelige tennisbaan vol molshopen; een flinke paddock waarop een stuk of wat paarden konden grazen; een boomgaard met halfdode kersen-, pruimen-, appel- en perenbomen; zeldzame, door een liefhebber gekweekte rozen die strijd leverden met onkruid en frambozenscheuten; en een schuurtje voor visgerei dat tot aan het dak volgepakt stond met lege ginflessen. In de dode bladeren waarmee de regenpijpen verstopt zaten woonden sierlijke lichtgele hagedissen. Dit was een Maelor van de geest, een losgeraakt stukje tijd. Hier zouden we weer in een sociaal niemandsland zijn, niet te plaatsen, met heel veel *lebensraum* om in eenzaamheid bizarre grieven en dromen te koesteren.

Met wat minimale moderniseringen – elektrisch licht aanleggen in plaats van de lekkende gaspitten, het grote fornuis vervangen, dat bij de eerste aanraking in een rode stofwolk in elkaar zakte – en wat doe-het-zelven met verf en behang zou het prima bewoonbaar zijn. Mijn moeder zag niet op tegen het huishoudelijk werk, want ze vermoedde meteen al dat het minder zou zijn, omdat het hoe dan ook onmogelijk was om zo'n groot huis schoon te houden. In dit huis had je pastorievuil, niet het gewone soort waarvan verwacht mocht worden dat je het opdweilde. Om het vuil te completeren werden spullen uit de pastorie na jaren uit de opslag gehaald, hoewel de meeste niet verder kwamen dan theekisten die in de biljartkamer opgestapeld werden. Daar werden ze door Clive en een nieuw vriendje, Jeff, dat net over de grens van de achtertuin woonde, geduldig aan stukken geschoten met een speelgoedkanon waarvan ze het bereik spectaculair verbeterd hadden met eigengemaakt buskruit.

Sunnyside had voor elk wat wils en bracht ons voor korte tijd samen doordat het ons in staat stelde ieder onze eigen gang te gaan. Op de avond dat we uiteindelijk verhuisden was er een ogenblik van zeldzame verstandhouding. Grootmoeder was al geïnstalleerd, terwijl wij teruggegaan waren naar Hanmer om nog wat laatste spulletjes op te halen. Toen we terugkwamen en de auto over het grind van de oprit – onze oprit – knerpte, zagen we haar in de omlijsting van het gordijnloze erkerraam op een hoge stoel zitten, alsof ze in de ruimte zweefde. Haar voeten konden niet bij de kale vloerplanken. Ze baadde in het groenige licht van de televisie en schudde haar vuist naar de worstelaar op het scherm – net een heks, grotesk en (akelig) thuis. We lachten hysterisch tot de tranen ons over de wangen liepen. Maar het was ook wel terecht dat ze zich thuis voelde, want de zeshonderd pond die ze grootvader had afgeperst en op een spaarbankrekening op mijn naam had gezet was helemaal gebruikt voor de koop van het huis. Mijn ouders gingen er redelijkerwijs van uit dat het hoe dan ook onrechtmatig verkregen geld was en dat ze het hun verschuldigd was voor alle jaren waarin ze niet voor kost en inwoning had betaald en de nog komende jaren waarin ze dat ook niet zou doen. En als je het mij vroeg, ik wist toen al dat bezit diefstal was. Maar hoewel ik probeerde me bestolen te voelen, was ik er net zo voor om te verhuizen als de anderen.

Meer nog. Ik begon te denken dat *ik me nergens door had laten tegenhouden*: niet door mijn heimelijke arrogantie en hopeloze verlegenheid, niet door het tellen in koolstronken en de vlekken in mijn schriften, mijn luizen en mijn beugel en mijn boekenwijsheid, niet door het bewonderend in de badkamerspiegel kijken naar de linkerkant van mijn gezicht... Sunnyside, waar de ziel van de pastorie gereïncarneerd leek te zijn in een nieuw lichaam van baksteen en specie, gaf me een vals gevoel van veiligheid. Ik had de afgelopen zomer een goed rapport gehad, en hoewel mijn ouders het met de directrice eens waren geweest dat ik (ondanks mijn hoge cijfers voor wiskunde) meer aanleg had voor de alfavakken en ik niet naar de jongensschool zou gaan om natuur- en scheikunde bij te spijkeren, vocht ik niet echt voor mijn recht om in witte jas mijn steentje bij te dragen in de ruimtewedloop. Ik hoefde niet meer naar de jongensschool om met de jongens te concurreren – te verbroederen – omdat Vic en zijn vrienden (van wie de meesten Engels en geschiedenis of oude talen deden), het groepje van meneer en mevrouw Davies, in de eerste maanden van het nieuwe schooljaar al een soort klasgenoten waren geworden voor Gail en mij.

Dat was tenminste het verhaal waarmee ik mijn ouders afscheepte toen ze gegeneerd met de vraag op de proppen kwamen wat ik uitvoerde. Ik beschreef ons zo ongeveer als de bus vol niet al te snuggere jongelui die een paar jaar later vereeuwigd zouden worden in Cliff Richards *Summer Holiday* – te jong om verliefd te worden (want als dat gebeurt, is het menens), te druk bezig met hun start in het leven om te tobben over seks, te goedgewassen, onbedorven, levenslustig en normaal om zich niet veiliger te voelen in groepsverband (ze gaan met zijn állen op vakantie).

Er was één pijnlijk voorval, voordat we verhuisd waren, toen ik een keer naar Sunnyside ging om mee terug naar huis te rijden met mijn vader, die aan het stuken was in de keuken (door een loos alarm over mond- en klauwzeer was het een slappe tijd in de zaak), en hij een gewichtige monoloog begon over hoe belangrijk het was om zelfdiscipline en zelfrespect te hebben en... In paniek snoerde ik hem de mond door de praatjes af te draaien die we op school bij de dagopening te horen hadden gekregen over vrijheid en verantwoordelijkheid, en dat je vrij moest zijn om verantwoordelijk te kúnnen zijn. Ik geloof niet dat ik de onsterfelijke woorden van Milton al had gelezen, die zegt een gekerkerde deugd niet te kunnen prijzen, anders had ik ze vast en zeker geciteerd. Het maakte me niet uit wat ik zei, als ik hem maar kon afhouden van een afgrijselijke poging tot vertrouwelijkheid en een 'begrijpend' gesprek over een beetje vrijen, stevig vrijen en te ver gaan. Ik sloeg een nog moralistischer toon aan dan hij, waarmee ik een gesprek over wat ik wel en niet deed volstrekt onmogelijk maakte. Ik loog vlot en overtuigend en schijnheilig, omdat ik het zelf niet precies wilde weten. Ik hád het niet gedaan, maar niet om de redenen die hij bedoelde. Het ging hem niets aan, en het had in elk geval niets te maken met mijn persoonlijke integriteit, zoals hij scheen te denken.

Misschien had hij praatjes gehoord over Vics broer Cyril, die vrachtwagenchauffeur was, in de twintig, en al een meisje zwanger had gemaakt en voor had moeten komen in verband met het vaderschap. Iedereen in Whitchurch kende Cyril. Hij was eigenlijk Vics halfbroer: toen mijn moeder en de zijne in de jaren dertig verkoopster waren bij Dudleston's, was Vics moeder weduwe en heette ze mevrouw Price, en algemeen werd aangenomen dat Cyril – die niet alleen een charmeur was maar ook intelligent – zo'n raddraaier was geworden door de slaande ruzies met zijn stiefvader, reden voor hem om weg te lopen en bij zijn grootouders te gaan wonen, zijn school niet af te maken en tractorbestuurder te worden. Hij werd ook nog net op tijd opgeroepen voor militaire dienst om naar Suez te gaan, wat hem geen goed had gedaan: toen hij terugkwam uit Cairo was hij een echte vechtersbaas en deed zich kennen als versierder en als lid van de arbeidersklasse. Maar goed, Vics moeder was een oude vriendin, en ze had zo duidelijk verdriet van de breuk met Cyril en van zijn slechte reputatie dat mijn ouders het niet over hun hart konden verkrijgen om Vic helemaal af te wijzen. Tenslotte zat hij nog op school, in de eindexamenklas, en (zoals ik vaak tegen ze zei) waren we altijd met een heel stel bij elkaar.

Gail was trouwens de aanleiding geweest van het eerste echt serieuze gesprek dat Vic en ik hadden, waarin we elkaar wat meer – en steeds meer, toen we eenmaal begonnen waren konden we niet meer ophouden – vertelden over thuis. We waren bij een tennisclub in Whitchurch waar Michael Price speelde en het plan was dat we haar zouden helpen hem te strikken voor een partij gemengd dubbel. In plaats daarvan wisselden wij onze kinderjaren uit en zaten samen in de schaduw, en terwijl haar avances als gewoonlijk weinig succes hadden, namen wij elkaar onbekommerd in vertrouwen. We vertelden sterke verhalen over het afgrijselijke leven in onze respectievelijke nieuwbouwwoningen en sloopten de façade waarmee onze ouders hun privacy afschermden. De gruwelijkheid en idiotie van de situatie bij hem thuis had iets wonderlijk vertrouwds. We ontdekten dat krankzinnigheid ons kruis was. Mijn grote troef waren mijn grootouders, die van Vic was zijn vader. Die kwam ook uit Zuid-Wales, uit het dal naast Tonypandy, of er vlakbij – Abercynon – en hij was klein en breed, net als grootmoeder.

Hij had een lange militaire loopbaan als beroepssergeant achter de rug toen hij na Duinkerken als oorlogsinvalide uit actieve dienst ontslagen werd, na bijna twintig dienstjaren en zonder behoorlijk pensioen. Was hij al labiel, al jarenlang, en hadden ze dat in het leger pas onlangs gemerkt, was hij getraumatiseerd bij de aftocht of werd hij gek van het burgerleven? Een tijdlang was er niets te merken: toen Vic in 1942 geboren werd had hij een ambtenarenbaan bij de bevoorrading van het leger en hij was thuis wel autoritair en een drilmeester voor zijn stiefzoon – Cyril klom op zijn elfde uit het badkamerraam om aan een pak rammel te ontsnappen en kwam nooit meer terug –, maar dat was in die tijd helemaal niet zo vreemd. Pas in de jaren vijftig werden zijn stemmingswisselingen extremer en begon hij met een nieuwe strengheid bevelen te geven. Een tijdje later was er op een dag een typiste op kantoor die weigerde te gehoorzamen en sloeg hij haar.

Terwijl Michael Price serveerde en Gail zijn elegantie bewonderde, luisterde ik gefascineerd. Vics vader werd prompt ontslagen en de huisarts vond plotseling dat hij in de war was. Hij werd opgenomen en de diagnose luidde paranoïde schizofrenie. Psychiaters waren toen erg zeker van zichzelf als ze eenmaal tot de conclusie gekomen waren dat je gestoord was, en bovendien had hij de klassieke symptomen: hij bleek al een tijd geheime boodschappen te ontvangen, hij was onderofficier in vreemde krijgsdienst. In het ziekenhuis kreeg hij een heleboel elektroshocks en wat kalmerende middelen, en maanden later werd hij naar huis gestuurd zonder dat ze veel aan zijn wereldbeeld hadden veranderd.

Dat zal rond 1956 of 1957 geweest zijn, niet lang voordat ik Vic ontmoette op het schoolbal. Ze woonden toen nog niet zo lang in de nieuwbouwwoning, ze hadden daarvoor in grotere, betere huurhuizen gewoond, maar nu er geen kans meer was dat zijn vader weer aan het werk zou gaan konden ze die niet meer betalen. Aan Cyril, die in recordtempo banen vond en weer kwijtraakte, hadden ze weinig en bovendien wilde hij niet met hen onder één dak wonen, en Vic moest van zijn moeder beslist op school blijven – hij was haar laatste hoop, hij moest *vooruitkomen* ondanks de rampzalige toestand. Daar zaten ze dan op Thompson Drive in een huis met net zo'n woonkamer als in The Arowry, hoewel Vics moeder, die dol was op tuinieren, al bezig was het hek van harmonicagaas te bedekken met klimrozen en de borders vol te zetten met winterharde planten. Zijn vader had een enorm hoofd, een lange witte baard en een dreigende blik als een oudtestamentische profeet. Het grootste deel van de dag zat hij met zijn pantoffels aan voor de televisie; soms keek hij naar de programma's, dan weer had hij voeling met Kanaal 13, dat voor de meeste mensen zinloos gebrom en sneeuw bood maar voor hem met orders kwam waar hij aandachtig naar luisterde.

Hij was er niet beter aan toe, alleen wat gekalmeerd, en nog steeds nam hij af en toe de benen: haalde de gezamenlijke rekening leeg, schoor zich en vertrok in zijn nette pak met een bloem in zijn knoopsgat naar Windsor, Sandringham of Balmoral. Onder zijn kussen of in zijn zak had hij altijd een helemaal verkreukte foto van de jonge koningin bij de vlaggenceremonie op haar verjaardag, en van tijd tot tijd werd hij naar haar toe gestuurd, van hogerhand. Iedere keer werd hij opgepikt door de veiligheidspolitie en na een korte ziekenhuisopname teruggebracht naar Thompson Drive. Vics moeder had een afkeer van wat er van hem geworden was, maar liet hem steeds weer terugkomen. Toen ze elkaar voor de oorlog hadden leren kennen en getrouwd waren, was hij zo zelfverzekerd en kwiek geweest dat ze vond dat ze hem nu niet in de steek kon laten, hoewel hij in zijn hoogmoedswaanzin neerkeek op haar geduld en zelfopoffering. Haar baan was hem te min, ook al kwam daar het geld vandaan voor zijn onderhoud en zijn kleine genoegens, zoals de sjekkies waar vonken af vielen die gaten brandden in de voorkant van zijn vest.

Vics moeder klaagde nooit, cijferde zichzelf weg, en wilde zo graag gewoon een normaal, fatsoenlijk leven leiden dat Vic soms ook razend op haar werd. Ze kwam uit een familie van kleine boeren en vond hard werken iets vanzelfsprekends. Het was afschuwelijk voor hem al haar hoop op zich gevestigd te weten; hij kon het niet laten zich te misdragen. Ze prees hem in zijn gezicht, terwijl mijn ouders altijd alleen maar trots op me waren tegenover andere mensen, maar we moesten allebei presteren op school. Daardoor alleen al waren wij anders dan de rest, want de meeste van onze leeftijdgenoten hoefden alleen maar de status-quo van de middenklasse te handhaven: te hard je best doen was in Whitchurch een teken dat je een buitenstaander en een streber was. En zo zorgden onze ouders er onbewust voor dat wij elkaar vonden, hoewel in hun ogen een vriendje of vriendinnetje, en zeker een die in hetzelfde schuitje zat, het laatste was waar wij behoefte aan hadden. Maar het was al te laat. Tegen de tijd dat de zon die dag onderging op de tennisbaan en Gail een laatste, eenzame oefenbal in het net mepte, hadden hij en ik ontdekt dat we wonderbaarlijk op elkaar leken. Zelfs het erven van het verkeerde gebit zat in onze genen: hij had maar een paar blijvende tanden en kiezen, terwijl zijn nichtje Sheila er veel te veel had; en nu ik geen beugel meer had kon ik bekennen dat het bij mij net zo was.

Hij leek meer op me dan Gail – hij was altijd onzeker van zichzelf, en popelde van ongeduld om volwassen te worden en zich te bevrijden van de vernederende afhankelijkheid. Zijn beeld van de toekomst was realistischer dan het mijne, maar dat wilde nog niet zeggen dat hij er meer in geloofde, want hij zag vol ongeloof uit naar de baan als bankemployé of ambtenaar waar zijn moeder dolblij mee zou zijn en waardoor hij zich oprecht zou voelen, of tenminste minder schuldig. Terwijl ik alleen aan mezelf dacht en eenvoudigweg droomde van weglopen, waarschijnlijk naar de universiteit, waar ik een of andere beschermengel zou vinden die me alles zou leren en een vrouw van de wereld van me zou maken.

We kwamen dus geen van beiden op het idee dat de ander het antwoord was op onze problemen, het was meer zo dat we onze moeilijke omstandigheden met elkaar deelden, maar hoe het ook zat, in die tijd waren we onafscheidelijk. In het najaar voordat we naar Sunnyside verhuisden, toen ik vijftien was en hij zestien, bracht hij mij (en vaak ook Gail) naar de bus, met zijn fiets aan de hand, gingen we op zaterdag naar de film, veroverden een plaats op de achterste rij en hielden elkaars hand vast. Op een dag in november leerde hij me klokkijken, op de klok in het tochtige busstation. Ik haalde hem over zich terug te trekken uit de cadetteneenheid bij hem op school omdat hij zich daardoor conformeerde aan het verleden (hij moest er toch niet aan denken dat hij *op zijn vader zou lijken*?) en ik paste ervoor met hem gezien te worden als hij in uniform was.

Ik vermeed het mijn blik op de toekomst te richten. Al had ik niet de hevige twijfels die ik had nadat ik voor het toelatingsexamen was geslaagd, nu ik naar de zesde klas was gegaan en we naar Sunnyside waren verhuisd voelde ik tot mijn verbazing een zinloos heimwee naar de hobbelige paden en drassige weilanden van Hanmer. Niet de mooie plekjes, maar de grond onder je voeten. Somber installeerde ik me in een boom en las hoe Wordsworth zichzelf ervan probeerde te overtuigen dat het draaglijk was om van de natuur vervreemd te raken. De natuur in Hanmer was niet subliem, de eenzame zwerftochten in mijn kindertijd hadden niet de vervoering teweeggebracht die Wordsworth zich herinnerde. Toch meende ik het te herkennen, hoe hij zich plotseling bewust was van zichzelf, dat gevoel een vreemde te zijn in een landschap dat je heel vertrouwd is, alsof het een schilderij is en je niet over de lijst heen kunt stappen. Wordsworth drukte zijn neus tegen het glas van het schilderij en benijdde de overleden plattelanders zoals Lucy:

> Beweging heeft ze niet, geen kracht,
> Blind nu, en doof en koud,
> Wentelt de aarde dag en nacht
> Haar rond, met rots en woud.

Bij het lezen van regels als deze werd ik onrustig, geobsedeerd door het gevoel dat het boek dat ik in mijn handen had een antiboek was. Hoe meer je las over Lucy of over Betty Foy en haar zwakzinnige zoontje of het eenzaam maaiende meisje uit de Hooglanden of de oude bedelaar uit Cumberland, en hoe vertrouwder je met ze werd, hoe meer het leek of belezenheid een vergissing was. Aan de andere kant vermoedde ik dat ik in de wereld van Wordsworth óók maar een bobbel in het landschap zou zijn geweest – niet echt dood, maar ook niet direct levend, en zeker niet bezig met dat antiboek van Wordsworth als verplichte lectuur.

'Nooit heeft de Natuur verraden 't hart dat van haar hield,' schreef Wordsworth. Of liever gezegd: 'Nooit heeft de Natuur verraden/ 't Hart dat van haar hield.' Het was aan hem te danken dat ik had ontdekt dat ik een fotografisch geheugen had, want verder kon niemand van de klas zich herinneren waar de regels van zijn blanke verzen eindigden, hoewel het afbreken van de regels de levensbedreigende hik in hun hartslag was. Ik hoefde alleen maar mijn inwendig oog te raadplegen en ik zag de woorden op het papier voor me, wat ongetwijfeld de reden was waarom ik het er bij examens zo goed afbracht.

De werkelijke, materiële wereld nam ik minder precies waar, er kwamen geluiden, geuren en de stemmen van andere mensen tussen, zodat het heden een vage vlek was, net als de toekomst. Ik kon er niet achter komen wat ik wilde. Er werd bijvoorbeeld verwacht dat je koos tussen jongens en boeken, omdat meisjes helemaal in beslag genomen werden door seks, je geslacht was *een groot deel van je* terwijl het bij een jongen niet meer dan een aanhangsel was, als meisje wás je je geslacht, dus moest je het zonder seks doen wilde je genoeg energie, zelfbeheersing en verstand overhouden voor iets anders. Volgens diezelfde logica kreeg een meisje van de regionale onderwijscommissies geen studiebeurs meer als ze samenwoonde, ging trouwen of zwanger werd, omdat dat verspilling van openbare middelen was, hoewel die beurs waarschijnlijk toch al een verspilling van openbare middelen was (vonden veel mensen) omdat de meisjes na hun afstuderen zouden trouwen, kinderen krijgen en hooguit een parttime baan zouden hebben, waarvoor ze ook nog te hoog opgeleid waren. Er waren wel vrouwen die niet trouwden, maar die waren onvrouwelijk, gefrustreerd, van nature geslachtloos of, bijna net zo erg, lesbisch, en ze compenseerden hoe dan ook alleen maar het feit dat niemand ooit een oogje op ze gehad had. Als ze maar even de kans kregen zouden ze ontdooien zoals die draken van carrièrevrouwen in films, die begonnen te spinnen als onze held hun bril afnam en hun glad achterovergekamde haar losmaakte.

Misschien had mijn klassenlerares die mythen in gedachten toen ze bij wijze van stille wenk een keurig bergje schuifspeldjes op mijn tafeltje legde. Mijn haar was weer lang en slierde om mijn hoofd, en ik hoefde ook geen bril te dragen, dus had ik niet het uiterlijk voor zo'n rol. Die wilde haren hoorden te wachten tot het eind van de film. Maar ik dacht dat mijn werkelijke idee van mezelf onzichtbaar kon blijven als ik de mensen niet in de ogen keek. Alles wat in die tijd over seks gezegd werd ging over gescheiden werelden. Wij dachten dat de adorerende sonnetten van Shakespeare aan een meisje waren gericht, we lazen *Lady Chatterley's minnaar* voor ons eindexamen in de gekuiste versie – maar ook al hadden we de volledige tekst gehad, dan geloof ik niet dat we begrepen zouden hebben dat de meest gewijde, vergaande daad van intimiteit tussen Connie en Mellors op sodomie neerkwam, zo luid waren de aansporende kreten van natuur en realisme die verhulden wat mensen eigenlijk deden. Het verschil was onontkoombaar. Zelfs al dacht je dat je een onafhankelijke geest of een vrijgevochten type was, je vrouwelijke natuur zat nu eenmaal zo in elkaar dat je niet anders kon dan nog eens meewentelen met de rots en het woud. Onze helden van de beatgeneration hebben diezelfde wereld opnieuw uitgevonden. Joyce Johnson, de geliefde van Jack Kerouac, heeft beschreven hoe haar rol gezien werd:

Zou hij ooit een vrouw mee kunnen nemen op zijn reizen...? Iedere keer dat ik die vraag probeerde te stellen, hield hij me daarvanaf door te zeggen dat ik eigenlijk niets anders wilde dan kinderen krijgen. Dat wilden alle vrouwen en dat wilde ik ook, ook al zei ik van niet. Nog liever dan een groot schrijfster worden wilde ik leven ter wereld brengen, een schakel worden in de keten van lijden en dood.

Het kostte Joyce bijna dertig jaar om die holle frasen zo koel op papier te krijgen. Het is wrang om te beseffen dat je een product van die mythen was: meisjes waren een gevaar voor toekomstig succes, een valkuil voor jongens, hoewel je achteraf inziet dat het omgekeerde het geval was. In die onweerstaanbare verhalen over vrijheid staan de behoeften van meisjes van tevoren al vast. Net als Lucy hoor je stil te blijven zitten op één stipje in de tijd.

Ik herinner me een platgedrukt plekje in het lange, doorgeschoten gras op de berm van het jaagpad langs het Shropshire Union Canal. Het is een warme, zonnige zomermiddag, een jaar na de tijd dat we onze situaties thuis gingen delen, en Vic en ik zijn vrijwel onzichtbaar vanaf de weilanden, maar niet voor wandelaars op het jaagpad en vanaf kanaalboten, al zijn die er maar heel weinig. Het is niet veilig om ons uit te kleden, we zouden ons zekerder voelen in het donker, maar wat we doen valt niet onder het standaardprogramma van intimiteiten, het telt niet. We proberen in elkaars huid te kruipen, maar zonder onze kleren uit te trekken, en de lichaamsdelen die elkaar raken zijn omwikkeld met dikke knoedels van overhemden, spijkerbroeken, onderbroeken. Er zijn geen ontspannen liefkozingen, geen lange blikken, het is een bezerend soort zaligheid die voornamelijk pijn doet. Er zwermen korreltjes stuifmeel om ons heen, samen met ontelbare kleine motjes en vliegjes van wie dit plekje eerst was. We gaan in elkaar op, met halfgesloten ogen, houden met gestrekte armen elkaars handen vast, op elkaar gekruisigd, duwend en kronkelend. Onze kussen lijken wel mond-op-mondbeademing – je zou denken dat we doodgingen, zo dringend is het, die kinderlijke rekenkunst van één is niet door twee deelbaar.

Stipjes in de tijd. Op een dag dat mijn ouders er niet zijn liggen we aan de rand van het oude tennisveld bij Sunnyside, tussen het onkruid, en wordt er op het raam getikt. Grootmoeder tuurt naar buiten, te bijziend om details te kunnen onderscheiden, maar ze kan wel zien dat mijn houding horizontaal is en dat ik mijn armen om een jongen heb, en dat is genoeg. Klop-klop-klop, luisteren. Ik deed mijn ogen wijd open en keek naar ons, en zag dat mijn borsten en zijn bovenlijf bedekt waren met kleine wormpjes vuil, gerold van zweet en stof door het tegen elkaar wrijven. Die dag is me speciaal bijgebleven.

Maar de meeste dagen van de zomervakantie vloeien in elkaar over. Elke ochtend zat ik in de keuken naast de open haard, in een stoel die bedekt was met kranten (omdat mijn vader daar als hij van zijn werk kwam in zijn vuile overall ging zitten om zijn laarzen uit te trekken), en vertaalde ik twee- of driehonderd regels van de *Aeneis* van Vergilius, zonder een woordenboek te gebruiken, gissend naar de woorden die ik niet kende. Latijn was nog altijd mijn lievelingsvak; ondanks *Lady C.* en mevrouw Davies was het bijna een soort gesanctioneerde luiheid om daar het epos van Rome te zitten opkrabbelen terwijl de oude *Daily Mail*s onder me kraakten. 's Middags ging ik met Gail tennissen op de baan in Whitchurch, of zwierven we vanaf Edwards van koffieshop naar melksalon, of draaiden we platen, of ging ik met Vic langs het kanaal wandelen om een nest te maken in het gras. Op een dag vertelde Gail me dat Vic aan een vriend had verteld, die het aan zijn vriendin had verteld, die het weer aan haar had verteld, dat wij het gedaan hadden en dat hij een aandenken had in de vorm van een veeg of spetter bloed op zijn verschoten spijkerbroek, als bewijs. Ze was geschokt dat er zoiets belangrijks was gebeurd en ik haar niet in vertrouwen had genomen. Maar het was niet waar, protesteerde ik, echt niet, anders had ik het wel verteld – en hij en ik hadden een boos, verwijtend gesprek over loyaliteit, verraad en opschepperij, want tenslotte hádden we het toch niet gedaan?

Het was zo ondenkbaar dat ik toen ik me niet lekker voelde, een opgeblazen gevoel en hoofdpijn had, misselijk was en, o ja, niet ongesteld was geworden, in bed bleef en we onze nieuwe dokter lieten komen, een bleke, stijve dertiger, dokter Clayton. Nadat hij mijn temperatuur had opgenomen, naar mijn stoelgang had geïnformeerd en naar mijn tong had gekeken, ging hij voor het raam staan en keek naar de bruine beuk, schraapte zijn keel en vroeg of ik – eh – zwanger kon zijn? Nee, zei ik, en ik kreeg het plotseling warm. Nee. Hij raadde toch een zwangerschapstest aan. Intussen slikte ik aspirine tegen de pijn, maar die ging niet over en hoewel de school was begonnen en ik klaar was met Vergilius, bleef ik dagen thuis. Op een van die dagen kwam dokter Clayton weer langs, opgelaten en verbaasd. Hoe oud was ik? Zestien. Hij had gehoord dat ik een intelligent meisje was, dat ik goede cijfers haalde op school, hadden we helemaal geen biologielessen? Ik moest toch geweten hebben wat ik deed... Door zijn eerste woorden en zijn toon, waarin vermoeidheid en minachting klonken, wist ik dat het waar was, net zo zeker als ik tot dat ogenblik wist dat het niet waar kon zijn.

Ik was door de mand gevallen, ik zou moeten boeten. Ik was zwanger, ik zou geen geheimen meer hebben, ik zou ontmaskerd worden als een huichelaarster, ik had mijn lot niet meer in eigen hand, mijn verraderlijke lichaam had me op de een of andere manier overgeleverd aan anderen. Dokter Clayton vroeg of hij het aan mijn moeder moest vertellen, maar het was eigenlijk geen vraag. Ik zat daar in mijn nieuwe slaapkamer in Sunnyside, en alles viel op zijn plaats in mijn pijnlijke hoofd, bonk bonk bonk. Mijn moeder kwam boven en deed de deur open, haar gezicht was rood en opgezwollen van verontwaardiging, haar ogen schitterden van de tranen. Ze gaat het verklikken, deze keer, gegarandeerd. Even zegt ze niets en dan komt het er jammerend uit: *Wat doe je me aan?* Steeds weer. Ik heb alles bedorven, nu wordt dit net zo'n schandelijk huis als de pastorie. Ik heb haar bezoedeld en beledigd met mijn promiscuïteit, mijn sluwe, groezelige lusten... Ik heb het gedaan, ik heb mijn moeder zwanger gemaakt.

XVI

Een dochter voor de duivel

De bedoeling van mijn ouders was dat ik naar een kerkelijk tehuis voor ongehuwde moeders zou gaan, waar je op je knieën berouw toonde (door vloeren te schrobben en te bidden), je kind kreeg (dat meteen geadopteerd werd door nette getrouwde mensen) en nederig en met holle ogen terugging naar huis. Iedereen zou grootmoedig doen alsof er niets was gebeurd, zolang je maar niet de indruk wekte dat je het naar je zin had of een te hoge dunk van jezelf had – van nu af aan mocht je van geluk spreken als ze je steno en typen lieten leren. Zo zie je wat je met die zogenaamde slimheid bereikte...

Mijn vader reageerde geschokt, maar ook triomfantelijk. Net zoals hij vroeger zijn best had gedaan om de verdorvenheid van de pastorie uit me te slaan, veroordeelde hij me nu streng om mijn schandalige vergrijp tegen het fatsoen, de monogamie en mijn moeder. Hij zat hoog te paard en redde haar nogmaals ridderlijk uit het afgrijselijke verleden, en zij zat achter hem, haar armen om zijn blinkende wapenrusting geklemd. Ik huilde en jammerde, en haalde me een ander beeld voor de geest, van een louche lord Carlton die langsgaloppeerde, maar dat hielp niet, die zou niet komen. Toch bezwoer ik mezelf dat ik niet naar hun kerkelijke tehuis zou gaan, ik zou nog eerder over de M1, de splinternieuwe snelweg, naar Londen liften, de weg naar Soho vragen, en op zoek gaan naar een man met een sigaret in zijn mondhoek en een wereldwijs, taxerend lachje, die een clandestiene abortus voor me zou regelen, zodat ik aan mijn loopbaan in het kwaad kon beginnen.

Een probleem was dat liefdadige instellingen je pas opnamen als je zes maanden zwanger was, en ze konden geen plek bedenken om me tot die tijd heen te sturen. Mijn moeder wilde niet dat de mensen in Zuid-Wales het te weten kwamen en mijn vaders tante in Queensferry was te oud, hoewel niemand me daar kende en zij in de oorlog het toezicht had gehad over gevallen fabrieksmeisjes. Omdat er nog niets te zien was werd besloten dat ik voorlopig gewoon naar school zou gaan en het aan niemand zou vertellen. Er was tenslotte nog een kans dat ik een miskraam kreeg. Dokter Clayton zei dat ik moest blijven meedoen met gymnastiek – maar dat deed ik al lang niet meer en als ik weer begon tegen springpaarden aan te lopen zou ik maar de aandacht op mezelf vestigen. Omdat hij van oordeel was dat ik overspannen was, schreef hij ook nog slaappillen voor, want hij wist niet dat ik nooit veel sliep. Hij gaf ze aan mijn moeder, die me er telkens één moest geven om te voorkomen dat ik een zelfmoordpoging zou doen, maar daar dacht ik niet over, zelfs niet om hen te laten schrikken. Ik wilde niet aan hun verwachtingen beantwoorden – zelfmoord zou een erkenning van schuld en wanhoop inhouden, terwijl ik me helemaal niet schuldig voelde, ik was alleen maar kwaad. Zij mochten dan razend zijn, *ik was het ook*, en ik was niet van plan iemand een excuus te verschaffen om me naar een psychiatrische inrichting te sturen.

Maar ik vroeg me wel af of ik gek werd. Hoe had ik me zo kunnen vergissen? De situatie was zo onwerkelijk dat ik veel eerder op een zwangerschap voorbereid geweest zou zijn als we een condoom hadden gebruikt, want dat zou betekend hebben dat ik wist wat we deden (maar dan had ik het niet gedaan). Hoe dan ook, kapotjes, rubbertjes – de enige voorbehoedmiddelen die te krijgen waren, en alleen voor jongens – werden, net als alle andere manieren om seks en voortplanting van elkaar te scheiden, door de mythen van die tijd verketterd. Vrijen met een condoom was net zoiets als douchen met je sokken aan, zeiden jongens vals, en het was bovendien een belediging voor het meisje, want je gebruikte er alleen een om hygiënische redenen. En ook elkaar bevredigen, vrijen als je ongesteld was, orale seks, sodomie waren allemaal verboden omdat ze smerig, ziek, pervers of misdadig zouden zijn. Zo spande alles samen om van de ene ware daad tegelijkertijd een fetisj en een taboe te maken.

Dit gedachtegoed was diep in mijn geest doorgedrongen, daar zat hem de kneep – ik deed maagdelijkheid smalend af als iets wat 'keurige' meisjes op de huwelijksmarkt verhandelden voor een rijtjeshuis in de buitenwijken en een auto, maar ik koesterde het idee dat echte seks een soort visionaire initiatie was waarbij je totale persoon was betrokken. Het leek of Amber tot dat moment maar half had geleefd, en volgens Lawrence (zoals we ernstig opschreven) was de fallus een zuil van bloed die het dal van bloed van een vrouw vulde. Daarom was ik er zo zeker van dat ik het niet had gedaan. En zelfs volgens het meest primitieve morele boekhoudsysteem betaalde je immers voor genot, en omdat ik het genot niet had gehad hoorde ik niet te betalen. Het was regelrecht oneerlijk, als een soort parodie op de onbevlekte ontvangenis... Het eerste gynaecologische onderzoek dat ik onderging was mijn definitieve defloratie. Ik had pijn en bloedde, want ik was nog gedeeltelijk maagd – zelfs dat was in feite, in tegenspraak met de mythen, geen kwestie van wel of niet.

Maar toevallige omstandigheden telden niet. Ongehuwd zwanger worden betekende dat je in elk geval niet deugde, wat weer betekende dat je ofwel meelijwekkend, ofwel inslecht was, en het was niet moeilijk daartussen te kiezen. Ik had me meer dan eens verdiept in *Een dochter voor de duivel* van Dennis Wheatley (een bestseller uit de jaren vijftig en een van de antropologische boeken van oom Bill), waarin beschreven wordt hoe platvloerse vormen van erotiek de westerse beschaving bedreigen. De heldin gedraagt zich overdag netjes, maar als de schemering valt doft ze zich op, drinkt, gokt, kust mannen met haar mond open en laat zien dat ze voor zichzelf kan zorgen – ze vuurt bijvoorbeeld een automatisch geweer af. Toch is dat niet haar ware aard; ze was als baby door haar vader aan de duivel toegewijd, in ruil voor rijkdom en succes. Pa heeft zichzelf omhooggewerkt en is daardoor ook een agent van het bolsjewisme: de satanisten die hem hebben gerekruteerd werken voor de Sovjets, en hebben geheime plannen om homunculi te vervaardigen voor Big Brother, en hun spionnen en bondgenoten zijn 'pederasten, lesbiennes en oversekste mensen van alle leeftijden'. Onze heldin wordt op het laatste nippertje gered voordat ze haar maagdelijke bloed aan het rijk van het kwaad kan schenken en wordt op haar eenentwintigste verjaardag door haar berouwvolle vader ongedeerd aan de held toevertrouwd.

De charme van het boek zat natuurlijk in het eigenaardige gedrag van Ellen/Christina als ze niet zichzelf was – in een gedenkwaardige scène verstuikte ze haar enkel en vroeg de nerveuze held haar te helpen haar kous op te trekken: 'Het vlees daar leek net een kussen van zwanendons onder een strakgetrokken huid van vliesdun rubber,' meldde hij met ontzag, waarna hij abrupt zijn hand terugtrok; hij was bijna van zijn stuk gebracht door Satan! Nu ik het herlees, verbleken zelfs zulke momenten helaas bij onbedoeld banale passages zoals de flashback waarin pa in verleiding wordt gebracht door een duivels visioen van een fabriek met zijn naam in lichtjes erop: BEDDOWS-LANDBOUWTRACTOREN; of de keer dat de heldin gevraagd wordt vanaf het begin alles te vertellen wat ze zich kan herinneren over haar leven overdag als braaf meisje en ze daar bijna een uur over doet.

In mijn geval had het kwade bloed een generatie overgeslagen. Je bent net je grootvader, had mijn moeder gezegd als we ruzie hadden over kleren of make-up, maar nu lag het er zo dik bovenop dat het bijna niet meer gezegd hoefde te worden. Alleen grootmoeder zag het anders. Ze was het in alles oneens met mijn vader en in haar ogen had ik me in de nesten gewerkt doordat ik zo onbezonnen was geweest om zelfs maar *in de buurt* van een exemplaar van de mannelijke soort te komen, en volgens haar was Vic de schurk in het verhaal, terwijl mijn ouders eerder geneigd waren hem hooguit als medeplichtige te zien, zo overtuigd waren ze van mijn duivelse huichelachtigheid. Om diezelfde reden twijfelden ze er niet aan dat ik op school mijn toestand verborgen zou kunnen houden en daar hadden ze gelijk in. Niemand vermoedde iets, zelfs Gail niet. Ik kon er niet toe komen het haar te vertellen, niet omdat ze gechoqueerd zou zijn, of mijn geheim zou verraden, maar omdat ze gefascineerd zou willen weten hoe het voelde, nieuwsgierig zou zijn naar alles wat ik ervan merkte, en daardoor de zwangerschap reëler zou maken dan ik kon verdragen. Hoewel ik volstrekt niet durfde hopen op het wonder van een miskraam – ik was kennelijk geen geluksvogel – was het gemakkelijker de dagen door te komen, 's morgens over te geven en me bij de dagopening flauw te voelen, zonder dat er iemand met me meeleefde. Gedeelde smart is verveelvoudigde smart als er niets ongedaan gemaakt kan worden, en ik bedacht wrang dat de mijne zich toch al verveelvoudigde, door al die cellen die zich deelden en verder leefden, of ik iets voelde of niet.

Het kostte veel moeite niet te vergeten wie ik was en mezelf te blijven, en waarschijnlijk was ik een beetje geschift. Wat is er anders voor verklaring voor een paar aan mij ('Mejuffrouw L. Stockton') geadresseerde brieven die uit die herfst bewaard zijn gebleven? Ze zijn bijna gelijkluidend.

Deze is van mejuffrouw E.M. Scott, het hoofd van St. Aidan's in Durham:

24 november 1959

Geachte mejuffrouw,
Dank u voor uw inschrijvingsformulier. Ik zie dat u pas in januari 1961 achttien jaar zult worden, en daar ik gewoonlijk geen studenten toelaat die nog geen achttien jaar zijn, kan ik uw verzoek in oktober 1960 toegelaten te worden niet in overweging nemen.
Hoogachtend...

In de brief van St. Mary's College stond hetzelfde. Had ik me aangemeld omdat dat op school van me verwacht werd? Maar dan hadden ze daar toch zeker geweten dat er zo'n antwoord zou komen? Misschien was ik, zoals we nu zeggen, in de ontkennende fase en had ik het idee dat ik mezelf in tweeën kon delen en dat een van die twee naar het verre noorden kon ontsnappen. Misschien schreef ik die brieven zonder met iemand te overleggen. Grootvader had in Durham gestudeerd, 'MA Dunelm' stond er op zijn koperen bordje in het koor van de kerk, hoewel hij in een andere versie van zijn gefnuikte carrière geen geld had gehad om zijn studie af te maken. Maar in dat geval had hij niet gewijd kunnen worden. Tenzij hij zijn papieren vervalst had. Wat me er ook toe gebracht had de formulieren in te vullen, ik had er niet aan gedacht om mijn geboortedatum te veranderen en in Durham wilden ze me niet hebben.

Vic had intussen overwogen weg te lopen en naar zee te gaan. Zijn moeder was vreselijk in hem teleurgesteld nu hij in de voetsporen van zijn broer trad; ze was zo trots op hem geweest, maar daar was niets meer van over, en haar stoïcijnse berusting was moeilijk te verdragen. Ze was veel te fatsoenlijk om te denken dat hij er gemakkelijk vanaf mocht komen, ze konden niet gewoon doen alsof er niets gebeurd was, hij zou eerloos van school moeten – ze zag het allemaal voor zich, onmiddellijk, hoe haar verwachtingen van hem de bodem ingeslagen werden. Net als mijn ouders zag ze ons als criminele jongeren die hun kansen verbeurd hadden. We hadden net zo weinig reden voor ons misdadig gedrag als de kinderen uit goede gezinnen (rebellen zonder reden) waar je in de krant over las, teenagers die postagentschappen beroofden of auto's stalen en de wet aan hun laars lapten, alleen was het in ons geval de morele wet, wat zo mogelijk nog erger was. Eerst verboden ze ons elkaar te zien, maar dat had geen zin, zoals mijn vader zei (vol afkeer zijn schouders ophalend), het kwaad was al geschied. Hij walgde van het idee dat we straffeloos zouden copuleren, maar hij had zich geen zorgen hoeven maken. We waren zelf zo beduusd van de kwade magie die we over ons hadden afgeroepen dat we voorlopig alleen maar warm tegen elkaar aan kropen, als elkaars enige vriend.

Er komen kleine voorvallen boven: Vic en ik die aan de kant van de oprit op Sunnyside in de verte zitten te staren, met onze armen om onze knieën, en steentjes uit het grind zoeken en ze wegkeilen; dat was de keer dat ik hem het slechte nieuws vertelde en heel even de onzinnige hoop had dat hij zou zeggen dat het niet kon, al wist ik dat hij dat niet zou zeggen en zei hij het ook niet. En hoe wij tweeën op een somberder dag snel langs een van de nieuwe lanen of straten van de nieuwbouwwijk tussen mijn huis en het zijne lopen. We lopen hand in hand, ik slik aspirine tegen de hoofdpijn en we voeren een ernstig gesprek, spannen samen.

We hadden elkaar geen verwijten gemaakt. Ik had niet gevraagd waarom hij niet voorzichtiger was geweest, hij had niet gezegd dat ik hem had aangemoedigd – hoewel het in die goede oude tijd altijd de schuld van het meisje was (men zei zelfs dat verkrachting niet mogelijk was, het kon niet anders of je had het zelf laten gebeuren); en hoewel ik wist dat er geruchten gingen dat hij het had gedaan met een zekere Mildred, een sloom kind dat serveerster was bij Eccleston, waar we naar muziek luisterden, dat slecht gebleekt, dof haar had en doorging voor lichtelijk geschift, en dat hij háár niet zwanger had gemaakt. We waren onschuldig. En hoe meer we praatten, hoe onschuldiger we werden – als kleine kinderen, broertje en zusje, verdwaald in het bos.

Doordat we hadden beloofd het geheim te houden, waren we geïsoleerd geraakt, samen opgesloten in een vesting van intimiteit, en in die afzondering was onze band steeds hechter geworden. We bedachten een verhaal voor onszelf dat begon als een soort verontschuldiging, maar al gauw een eigen leven ging leiden. Het ging ongeveer zo: de baby was een ongelukje, maar we wisten echt wel wat we deden. We waren twee helften van één geheel, of nog meer dan dat. We waren een en dezelfde, we hadden de verschillen die er volgens de gewone wereld tussen de seksen bestonden afgeschaft, onze gemeenschap was vooral een zielsgemeenschap. Jazeker, we waren verliefd, maar daar ging het niet om. We meenden het serieus. Zo veranderde de pech die ons verstrikt had (de eerste en enige keer een kind maken, en zonder het echt gedaan te hebben) in een voorteken. Er bleek uit dat we voor elkaar bestemd waren.

Onze ouders behandelden ons als verdorven kinderen – wij stelden een nieuwe, gemuteerde mythe samen uit gedichten en verhalen en pure noodzaak. Ons geesteskind. Daarin werden we van de ene dag op de andere volwassen en wierpen de in gedachten gesmede boeien van Hanmer en Whitchurch af... Deze keer haalde ik hem over, dat staat vast. Hiervoor was ik zeker verantwoordelijk, en hij ook, en nog andere mensen die er niets van wisten – onder wie Gail, grootvader, Sartre en Simone de Beauvoir, mijn lerares Latijn juffrouw Roberts en Vics vriend Martin, die Ampleforth had moeten verlaten, bij Vic op school in de zesde klas aan homoseksuele bewustwording had gedaan en Wilde had toegevoegd aan onze lijst van verplichte boeken.

Terwijl de dompige, desperate herfst van 1959 overging in de winter, vonden wij het huwelijk opnieuw uit, op goed geluk. Als we trouwden zouden we niet meer onder het wettig gezag van onze ouders staan, dat hadden we ook uitgedokterd. Natuurlijk hadden we hun toestemming nodig en die wilden ze absoluut niet geven. Ze vonden helemaal niet dat we moesten trouwen – we waren veel te jong en te onverantwoordelijk. Het was een ontheiliging van het huwelijk. Het was ook een schande, we zouden armoedzaaiers lijken, uitschot, onbeschrijflijk ordinair. Aan de andere kant, als we het erop zouden wagen de rechter om toestemming te vragen, zouden we die waarschijnlijk krijgen, omdat ik zwanger was en we – zij – niet zo voornaam of rijk waren dat hun bezwaren gewicht in de schaal zouden leggen. En de zaak zou in de *Whitchurch Herald* komen.

En als we er eens vandoor gingen naar Gretna Green? Schoorvoetend, heel geleidelijk, begonnen mijn ouders, en ook Vics moeder, iets in het idee te zien: we zouden trouwen en Vic zou voorlopig op Sunnyside komen wonen. Maar we zouden wel tot Kerstmis wachten, voor het geval dat... en om in de kerstvakantie van school te kunnen gaan, dan viel het iets minder op. En daarna? Tja, Vic kon het toelatingsexamen voor de ambtelijke dienst en eindexamen doen en een baan zoeken, en míjn toekomst, die lag voor de eerste tijd vast. Dokter Clayton zei tegen mijn moeder en mij dat het algemeen bekend was dat je in de loop van de tijd steeds meer door je zwangerschap in beslag genomen werd – kalm, verdiept, verzoend, rond. Ik zag wel dat mijn moeder niet overtuigd was; vermoedelijk klopte het niet helemaal met haar herinneringen. En ik gruwde bij de gedachte dat hij misschien gelijk had en dat ik zou vergeten boos te zijn. (Hij had geen gelijk en ik vergat het niet.)

Ik wilde mijn lichaam terug. Ik had het eigenlijk nog nooit als van mij gezien, tot dit moment, nu het niet van mij was. Door mijn zwangerschap was ik mijn eigen gevangenis maar je kon de dagen afstrepen op een kalender; ik had geen levenslang. Afgezien van de baby, en ik stelde me voor hoe hij (baby's waren toen voor hun geboorte bijna altijd mannelijk, je kon hun geslacht nog niet van tevoren te weten komen) in een hoekje aan het spelen was, een kleine, stille verschijning uit de toekomst, terwijl wij elliptische stukjes Lucretius vertaalden. Ik was van plan om ook eindexamen te doen. Niemand kon me ervan weerhouden me in te schrijven als externe kandidaat, en tenzij de data niet klopten en de baby gelijk met de examens in juni kwam in plaats van eind mei, kon het allebei. De gemuteerde versie van het huwelijk die Vic en ik gaandeweg bedachten kwam niet automatisch neer op een gezinsleven zoals mijn ouders dat kenden (hij de broodwinner, zij de droomster), maar geen van ons zei dat; we bleven gewoon langs elkaar heen praten. We waren in die tijd allemaal uitgeput door de crisis en er werd vrede gesloten voor de periode tot het begin van de kerstvakantie.

Naarmate mijn ouders Vic beter leerden kennen, gingen ze hem steeds aardiger vinden; hij was ook veel minder lastig en obstinaat dan ik. Mijn moeder deed hij vooral een plezier met zijn eeuwige honger. Het begon met de preisoep. Sinds kort lagen er glimmende pakjes soep in poedervorm in de winkels en overtuigd als ze was dat je groenten alleen kon eten als ze gedenatureerd waren, kocht ze er massa's van en diende ze op met grote klonten, vanbuiten klef, vanbinnen melig. Er stond altijd een pan met overgebleven soep op het fornuis en toen hij me op een avond in die winter van wachten terugbracht naar Sunnyside, vroeg ze of ze wat soep voor hem zou opwarmen en voegde eraan toe, omdat hij weleens uit beleefdheid zou kunnen bedanken: 'Anders gaat het toch de vuilnisbak in.' Hij slokte de soep naar binnen, hoewel zijn moeder uitstekend kon koken en hij thuis goed te eten kreeg, want hij had echt altijd honger en at alles wat hem werd voorgezet. 'Hij heeft het allemaal opgegeten,' zei mijn moeder, en ze schudde gemaakt ongelovig haar hoofd en lachte verbaasd, en vanaf dat moment kon ze het niet laten hem voortdurend vol te stoppen met gemodificeerde rotzooi en diepvriesdingetjes die 'Chicklets' heetten, waar ze in die tijd een bijzondere voorliefde voor had en waar zelfs mijn vader niets van moest hebben. Ze slaagde er zelfs zo goed in hem bij te voeren dat hij gelijk met mij een buik kreeg en net als ik aankwam.

Ik probeerde zo weinig mogelijk te eten, maar dat hielp niet en tegen december was ik dankbaar dat het schooluniform zo vormeloos was en had ik mijn krappe Silhouette step-in verruild voor een degelijker exemplaar, compleet met baleinen. Eén keer maar dacht ik dat ik door de mand zou vallen, maar die ene keer staat in mijn geheugen gegrift met de scherpte van de paniek, met inbegrip van het soort onbeduidende details die je gewoonlijk niet opslaat omdat ze zo alledaags en onnozel zijn. Boven in de hal van de school liep een galerij die diende als gang om klaslokalen te verbinden, en ook als plek voor toeschouwers bij gymnastiekdemonstraties, toneelrepetities enzovoort. Ik weet niet meer wat er die dag beneden in de hal te zien was, maar een van mijn vriendinnen of fans – een dik meisje dat me bewonderde – had een kruk uit het biologielab naar de balustrade gesleept. Toen ik langskwam, stak ze haar arm uit, sloeg hem om mijn middel, trok me op haar schoot voordat ik weg kon komen en riep op triomfantelijke, boosaardige toon: 'O jee! Je bent dikker geworden!' Door de lucht van formaldehyde van de ratten die in het lab op planken waren geprikt en het vertrouwde claustrofobische gevoel van andere meisjeslichamen die zo dichtbij waren, was ik op dat moment buiten mezelf van angst en misselijkheid. Ik was een buitenstaander, die een vreemd lichaam verborg, en zelf een vreemd lichaam. Zo'n geheim was net zoiets als kanker – een ziekte waar je alleen op een beschaamde fluistertoon over sprak.

Niet dat iemand in die tijd zulke gedachten ooit zou opbiechten. De favoriete sekspoes van oom Bill, Brigitte Bardot, die nu vijfentwintig was en binnenkort (januari 1960) stralend voor krantenfoto's zou poseren met haar echtgenoot en hun pasgeboren baby, zei jaren later dat ze dolveel van haar zoon Nicholas was gaan houden, maar dat het destijds (*'mais à l'époque!'*) zoiets was geweest als het laten verwijderen van *'une tumeur'*. Zelfs in 1996, toen haar autobiografie verscheen, leidde deze passage nog tot algemene verontwaardiging. Haar verhaal over haar enige experiment met het moederschap was inderdaad van begin tot eind provocerend. Voor zwangerschapstests werd toen bijvoorbeeld gebruik gemaakt van vrouwtjeskonijnen, en BB – altijd dol op dieren, Gail zou het gewaardeerd hebben – vertelt ons dat ze haar konijn beslist wilde redden en het mee naar huis nemen. Maar de bekentenis dat ze de baby die ze verwachtte als een levensbedreigend gezwel beschouwde was op zichzelf onvergeeflijk, zo diepgeworteld is nog altijd het idee dat de natuur er wel voor zal zorgen dat je gevoelens zich aanpassen bij je toestand, en zo niet, dan ben je een monster.

Onverzoend en onbetrapt haalde ik de kerstvakantie en het schoolbal. De angst voor ontdekking had het leven niet helemaal vergald: ik herinner me dat wat ik aanhad naar dat laatste feest voor mij een bijzondere, prettige, verborgen betekenis had. Ik stond op het punt een stap in het duister te doen, dus zag ik eruit als de heldin uit een roman-

tisch verhaal in een strapless jurk, zwart met vage nacht-
blauwe bloemen, een strakke taille en een wijde rok, en ik
leek – zoals ik twee jaar eerder al had gewild – een stuk ouder dan ik was, wulps, in een genadeloos corselet gehaakt-
en-geoogd dat mijn borsten omhoogduwde, met een stijve,
wijde petticoat, donkerblauwe kousen en hoge naaldhak-
ken; alle attributen voor ordinaire glamour. Toen Vic me
kwam ophalen, met een vetkuif en smalle broekspijpen, gingen we in de woonkamer van Sunnyside voor de spiegel boven de haard staan en keken naar ons spiegelbeeld. Het feest
zou ons afscheid van tienerland zijn, we moesten het verder alleen rooien, en het besef dat niemand behalve wij het
die avond zou weten was wrang en opwindend. Het flak-
kerende licht van de vlammen omvatte ons in een eilandje
warmte, niet voor het eerst.

Op een avond eerder die winter, toen mijn ouders en Clive
niet thuis waren en grootmoeder overvoerd met *Sunday
Night at the London Palladium* naar bed was gegaan, had
ik lichtzinnig al het warme water opgebruikt en was ik alleen gehuld in een badhanddoek en bestrooid met talkpoeder naar beneden gegaan om hem binnen te laten. We hadden op het haardkleedje gelegen, smeltend in het halfdonker
en luisterend of we autobanden op de oprit hoorden. Nu we
opgedoft voor het feest in de spiegel naar onszelf keken,
dachten we daar allebei aan en glimlachten blasé zoals bij
onze uitdossing paste.

Tien dagen later trouwden we. Ik had mijn nieuwe win-
terjas aan, met de bontkraag die me niet kon verzoenen met
het afkledende model dat mijn moeder zo aantrekkelijk had
gevonden. Ons gedwongen huwelijk – wij dwongen hen,
niet omgekeerd – vond plaats op tweede kerstdag, want mijn
vader had ontdekt dat het bureau van de burgerlijke stand
verplicht was desgewenst op 26 december huwelijken te
sluiten, al werd er van die mogelijkheid zelden gebruik ge-

maakt. Dat jaar waren wij de enigen. Vroeg in de ochtend reed hij met ons door de lege straten naar het stadhuis, waar een sikkeneurige ambtenaar de woorden uitsprak en wij de juiste papieren tekenden, met als getuigen mevrouw B.R.D. Sage en de heer en mevrouw E.P. Stockton. Daarna stonden we weer buiten in de koude, zonnige High Street. Er was niemand die foto's nam, er was geen mens te bekennen, de trottoirs waren wit van de rijp en het zout, en het was zo stil dat je de glitterslingers die over de straat gespannen waren in de lucht kon horen ritselen.

Vlug stapten we in de auto en reden terug naar Sunnyside, waar de lichtjes van de kerstboom het weer niet deden en een voor een ritueel getest moesten worden door mijn vader om het defecte lampje te vinden, dat vervangen moest worden wilde het geheel weer werken. Hij vond het niet erg, dat soort klusjes deed hij graag om de tijd dat hij niet werkte door te komen, en die dag kwam het bijzonder goed uit, omdat we niets te doen hadden in de uren die ons scheidden van de koude kalkoen. Het was geen erg feestelijke gelegenheid – hoewel het in de loop van de jaren, net als oudejaarsavond en mijn verjaardag in januari, een van de feesten zou worden waarvoor de kerstversieringen ook konden dienen. Toen hij klaar was met de blauwe, groene, rode en witte lampjes, ging mijn vader naar boven om de spiegel op de toilettafel te bevestigen die bij het nieuwe slaapkamermeublement hoorde dat hij op dezelfde kerstmarkt had gekocht als de boom en dat mijn eenpersoonsbed en ladekastje zou vervangen, en om de boekenkast met mijn oude William-boeken en George Macdonalds te verplaatsen. Mijn slaapkamer werd getransformeerd tot een kalere versie van de kamer van mijn ouders ertegenover, en zo werden de normen en waarden op Sunnyside in ere hersteld. Voor het eerst in ons leven sliepen Vic en ik (in onze huwelijksnacht, als een keurig echtpaar) samen in één bed, en toen mijn vader de volgende ochtend naar zijn werk was, bracht mijn moeder ons een beker thee met veel suiker, en daarmee was de zaak beklonken. Vic hoorde bij ons gezin. Dit sloot natuurlijk de mogelijkheid niet uit dat hij ongelukkig was, dat zijn liefde bekoeld was, dat hij geplaagd werd door mythen of wat dan ook. Het belangrijkste was dat hij meedeed aan de algemene samenzwering om het leven er overtuigend uit te laten zien. Mijn moeder was niet voor niets de ster van de toneelclub van de vrouwenvereniging, ze was griezelig goed in het beperken van de schade, in net doen of er niets gebeurd was, wat ze als kind en puber geleerd moet hebben toen ze al die slaande ruzies in de pastorie moest doorstaan. (Later, toen zij en mijn vader een keer bij mij logeerden, is het eens gebeurd dat ik tot diep in de nacht ruzie met hem maakte, en nadat ik in mijn dronkenschap had gezworen dat ik niet met hem *onder één dak* de nacht zou doorbrengen, buiten op het bedauwde gras ging liggen – het was hoog zomer – en de volgende ochtend verrast werd door mijn moeder die naast me stond met een beker warme thee met veel suiker.) *The show must go on*, en dat gebeurde ook.

Voor de verandering sliep ik goed, met Vic tegen mijn rug aan of omgekeerd. En ik droomde, vooral één droom, steeds weer, over een wit vlak – een bioscoopscherm, een stuk schilderslinnen, een vel papier. Vanuit een hoek begint een zwarte lijn onuitwisbaar te meanderen, kalmpjes in het rond en heen en weer te kronkelen, doelloos krabbelend totdat hij beetje bij beetje en zonder enig systeem bijna de hele lege ruimte vult en er nog maar één speldenknopje licht over is, en dan word ik snakkend naar adem wakker en zoeken mijn ogen het rechthoekige stuk ochtendhemel in het raam. Mijn verstopte bijholtes waren natuurlijk de verklaring, die reageerden verkeerd op al dat stilliggen, net als mijn slapeloze ik, dat helemaal geen rust wilde. Had dokter McColl niet gezegd dat ik meer tijd had dan andere mensen? En nu was dat ineens afgelopen. Slaap was gevaarlijk, betekende achteruitgang. Nadat we met zoveel succes geijverd hadden voor onze juridische onafhankelijkheid, leken Vic en ik nu op een vreemde manier kinderlijker. Knuffelen onder de dekens in onze ijskoude slaapkamer (alle slaapkamers waren ijskoud) borg een herinnering in zich, lang vervlogen: hoe mijn broertje Clive en ik in het lege bed van onze ouders in The Arowry klauterden, wegkropen onder hun dikke blauwe nylon dekbed dat onze tent was, en daar in de warmte lagen te soezen.

Clive was nu degene die merkbaar uit zijn doen was. Hij was naar een nieuwe school in Whitchurch gestuurd, een particuliere, voor een stoomcursus in de beginselen van lezen, schrijven en rekenen ter compensatie van het putjesscheppersprogramma op de dorpsschool van Hanmer, en hij vond het er vreselijk. Iedere middag stormde hij als een razende het huis binnen, smeet eerst zijn voetbalspullen de gang in, dan zijn schooltas, dan zichzelf erachteraan, in een uitzinnige woede. Toen Vic en ik op die dag in december terugkwamen van de burgerlijke stand, was alleen aan Clive te merken dat er iets bijzonders was gebeurd: hij danste om ons heen en vond het een goede grap te doen alsof Vic van een andere planeet kwam of het monster van Frankenstein was, en quasi-benauwd naar hem te wijzen: 'Het loopt! Het praat!' En zo werd Vic een van ons.

XVII

Crosshouses

De wijkverpleegster die voor grootmoeder kwam – niet langer zuster Burgess met haar stompe naalden en Hanmer-geschiedenis, maar een jongere, minder aanwezige vrouw – schudde haar hoofd en zei dat ze moesten proberen de baby te draaien, een goede vroedvrouw zou dat kunnen door zachtjes te duwen. Maar daar namen ze bij de zwangerschapscontrole in Shrewsbury de tijd niet voor. 'Hij' lag, zo bleek, in stuitligging, verkeerd om, klaar om achterstevoren ter wereld te komen, wat betekende dat zijn hoofd niet ingedrukt zou worden, maar voor mij zou het weleens moeilijk kunnen worden eerst van zijn breedste deel te moeten bevallen. Maar ze namen de maat van mijn bekken en besloten dat ik het prima aankon, al moest ik wel naar de speciale kraamkliniek van Crosshouses Hospital, waar ze keizersneden en moeilijke bevallingen deden.

Crosshouses was een voormalig armenhuis, zo'n veertig kilometer verderop langs de weg ergens in de rimboe tussen Shrewsbury en Bridgenorth, een Victoriaans bakbeest dat was overgedaan aan de nationale gezondheidszorg. Ze zeiden dat het zijn naam eer aandeed door inderdaad een huis met een kruis te zijn. Er werd gefluisterd over de 'complicaties' waardoor je daar terechtkwam en er hing een sfeer van beknibbelende openbare liefdadigheid omheen. De arts van Crosshouses, die me in de kliniek onderzocht en zei dat ik geschapen leek om te baren, liet duidelijk merken dat hij me maar een boerentrien vond. Ik heb hem nooit meer teruggezien, want hij zou niet veel later voor de medische tuchtraad moeten verschijnen en de *Shropshire Star* zou een artikel aan hem wijden omdat hij rekeningen uitschreef voor bedden van de nationale gezondheidszorg. Hij liet zich schaamtelozer dan anderen leiden door zijn minachting voor de nationale gezondheidszorg, maar op zichzelf was zijn houding niet ongewoon: je kreeg iets voor niets, in de goede oude tijd hadden ze korte metten met je gemaakt en was al die verloskundige expertise voorbehouden geweest aan de betere standen, wier bekkens van nature delicater gebouwd waren.

Met andere woorden, je moest betalen en als je geen geld had, dan betaalde je met je waardigheid. Ongehuwde moeders kregen het helemaal zwaar te verduren, al had je voor het personeel van de kliniek nauwelijks meer status als je wel getrouwd was, want hun minachting voor patiënten gold vooral zwangere vrouwen, omdat ze er het achterhaalde idee op na hielden dat die gewoon wandelende baarmoeders waren en dat het alleen om de baby ging. De kliniek was een vernedering die ik machteloos mokkend onderging, terwijl ik plannen beraamde voor de rode dageraad, als ze aan de lantaarnpalen of – in het pikdonkere Shropshire – de eerste de beste eik zouden hangen. Ondertussen benadeelde ik alleen mezelf met mijn wraakacties, want ik weigerde de extra kalktabletten te slikken die dokter Clayton me voor mijn botten en tanden voorschreef en wreef mijn buik niet in met crème, en dus bezorgde ik mezelf een mond vol vullingen en een buik vol striae. Ik haalde ook mijn neus op voor positiekleding en droeg in plaats daarvan Vics overhemden en spijkerbroeken, die me dankzij mijn moeders menu's tot op de laatste dag pasten.

Ze bracht elke dag halverwege de ochtend als tussendoortje creamcrackers met boter en Camp-koffie met veel melk naar de eetkamer, waar we vlak naast een elektrisch kacheltje de hele dag over ons schoolwerk gebogen zaten aan de tafel die we met mijn vaders ordners deelden. We konden de open haard niet aansteken omdat de schoorsteen verstopt zat met een prop takjes: de parterre van een twee verdiepingen hoog vogelnest dat via de haard in onze slaapkamer uit de schoorsteenpot op het dak stak. De fauna van Sunnyside beperkte zich niet tot de tuin en de paddock. In de kelder hadden we een bron, die soms overstroomde, zoals dat eerste jaar, toen er voordat het water zakte kikkerdril in moet hebben gedreven, want op een dag wemelde het op de keldervloer van de piepkleine albinokikkertjes die niet weg konden en elkaar daar in het donker opvraten. In mei kregen we de meikevers, grote kevers met een goudgroen schild, die 's avonds laat als een stenenregen tegen onze verlichte ramen ketsten. Bij elke nieuwe plaag rilde mijn moeder van afschuw, maar ze vond het niet echt erg. Als de kat zich met een muis of hamstertje als deurklopper bij de achterdeur aandiende, begroette ze hem met blij verraste gilletjes.

Ze was veel gelukkiger dan in The Arowry. Toen ze eenmaal gewend was aan mijn schande, vond ze het prettig Vic en mij in huis te hebben, zolang we haar maar niet in de weg liepen. Dat gold ook voor alle anderen op Sunnyside. Grootmoeder bracht veel tijd door in haar kamer, waar ze haar schatten herordende, of ze keek in de woonkamer naar kinderprogramma's op de televisie. Mijn vader was vaak in de achtertuin een kapotte vrachtwagen aan het repareren, en Clive schoot met zijn vriendje Jeff de prullen in de biljartkamer aan diggelen, als hij niet naar school was. Mijn moeder kon elk gewenst moment het stadje in wandelen om bij mevrouw Smith langs te gaan of wat boodschapjes te doen (de kruidenierswaren – nog steeds 'het rantsoen' genoemd – werden eenmaal in de week door Gails oom Jack van de winkel in Hanmer afgeleverd, omdat we geen geld hadden om zijn rekening af te betalen en we maanden, misschien wel jaren, achterliepen). Maar ze hunkerde er niet meer naar om uit te gaan. Ze had de keuken voor zichzelf en dat was de plek die ze wilde, omdat ze er haar eigen dingen kon doen. Daar luisterde ze met een half oor naar de radio, of ze las de krant, leerde haar toneelteksten uit haar hoofd, scharrelde wat rond en had er, zoals ze zelf zei, altijd wel wat om handen.

Nu de stallen als garage dienden klopten mijn vaders chauffeurs – 'de mannen' – aan de achterdeur voor een dienblad vol koppen thee, en oom Albert viel na zijn kolenronde binnen en ging op de *Daily Mail*s zitten. Ze kookte zelfs weleens op doordeweekse dagen, en hoewel ze bijna nooit van haar eigen maaltijden at, was ze er overdreven trots op. Ze maakte een keer een vleespastei, geïnspireerd door de eierdopjes die je gratis bij de cornflakes kreeg. Nu kon ze eindelijk het deeg bovenop bol houden. Maar tot haar teleurstelling kwam de pastei als altijd ingezakt uit de oven. We hadden onze plakkerige porties al op (en Vic was al aan zijn tweede bezig) toen ze in de ovenschaal begon rond te prikken en in lachen uitbarstte. Eureka! Die eierdopjes waren van plastic, wat stom nou toch! Ze waren in de jus opgelost. Was ons niets opgevallen, vroeg ze ongelovig, hadden we niks raars geproefd? Het was een van haar beste rollen: de huisvrouw als karikatuur van zichzelf, de droomster als keukenprinses, en ze genoot er met volle teugen van.

We wisten allemaal dat ík niet kon acteren, en er werd dan ook niet van me verwacht dat ik zou doubleren als kok of werkster. Vic en ik bogen ons over onze boeken en begonnen in ruil voor wat zakgeld mijn vaders rekeningen uit te schrijven (*a.u.b.*). Het idee dat hij een geschikte baan zou zoeken verdween naar de achtergrond toen hij voor het examen voor hoofdambtenaren zakte omdat hij slecht was in wiskunde, al was hij veel te goed in Engels en Frans. Bij zijn beoordelingsgesprek zeiden ze dat hij er verstandiger aan deed het hele plan te vergeten en te gaan studeren. We zaten dus alweer in hetzelfde schuitje. De directrice had tegen mijn vader gezegd dat een gewetenloos kind als ik misschien nog net zou worden toegelaten op een kweekschool, althans een oprecht Christelijke (ze was vroom), maar dat ik bij een universiteit geen schijn van kans had. Ik geloofde haar niet. Verbazend genoeg geloofden de oudere leraressen van haar staf haar ook niet.

Juffrouw Macdonald, de muzieklerares die ik in vroeger jaren tot wanhoop had gedreven, hield op een dag mijn moeder en mij midden op de Bull Ring staande om ons luidkeels te vertellen dat zeventien de ideale leeftijd was om een gezonde baby ter wereld te brengen en verder je eigen leven te leiden. De lerares aardrijkskunde, juffrouw Heslop, stuurde me bemoedigende briefjes in dezelfde trant. En juffrouw Roberts maakte tijd vrij voor wekelijkse bijlessen Latijn bij haar thuis en raadde me aan op het hoogste niveau mee te doen, om indruk te maken op de selectiecommissies. Deze vrouwen, allemaal ongeveer even oud als de eeuw, allemaal ongetrouwd, waren niet alleen niet geschokt, maar zelfs ingenomen met me; het waren hun jongere collega's van de generatie van mijn ouders die kritiek hadden. En meneer en mevrouw Davies, de jongsten, moeten – realiseerde ik me veel later – erg in verlegenheid gebracht zijn. Werden zij misschien verantwoordelijk gehouden voor onze zondeval? Het kwam destijds niet bij ons op, want het was te ver bezijden de waarheid. Ze zaten er beslist mee in hun maag en waren een beetje afstandelijk, hoewel mevrouw Davies ons beiden werkstukken liet maken en ons werk nakeek.

Al met al leerden we die vijf maanden veel meer dan we op school hadden kunnen opsteken. Tot de zomer (de baby, de examens) waren we ondergedoken, beschermd tegen afleiding, als vrijwillige ballingen uitgesloten van het fascinerende tienerspel van kijken en bekeken worden, en zolang het duurde droegen we ons uniseks uniform. En in elk geval waren scholen – althans de gesubsidieerde kostscholen waar de onze in Whitchurch zich aan optrokken – fervent anti-intellectueel. Je kon maar beter niet te intelligent zijn. Dus zodra we daar weg waren begonnen we aan onze wittebroodsweken met boeken, vooral Vic, die op school veel populairder was geweest dan ik, en een veel betere clown en lijntrekker. Hij verruilde zijn eigen Latijnse grammaticaboek voor *Bradley's Arnold* over het schrijven van Latijnse prozateksten, het boek waar juffrouw Roberts bij zwoer, en ging mee om bij een kop thee met cake te studeren en mij gezelschap te houden. Latijn was het vak dat het meest voor me betekende, om dezelfde reden als toen ik er op de middelbare school mee begon, namelijk omdat het een heldere, begrijpelijke, en voor de wereld dode taal was. Wat er ook was veranderd, dat was hetzelfde gebleven.

Bradley's Arnold was gebaseerd op Caesar en Cicero, dus de meeste voorbeelden kwamen uit de krijgskunde en het recht. Op elke bladzijde brachten nuchtere constructies orde in de chaos, de wreedheid en de corruptie: als je een vertaling zocht voor 'Toen Caesar de vijanden gevangen had genomen, slachtte hij hen af', zei je niet '*Captis hostibus eos Caesar trucidavit*' maar '*Caesar captos hostes trucidavit*'. De moordlustige werkwoordsvorm in het gezegde bleef natuurlijk hetzelfde. In *Bradley's Arnold* zag je een meedogenloos vernuft aan het werk. In oefening LXVII kregen degenen die achterbleven ervan langs '*non verbis solum sed etiam verberibus*', niet alleen met woorden maar ook met de zweep, een woordgrapje uit het Romeinse rijk dat overkomt als een slinks dreigement aan het adres van de kostschooljongens voor wie het boek oorspronkelijk was geschreven.

Juffrouw Roberts had zelf ook iets strengs. Ze had een kaarsrechte houding en wit haar, dat elegant vanaf haar benige gepoederde voorhoofd naar achteren golfde. In tegen-

stelling tot de andere ongetrouwde leraressen, die hun zakdoek in hun enorme directoire stopten en hun geduld verloren, koos zij voor ironie en droeg ze keurige, gedistin-
geerde mantelpakjes. Gedisciplineerd als ze zelf was vond
ze het in de klas altijd moeilijk om tegen ons op te treden,
maar ze wilde zich tijdens de lessen niet laten kennen en
sprak met zachte stem en opeengeklemde kaken door het
drukke geroezemoes van ongeïnteresseerd geklets heen. Ze
bekeek de meeste leerlingen met lijdzame minachting en
zij vonden haar arrogant, want het was onmiskenbaar dat
ze met haar gedachten in andere tijden en andere werelden
was, die veel weidser waren dan het naoorlogse Engeland,
om van Whitchurch maar te zwijgen.

Eén winter kwam ze op school in een imponerend mantelpak van donkerpaars tweed, dat ze kennelijk ergens anders had gekocht. Na de lunch in de lerarenkamer – en na
de thee thuis – rookte ze gulzig een sigaret, diep inhalerend
en met opengesperde neusgaten. Toen ze ons in de vijfde
klas moderne Europese geschiedenis gaf gebruikte ze een
geïllustreerd geschiedenisboek met historische spotprenten
en karikaturen, en besteedde ze vooral aandacht aan de Franse Revolutie; en in haar ogen stond Latijn voor stoïcijnse,
republikeinse deugden, de klassieke beschaving, vooruitgang, verlichting. Ze was agnoste, aanbad de rede en genoot
van satire. Haar netheid had in principe betrekking op de
geest en ze ergerde zich niet aan mijn slordige haar of mijn
hanenpoten, maar prees mijn proza en leerde me hoe ik mijn
redeneringen sluitender kon maken.

Ze nam mijn laatste slechte beurt voor lief en benadrukte discreter dan ooit dat de geest boven de materie staat. Ik
had me altijd gevleid gevoeld door haar goedkeuring en nu
klampte ik me aan haar gunstige oordeel vast. Ze was nog
wel gereserveerd – al ontdooide ze in zoverre dat ze me haar
nummers van de *New Statesman* gaf, die ik gewetensvol

las en waardoor ik kennismaakte met een heel ander soort socialisme dan oom Bills proletarische partij-ideologie. In de *Statesman* stonden ook spotprenten; achterin stonden karikaturale groepsportretten van intellectuelen in hun vrije tijd, waarbij Brigid Brophy opviel omdat ze vaak de enige vrouw was. Juffrouw Roberts zei zelden in directe bewoordingen wat ze dacht en toen ze begreep dat Vic en ik ons verdiepten in de visionaire openbaringen van Blake en Shelley en dat hij gefascineerd was door Gerard Manley Hopkins, leende ze ons zonder veel woorden Aldous Huxleys *Deuren der waarneming* (met daarin *Hemel en hel*) en *De eeuwige wijsheid*. Haar belangstelling voor ons maakte indruk op mijn ouders en droeg ertoe bij dat het vooruitzicht van een universitaire studie reëel leek, want ze gaf meer gezag aan onze vage overtuiging dat je van je verstand kon leven. Nog belangrijker, en noodzakelijker, was dat de cijfers die ze me voor mijn Latijnse teksten gaf me hielpen de dagen door te komen, want het waren geen loze zoethoudertjes, maar cijfers die bewezen dat ik hersens had, dat ik, anders dan dokter Clayton had voorspeld, niet alleen maar aan kinderen krijgen kon denken.

Niettemin kroop de tijd voorbij, en de baby rekte zich uit en trapte, maar draaide zich niet om, en Crosshouses kwam angstwekkend dichtbij. Op een dag stak grootmoeder, die bezocht en opnieuw bezield werd door haar oude kwaaiigheid, een preek af waarin ze verklaarde dat Vic, mijn vader, grootvader en alle mannen ter wereld – zelfs Clive, die net zo'n harige aap zou worden als al die anderen – allemaal barbaren waren (met uitzondering van haar Billy). Toen herinnerde ze zich de hel van haar bevallingen en begon ze mij te beklagen. Ik weigerde na te denken over wat me precies te wachten stond. Woorden als 'verlossing' en 'ontsluiting' (dreigingen, beloften) spookten door mijn gedachten, maar het bleven woorden. Eigenlijk was ik banger voor het ziekenhuis dan voor de bevalling, en zonder iemand erin te kennen (zelfs Vic niet) had ik het plan opgevat het kind thuis te krijgen – het domweg voor me te houden als ik weeën kreeg, tot op het allerlaatst, zodat ze dan de alarmcentrale moesten bellen en haastig pannen warm water en schone lakens moesten aanslepen, wat in de films die ik had gezien de enige onontbeerlijke rekwisieten waren. Boerinnen – echte boerinnen – bevielen toch ook tussen het werk door in de wijngaard of het rijstveld?

In de kliniek hadden ze me uitgerekend op 29 mei en stipt op de 28e bij zonsondergang voelde ik, toen ik rusteloos door de tuin ijsbeerde en hier en daar aan wat onkruid rukte, de eerste steek en al gauw was er geen twijfel meer mogelijk. Weeën. Trouw aan mijn besluit zei ik de hele avond niets, we gingen net als anders naar bed en dat ik de slaap niet kon vatten was helemaal niet vreemd – mijn slapeloosheid was met de ongemakken van de zwangerschap teruggekomen en Vic en ik lazen elkaar vaak tot in de kleine uurtjes voor. Die avond was het zijn beurt. Het boek waar we middenin zaten was John Wains roman *Hurry on down*, wat vanwege het bizarre toeval van die titel, juist op dat moment, voor altijd in ons geheugen gegrift staat.

Het was een variant op het thema van de *angry young man*: het verhaal van een jongeman die zijn lot als keurige burger ontloopt, een portret van de kunstenaar als grappenmaker die verslag doet van de aaneenschakeling van komische mislukkingen waardoor hij uiteindelijk zijn roeping van schooier vindt. De grappen waren omslachtig (ha ha), maar ik lachte, en kreunde, en verraadde mezelf. Misschien had ik de moed niet meer. In elk geval werd het me allemaal uit handen genomen, de ziekenauto werd gebeld en Vic zat naast me tijdens de lange, hobbelige en steeds pijnlijker rit langs binnenwegen naar Crosshouses. Toen we daar aankwamen, om een uur of halfvier in de ochtend, stond ik in paniek ineens in een plas eigen lichaamsvocht. De dienstdoende hoofdzuster, die onmiddellijk leek te begrijpen dat ik opzettelijk te laat was, sloeg me twee, drie keer hard in mijn gezicht, stuurde Vic met de ziekenauto terug naar Whitchurch en sleepte me mee naar de verloskamer.

Daar haalde de tijd me in. Terwijl de hoofdzuster met de losse handjes de dokter ging wekken, lag ik te wachten en keek tussen mijn knieën door naar de klok aan de muur. Het ging allemaal te snel. 'Niet persen!' riep ze (ze wilde dat de dokter erbij was), maar ik kon het persen niet tegenhouden, en hoewel het voelde alsof ik uit elkaar scheurde (wat ook zo was) en ik de secondewijzer even traag over de wijzerplaat zag kruipen als iemand die speed heeft gebruikt, hielpen de adrenaline van mijn angst en mijn zeventienjarige buikspieren me al gauw uit de nood. De verstoorde, slaperige Indiase waarnemend arts die binnenkwam, terwijl ze met speldjes haar dikke vlecht vastzette, was te laat, want de hoofdzuster legde mijn krachteloze arm al om een in een dekentje gewikkelde meisjesbaby (een meisje!) met een bloederig hoofdje (ik herinner me dat ik dacht: waar komt dat bloed vandaan, uit mij?) en nam haar snel weer mee. Toen was het allemaal voorbij, behalve dat ik nog gehecht moest worden, wat waanzinnig veel pijn deed, zodat ze me verdoofden en me alleen lieten tot het echt ochtend werd. Ik keek gefascineerd naar de klok. Het was pas kwart over vier, het moment vlak voor het aanbreken van de dageraad, en ik had me nog nooit zo wakker gevoeld, alsof ik gestorven was en herboren als iemand die kon klokkijken. Een eeuwigheid later duwde een verpleeghulp een zwabber de kamer in, zag me daar liggen en bracht me op telepathisch bevel van mijn moeder een kopje hete thee met suiker, waar ik onmiddellijk en heftig van moest kotsen (geeft niet, zei ze, en dweilde het op), waarna ik in slaap viel.

Toen ik bij bewustzijn kwam lag ik op de kraamzaal, waar de ziekenhuisdag net begon. Ze voerden er een straf regime: niet alleen dat ze stipt op tijd temperatuur opnamen, bloeddruk maten, beddenpannen leegden en medicijnen uitdeelden, maar er waren ook talloze andere regels. Het was strikt verboden je haar te wassen, zelfs als je genoeg aangesterkt was om zelf naar de badkamer te lopen; baden mocht, maar beperkt; make-up werd afgekeurd. Alles waardoor je je misschien minder krakkemikkig en vies zou voelen was principieel verboden, want Baby kwam op de eerste plaats en volgens de logica van Crosshouses was je haren wassen ijdelheid en dus verraad aan het Moederschap, moreel onzindelijk en gevaarlijk. Het gevolg was dat we allemaal stijf, doorzweet haar hadden dat in plukken overeind stond, bij sommigen grijs, want een van de overtredingen tegen de orde en het fatsoen die verschillende van deze moeders hadden begaan, was dat ze na hun veertigste kinderen waren blijven krijgen. Daarentegen waren de verpleegsters, de hoofdzusters en de directrice bijna nonnen, ongetrouwd of in elk geval kinderloos, en hun verheerlijking van Baby was zuiver. Ze dienden de zaak van het moederschap onbaatzuchtig, anders dan de karakterloze vrouwen voor wie ze verantwoordelijk waren, die waarschijnlijk aan seks hadden gedacht, of niet op de kalender hadden gekeken, en die geen kinderen verdienden.

Dus de moeders waren oud vuil en de vaders telden al helemaal niet mee, want de bezoekuren waren kort en het ziekenhuis was met de bus vrijwel niet te bereiken. Er waren geen openbare telefoons. Onze wereld was niet groter dan de kraamzaal. De baby's lagen afgezonderd in een babykamer een paar gangen verderop, waar de moeders niet mochten komen, en waar ze 's nachts de fles kregen en aan één stuk door huilden, zodat ze elkaar uit de slaap hielden. Overdag werden ze om de vier uur aan ons gegeven voor de borstvoeding, die hier plotseling voorgeschreven was en ook weer allerlei kleine overtredingen met zich meebracht, die te maken hadden met te veel melk, of niet genoeg, of het verkeerde soort tepels. Toen mevrouw de directrice haar ronde maakte zei ik dat ik geen borstvoeding wilde geven, maar gelukkig luisterde ze niet, want ze had aan de andere kant van de zaal iets gezien wat werkelijk alle perken te buiten ging: een vrouw met rode nagels. Ze beende kordaat naar het bed, tilde de hand van de vrouw op en smeet hem met afschuw terug: 'We voeden onze baby's hier niet met nagellak!' riep ze, terwijl ze triomfantelijk om zich heen keek en door de klapdeur de zaal uit stevende.

Hoewel ik er tamelijk zeker van was dat tot voor kort flesvoeding officieel het beste werd gevonden voor Baby, protesteerde ik niet nogmaals tegen het borstvoedingsbeleid, en dat was maar goed ook, want alles wat het verplegend personeel aan bezitsdrang in zich had richtte zich op mijn dochter. Toen ik haar terugzag herkende ik haar niet: ze droeg niet langer haar kap van bloed, maar had in plaats daarvan een Shirley Temple-bos blonde krullen op haar hoofd. Ze hadden niet alleen bij het badderen haar haar gewassen, maar het ook om hun vingers gewonden en wijd uit laten krullen. Elke dag had ze een ander kapsel, dat wisselde met degene die dienst had. Ik had een voorkeur voor de omhooggekamde nozemkuif met van achteren een soort kippenkontje, maar na die eerste keer maakte haar coupe niet meer uit: ik herkende haar moeiteloos, want de andere baby's waren allemaal zo goed als kaal.

Ze was het modelkind van de zaal: ze woog zes pond en vier ons, precies het toenmalige gemiddelde, ze was precies op de uitgerekende dag geboren, en haar lange haar – haar zonderlinge stralenkrans – was het uiterlijke teken van die staat van genade. Ik deed niet mee aan de idolatrie van de verpleegsters. Ik was onder de indruk van het simpele feit dat ze los van mij bestond, wat me des te meer trof omdat ik me altijd had voorgesteld dat de baby in mijn buik een jongetje was, hoewel ik nu besefte dat ik me helemaal geen baby van vlees en bloed had voorgesteld. Maar aan de andere kant gold dat ook voor alle anderen – mijn zwangerschap had zoveel toestanden veroorzaakt dat we geen van allen in staat waren geweest over het vervolg na te denken, dus nu moest Vic halsoverkop luiers, veiligheidsspelden, babyhemdjes, nachtponnetjes, sokjes en een zonnehoedje kopen, en mijn ouders, die nu plotseling grootouders waren, liepen winkel in winkel uit voor een kinderwagen die ook dienst kon doen als draagwieg, waar de baby in kon slapen als ik met haar naar huis kwam.

Maar wanneer zou dat zijn? Gefluister en speculaties waren de enige informatiebronnen, want op directe vragen kreeg je stomweg geen antwoord. Er werd gezegd dat ze je meestal een dag of vijf tot een week hielden, maar ze deelden je altijd pas een dag van tevoren mee dat je weg mocht, en dan belde de hoofdzuster je echtgenoot, of een nummer waar iemand een boodschap kon aannemen, zodat hij je kon komen ophalen, en je gewone kleren en schoenen meebrengen (die je in de kliniek niet bij je mocht houden). Opsluiting was het juiste woord, maar het was niet eenzaam. De gordijnen om de bedden werden alleen dichtgetrokken voor inwendige onderzoeken en de beddenpan – afgezien van de gordijnen van een van de bedden, die altijd dicht waren, omdat het dikke, trieste meisje dat daar lag een ongehuwde moeder was. Haar privacy was een teken van schande. Toen ik de fout beging tegen een hoofdzuster te zeggen dat ik weg moest om eindexamen te doen, werd me te verstaan gegeven dat ik *van geluk mocht spreken* (met een duistere blik naar de afgeschermde hoek) en dat de dokter (die wij nooit zagen) me zou ontslaan als ik daaraan toe was.

Ik had het beangstigende gevoel dat ze me daar zouden

houden om me te straffen. Er waren lege bedden en dan hielden ze je altijd langer, zei een vrouw die hier eerder was geweest, want ze wilden de indruk wekken dat ze het druk hadden. Deze vrouwen hadden erg weinig respect voor de mysteriën van de geneeskunst en vertelden bloederige verhalen over de incompetentie van de artsen. Een van hen had een keizersnede gehad en moest terugkomen voor een tweede operatie omdat ze een paar gaasjes hadden laten zitten. De jonge vrouw in het bed naast me was naar Crosshouses gekomen omdat er bij haar laatste zwangerschapscontrole iets vreemds was geconstateerd, maar pas in de verloskamer, toen ze al bevallen was van een zoon, ontdekten ze wat het was. 'Een van die lui zei: "Er zit nog iets,"' vertelde ze me, 'en toen zei die ander: "Het is een tweeling!"' Het waren haar eerste kinderen en ze vond het niet erg om een paar dagen langer te blijven om aan het idee te wennen, want ze woonde met haar man op een afgelegen boerenbedoeninkje en had niemand die haar kon helpen. Er waren meer oudere vrouwen die er zo over dachten, want hoe vreselijk ze het ziekenhuis ook vonden, ze genoten van de mogelijkheid gewoon in bed te liggen, vooral degenen met grote jonge gezinnen. Maar ik wilde niets liever dan daar weg. Ik was er al een week, mijn hechtingen waren aan het genezen, ik had een warm bad in zout water mogen nemen, het zou vast niet lang meer duren. Toen schoot mijn temperatuur plotseling omhoog. Ik had een infectie.

Na een paar koortsige dagen, waarin ik steeds gefrustreerder raakte omdat ik niet kon studeren – we voeden onze baby's hier niet met boeken –, niet meer sliep en 's nachts niet kon lezen omdat mijn lampje andere patiënten uit hun slaap zou houden, kwam een nachtzuster die ik nooit eerder had gezien en ook nooit weer zou zien als een goede fee aan mijn bed en zei dat ik me geen zorgen moest maken, zij was getrouwd en had kinderen, en het kón allemaal.

Maar niet in het volle daglicht (ze hielden haar in het duister). Ik moest weg. Ik verzamelde al mijn moed en zei tegen de dagzuster, terwijl ik mijn uiterste best deed kalm over te komen, dat ik als ze me niet ontsloegen op eigen houtje zou gaan. Ze ging met de directrice overleggen en kwam strijdvaardig terug. Dat kon niet, zei ze, ik was minderjarig. Dat kon wel, zei ik, ik was getrouwd. Dan had ik toestemming van mijn echtgenoot nodig. Niet waar, zei ik. In elk geval, zei ze, was ik niet gezond genoeg om naar huis te gaan, ik had een infectie. En waar had ik die opgelopen, vroeg ik vals. In dit smerige ziekenhuis. Ik ben thuis beter af. 'Als je weggaat,' schreeuwde ze driftig, 'wordt het je dood!' Maar zij mocht dan kwaad zijn, ik was nog kwader. 'Dan maar dood!' schreeuwde ik terug, en ze draaide zich abrupt om en beende weg.

De wijze vrouwen lachten en schudden hun hoofd: je moet ze niet zo tegen de haren in strijken, je kunt toch niet tegen ze op. Ik was geschokt en trots. Ik was nog nooit in bijzijn van anderen zo heftig tegen iemand tekeergegaan die niet bij mijn familie hoorde. Toen Vic en mijn vader me kwamen opzoeken, vertelde ik ze wat er was voorgevallen. Mijn vader zei dat hij ervan overtuigd was dat ze wisten wat het beste voor me was, en Vic twijfelde verschrikkelijk, want hij kon zich niet voorstellen dat iemand zou zeggen dat ik zo'n risico liep als het niet waar was, en hij wilde niet beloven mijn kleren naar binnen te smokkelen. Het kon me niet schelen. Ik had een nachthemd dat best voor een jurk kon doorgaan, mijn pantoffels waren degelijk genoeg en mijn besluit stond vast: als ze me de volgende dag de formulieren niet lieten tekenen, dan zou ik uit het wc-raampje klimmen, dwars door de weilanden lopen en naar Shrewsbury liften. Mijn dochter zou bij de kapsters veilig zijn tot we haar konden komen opeisen.

Vic en ik met Sharon

Ik had na mijn zoute bad mijn eigen haar al in de wastafel gewassen en zat te wachten tot het droog was toen een verpleegster me (met afgewende blik) kwam vertellen dat ze me zouden ontslaan en een recept voor antibiotica zouden meegeven, en dat de directrice mijn vader al had opgebeld. Ik kon weg.

Toen ik vertrok stonden ze kirrend over mijn dochter gebogen en zeiden tegen Vic dat het toch zo jammer was dat al dat mooie haar zou uitvallen, zoals bij alle baby's. (Het viel niet uit.) Sunnyside zag er prachtig uit; tijdens mijn afwezigheid waren de doorgeschoten, verwilderde rododendrons allemaal gaan bloeien – rood, paars, roze, wit. 'Nooit heeft de Natuur verraden/ 't Hart dat van haar hield...' Onzin natuurlijk, maar prachtige onzin. Nu zou ik op tijd zijn om het te citeren. Het was beslist veel gemakkelijker om een baby te krijgen dan om je te verlossen van de ballast aan fabeltjes die daarbij hoorden. Crosshouses was akelig,

303

maar ik had veel geleerd van het feit dat ze daar zoveel beter waren in morele zindelijkheid dan in lichamelijke. Van nu af aan zou ik de mensen nog versteld doen staan, ik zou mijn vrienden moeten tellen en terugvechten. Inderdaad, eerst voelde ik me nog trillerig en de baby kreeg last van haar maagje door de antibiotica, maar mijn infectie was snel over en haar buikpijn ook. Grootmoeder verwelkomde me alsof ik uit het dodenrijk was teruggekeerd, en in zekere zin was dat ook zo.

Achttien

Toen ik de baby aan mijn moeder overhandigde gaf ze haar direct terug, ze zei dat ze bang was dat ze haar zou laten vallen. Ze was nog maar tweeënveertig, had zelf nog wel een kind kunnen krijgen – ze zag er een stuk jonger uit dan sommige van die moeders in Crosshouses – en ze realiseerde zich weer waarom ze er geen meer had gewild, en voelde weer de angst voor de kwetsbaarheid van kinderen die ik me herinnerde uit de tijd dat Clive en ik klein waren. Iedereen was een beetje ontdaan toen de generaties zo door elkaar gehusseld werden, al merkte je dat bij haar het meest. Maar ze herstelde zich om een naam te kiezen. Sharon was een mooie naam, zei ze op dezelfde afwezige toon waarop ze mijmerde over paarlemoer; kwam die niet in de bijbel voor, de Roos van Sharon? En hij klonk ook romantisch, die naam die samen met rock en countrymuziek uit Amerika was overgewaaid: in 1960 werden honderden meisjes Sharon genoemd, hoewel we die naam tot dan toe vrijwel nooit gehoord hadden. Vics vader keek naar haar in de kinderwagen en zei: 'Ze is in elk geval een Sage.' Vics moeder, die een kleur kreeg van schaamte om hem, breide vestjes, sokjes, een dekentje. Mijn vader geloofde niet dat we het aankonden, hoewel het baden, verschonen en 's nachts opstaan ons best lukte. Hij had waarschijnlijk wel graag meer kinderen willen hebben, maar hechtte meer waarde aan mijn moeders meisjesachtigheid. Grootmoeder begroette de baby als een nieuw lid van de met een doem beladen blonde, blauwogige, vrouwelijke soort (gedoemd om met de vijand

Vier generaties op Sunnyside: grootmoeder, mijn moeder, ik en Sharon

te slapen, gedoemd om zich voort te planten). Oom Bill, die op Sunnyside verscheen met een koffer vol leren veters, de laatste restanten uit de voorraad van de Hereford Stores, ging op de *Daily Mail*s zitten, vroeg waarom we daar ons achterste niet mee afveegden en zei tegen mij dat het moederschap niet bij me paste. Vanaf dat moment waren zijn ideologische attenties gericht op Clive (die zelf oom was geworden en dat om te gillen vond), maar om zuiver politieke redenen, want hij viel niet op jongens.

Voor Bill behoorde ik tot het verleden, ik had de bus van de geschiedenis gemist en was teruggevallen in een fase van hersenloos baren. Net als het merendeel van de kameraden had hij erg conventionele ideeën over conventionele seks. Maar ik geloofde hem niet. Ik was geen realist, Vic en ik leefden in een andere dimensie van vrije fantasie die hij niet kon zien.

Toen ik op school kwam voor het eerste examen voelde ik me licht in mijn hoofd, hoewel mijn koorts was gezakt. Het was heel vreemd om daar terug te zijn in een zomerjurk en op hoge hakken, niet meer dan zes maanden later maar mijlenver weg, en toen juffrouw Dennis, de directrice, aan het hek verscheen en quasi-bezorgd vroeg of ik me wel helemaal goed voelde, of ik niet thuis hoorde te blijven, liep ik langs haar heen alsof ze enkel een personificatie van bekrompenheid was. Haar school was het regionale 'open' centrum, de grenzen die zij stelde hadden hun geldigheid verloren, je kon er gewoon overheen stappen. En alsof ze de overtreding nog wilde verergeren kwam juffrouw Heslop halverwege het examen binnen met een rammelend kopje thee met een voetbad, en ik dronk het leeg – hoewel ik er bepaald niet op zat te wachten, ik lekte al melk. Ongewild hielp juffrouw Dennis me veel meer; zij sterkte me in mijn overtuiging dat ik iets moest betékenen – al geloof ik niet dat ik helemaal besefte hoe vervelend mijn terugkomst, onbevreesd en onboetvaardig, voor haar was. Na die eerste dag negeerde ze me en speelde ik zonder haar hulp de buitenstaander, in een euforische stemming, schrijvend alsof mijn leven ervan afhing, en voelde me high in het besef dat ik nooit meer hoefde in te stemmen met het schoollied: '... dat is de schoo-oo-ool voor mij.'

Het enige examen dat ik had gemist was dus Frans mondeling en dictee, dat gehouden was terwijl ik in het ziekenhuis lag – wat ik niet zo heel erg betreurde omdat mijn gesproken Frans abominabel was. Het kwam niet bij me op dat ik naar de commissie had kunnen schrijven om uit te leggen waarom ik niet aanwezig kon zijn.

Toen ik jaren later schoolexamens nakeek, kwam ik altijd in commissies terecht die probeerden de rampen die van invloed waren op de prestaties van de kandidaten te kwantificeren. Eentje had op weg naar het examenonderdeel Engelse literatuur op het kerkhof haar grootvader aan een boom zien hangen. Hoeveel punten was dat waard...? Maar misschien zou een baby krijgen voor hen geen excuus geweest zijn en was de Commissie, die gelukkig niets van me wist, er dan alleen maar opmerkzaam op gemaakt dat ik een bijzonder geval was. Dokter Clayton vond dat zeker. Toen ik zei dat ik wilde ophouden met borstvoeding keek hij misprijzend maar schreef een kuur diuretica voor en daarna – twijfelend tegen mijn borsten duwend – nog een kuur, want hij probeerde ze tot vet te reduceren en hij begreep niet waarom dat niet lukte. Een bijwerking daarvan was dat ik op alle andere plaatsen spectaculair afviel en eerder mijn oude figuur terug had dan ik had durven hopen, plus nieuwe slanke benen, maar de wijkverpleegster zei dat ik die pillen maar niet meer moest slikken, wat de dokter ook zei, en toen ben ik ermee gestopt, hoewel ik wist dat Byron op die manier was afgevallen.

Een tijdje later ging ik bij dokter Clayton informeren naar voorbehoedmiddelen en bereidde me voor op een pijnlijk gesprek over verschillende methodes, maar ik had me niet druk hoeven maken, want hij zei alleen maar: 'Nu je getrouwd bent, zal je man dat wel regelen.' Dat kwam erop neer (want hij wist dat Vic maar een jaar ouder was dan ik en naar de gebeurtenissen te oordelen geen expert) dat hij me niet zou helpen zeggenschap te krijgen over mijn eigen vruchtbaarheid. In elk geval moet hij gedacht hebben dat ik nu hoogstwaarschijnlijk een echte armoedzaaier zou worden en meer kinderen zou krijgen, en in zekere zin eiste het fatsoen dat ook; ik was een soort nymfomane, en ik mocht niet de lusten hebben zonder de lasten.

Of vond híj het pijnlijk? Vast niet. We kunnen in dit verhaal niet meer doen voor dokter Clayton dan aannemen dat hij alleen maar een spreekbuis was van Whitchurch met zijn snobisme, morele onvermogen en hitsige dagdromen. Ik vroeg niet verder. Hoewel ik nog altijd vrij weinig wist over voorbehoedmiddelen, had ik met ontzetting het pessarium van mijn moeder bekeken dat onder in haar kleerkast lag en vastgesteld dat ik mezelf er in geen geval toe had kunnen brengen te vertrouwen op wat er beschikbaar was, en Vic had geen vertrouwen in condooms. Dus stopten we in plaats daarvan met seks. Of liever gezegd, we stopten met seksuele gemeenschap. Als de mensen in Whitchurch dat hadden geweten dan was er schande van gesproken, want het was een geloofsartikel dat een vrouw haar echtgenoot niet mocht weigeren waar hij 'recht' op had (en mijn zonde was groter, omdat hij het fatsoen had gehad om me niet met een kind te laten zitten). Al met al leek het of we het nooit goed konden doen, maar deze keer bleef onze zonde ons geheim.

We dachten – we praatten er nauwelijks over, hoefden er nauwelijks over te praten – dat we wel een uitweg zouden vinden uit deze impasse, maar naarmate de tijd verstreek werd onze intimiteit juist verdiept door onze heimelijke seksuele onthouding. We waren broer en zus. We vielen terug op amoeboïde liefkozingen – we praatten kleutertaal, en noemden elkaar bij flauwe, geheime naampjes (ik noemde hem Engerd, hij mij Oudje) die getuigden van onze schuldige onnozelheid, en we hielden een eindeloze eenstemmige dialoog gaande over andere mensen, ideeën en beelden. Achter dit alles school een intuïtieve angst die het gemakkelijk won van het gezonde verstand. Elke maand was ik ervan overtuigd dat ik, ondanks onze onthouding, door een akelig wonder zwanger was, en dan raasde en wanhoopte ik. Het premenstrueel syndroom werd nog niet serieus genomen, hoewel velen het uit ervaring kenden, maar al hadden we mijn gekte een naam kunnen geven, het lijkt me de vraag of we er iets aan hadden kunnen doen.

Vic had geduld met me en lachte me niet uit, want hij

zag hoe sterk mijn onredelijkheid was. De grenzen tussen ons waren voorgoed geopend, we gaven een nieuwe betekenis aan het idee dat man en vrouw één vlees zijn. Je kon dit soort alchemie terugvinden in boeken: '... om zich innig te verenigen en te smelten en samengesmolten te worden met zijn geliefde, zodat uit twee één gemaakt wordt'. Dit lazen we in Shelleys vertaling van Plato, die het Aristophanes in de mond legt, de enige verdediger van heteroseksuele seks in de *Symposion*, al laat hij het pervers klinken.

We sublimeerden dus onze behoeften, en dat verwijderde ons nog meer van onze vrienden. Ik had Gail terug – ze had me in feite nooit in de steek gelaten, ik had me schuilgehouden –, maar het was natuurlijk niet meer hetzelfde, onze wegen waren uiteengegaan en ik had weer iets te verbergen. Ze was *vreemder*, afwijkender en dominanter geweest dan Vic, maar nu had hij haar verdrongen. Hij en ik hadden elkaars vrienden erbij gekregen met een dubbel effect: in sommige opzichten leken we ouder dan onze leeftijdgenoten en wisten we beter wat we wilden; in andere opzichten bleven we jonger, want we zouden onze puberliefde met ons meenemen waar we ook heen gingen. De universiteit, was onze bedoeling, maar hoewel onze examenresultaten goed genoeg waren moesten we nog aan een plaats en aan geld zien te komen. In 1960 meldde je je aan bij zoveel colleges en universiteiten als je maar wilde, er was toen nog geen gecentraliseerd systeem. Maar allemaal vroegen ze een vertrouwelijke referentie van je school en ik kon na de prijsuitreiking in september wel voorspellen wat ze over mij zouden schrijven.

Vroeger zou ik dolblij geweest zijn als ik de keus had gehad om niet te gaan – als je al van school was kon het *in absentia*, dan lazen ze gewoon je naam voor – maar deze keer wilde ik beslist mijn prijs van het afgelopen jaar in ontvangst gaan nemen. De directrice leek op alles voorbereid: we werden toegesproken door haar voorgangster, juffrouw Lester, een gezette, populaire vrouw die carrière had gemaakt, en de tekst die ze gekozen had was de beroemde regel van Charles Kingsley: 'Wees goed, lief kind, laat anderen maar knap zijn.' Terwijl ik naar deze preek luisterde, voelde ik me heerlijk in mijn status van paria, maar ik was niet voorbereid op wat er daarna gebeurde. Toen ik over het vreselijke podium van het gemeentehuis achter de rij hortensia's langs liep om mijn boekenbon in ontvangst te nemen, zwol het matte applaus aan en begonnen mijn medeleerlingen te juichen. In de zes jaar dat ik op de Whitchurch Girls' High School had gezeten was dit het eerste en het laatste ogenblik dat ik populair was, en het was zoals de gymlerares vanaf mijn eerste jaar had gevreesd; ik gaf een slecht voorbeeld. Ik trilde en bloosde als gewoonlijk, maar om andere redenen, en was erg blij dat ik zo byroniaans was afgeslankt dat iedereen kon zien dat ik een zondares in de geest was, bijna gewichtloos en weldra vertrokken uit Whitchurch.

Dat bleek nog wel een moeizame weg. De meisjescolleges in Oxford en Cambridge stuurden mijn formulieren terug en lieten weten dat ze mijn aanvraag niet in overweging konden nemen, omdat ze alleen volwassen getrouwde vrouwen toelieten (volwassen betekende boven de drieëntwintig). Afgezien daarvan zouden ze me overal waar we ons inschreven graag en zonder voorafgaand gesprek willen aannemen. Het verhaal van juffrouw Dennis over mijn val – dat zoals een van die docenten die de toelatingen regelden me veel later vertelde, begon met: 'Lorna is aantrekkelijk en intelligent, maar...', en vervolgde met de waarschuwing dat mijn verlegenheid een verdorven karakter verborg – werd grif geloofd in de diverse secties Engels. Vic werd nog weleens opgeroepen om zich nader te verklaren (wat zijn studieplannen betreft) en zo ontmoette hij William Empson in Sheffield, waar we allebei heel graag heen wilden om aan zijn voeten te zitten. Maar dat mocht niet zo zijn: de onderwijsraad van Shropshire wilde mij geen beurs geven. Ze hadden geen probleem met Vic, ze hadden ook weleens geld gegeven aan jonge mannen die getrouwd terugkwamen uit militaire dienst voordat die werd afgeschaft; maar ze hielden nog altijd de beurs in van vrouwen die met mannen sliepen, al dan niet getrouwd – hoewel de beurzen binnen een paar jaar verplicht zouden zijn en ze hun beslissingsbevoegdheid zouden kwijtraken, wat ze geweten moeten hebben, maar ik wist het niet.

Daar had ik toch niet op kunnen wachten, ik werd gek van die verstikkende nachtmerrie, ik had geen tijd te verliezen. Als ik het nu niet deed, zou het plan aan de horizon verdwijnen en vervagen, boeken zouden alleen nog maar een hobby zijn en ik zou huisvrouw worden (wat ik niet zozeer als levenslang huishoudelijk gesloof zag, maar meer als levenslang machteloos doen alsof). Er waren ook staatsbeurzen zonder beperkende voorwaarden, maar dankzij Frans kwam ik daarvoor vijftien punten te kort. Maar er was nog een andere weg om in aanmerking te komen: sommige universiteiten hadden een eigen toelatingsexamen, met toelages ter waarde van wonderlijke bedragen als vijftig *guineas* per jaar, die door de staat werden aangevuld. Het eerste toelatingsexamen, in januari 1961, was in Durham (een gunstig voorteken), en we gaven ons op en gingen met de trein de Pennines over, verder naar het noorden dan we ooit geweest waren, en kwamen in de vroege middagschemering aan. We logeerden in verschillende colleges en deden het schriftelijk gedeelte in de schaduw van de kathedraal met zijn trage klokgelui dat zeurde als kiespijn. Alle gebouwen waren hoekig, scherp afgetekend, slecht verlicht en tochtig, met roodgloeiende radiatoren. Het was je tweede keus als je niet toegelaten werd in Oxford of Cambridge, maar de universiteitsgebouwen leken verwarrend krap en verspreid, alsof ze in de tussenruimtes van een andere instelling geklemd zaten, zo te zien van de kerk. Het was de eerste keer dat ik op een universiteit was, maar in de donkere uithoeken zat een pastoriespook verscholen dat in mijn oor fluisterde: 'Onsterfelijk, onzichtbaar... onderhoudsbijdrage...'

Het gesprek dat ik had maakte een einde aan mijn hoop dat ik daar een plaats zou krijgen. Professor Clifford Leech zat achterovergeleund achter zijn bureau, begroette me hartelijk en verwees me naar Nicholas Brooke, een schriele man aan de rand van de lichtkring van de bureaulamp. Hij was zo mager als een lat, gespannen, zijn stem scherp, ongeduldig, ironisch. Toen we over Shakespeare praatten (hij zat in mijn examenwerk te bladeren, op zoek naar iets wat hij niet kon vinden) en ik moeizaam probeerde nog eens te zeggen wat ik had opgeschreven, trok hij vragend een wenkbrauw op en gaf mijn ideeën terug aan hun werkelijke auteurs – *Hoeveel kinderen had lady Macbeth?* van L.C. Knights? Ja. En die begeesterde verhalen over de late stukken en omhoogzweven in onsterfelijkheid, was dat niet *Wilson* Knight? Ik knikte, met een rood hoofd. Het was een marteling om in persoon verantwoording te moeten afleggen voor wat ik had opgeschreven. Op papier was ik zeker van mezelf geweest, was ik iemand anders geweest – een heleboel anderen, bleek nu. Een bedriegster.

Hij vroeg naar moderne romans en ik noemde de betere die ik had gelezen, waaronder *The Masters* van C.P. Snow. Ja? Ik vond het ongeloofwaardig, ik had niet het idee dat universitair docenten zich zouden bezighouden met zulk kleingeestig, vulgair gekonkel. Mijn ondervragers moesten allebei lachen. Kennelijk vonden ze me bedroevend naïef. Ik belde mijn moeder vanuit een ijskoude telefooncel, op haar rekening. Toen ze opnam met de zeven maanden ou-

313

de Sharon onder haar arm (ze was een routineuze oppas geworden) zei ik tegen haar dat ik *kansloos* was.

Maar ik vergiste me. Het kruisverhoor in dat stenen studeervertrek was een vuurproef, bedoeld om na te gaan of ik een beurs waard was – en of het de moeite loonde om ter wille van mij de kloosterregels van de colleges in Durham te wijzigen. Toen ik juffrouw Scott tegenkwam op St. Aidan's, bleek ze tot dezelfde generatie te behoren als juffrouw Roberts, en ze had ook dezelfde nuchtere kijk op mijn vergrijp. Voortaan zou St. Aidan's vrouwen alleen nog maar wegsturen vanwege intellectuele tekortkomingen. Ze had een gevaarlijk precedent geschapen, maar dat deed ze zonder ophef; ze waarschuwde me alleen voor de afstompende bijwerkingen van het vele afwassen waarmee naar het scheen samenwonen met een man gepaard ging. Ze was geestig en vriendelijk, en streek koeltjes de vijftig guineas op die mij jaarlijks werden toegemeten voor niet nader gespecificeerde kosten en niet genoten lunches bestaande uit lauwe macaroni met kaas. Het maakte niet uit: mijn studietoelage van de staat werd vastgesteld op basis van het inkomen van mijn vader en dus kreeg ik een volledige beurs, net als Vic, voor wie naar het schamele salaris van zijn moeder werd gekeken. We waren rijk en konden een deel van de kosten voor Sharon betalen, die op Sunnyside zou wonen gedurende het studiejaar in Durham.

Ook zij had haar plekje gevonden. Zij en mijn moeder converseerden in de keuken: Sharon in haar kinderstoel, spelend met een kledderig mengsel van speeltjes en beschuiten op het blad, terwijl mijn moeder tegen haar praatte over de kat die weer iets had uitgehaald, of de vogeltjes voor het raam, of de mooie kleuren in het vuur, of de postbode die aan de deur rammelde, of Clive die rond theetijd de gang in kwam stormen – nog net zo wild als vroeger, al zat hij nu op de grammar school voor jongens. Ze leerde al heel vroeg terug te praten en een tijdlang leek het of ze zo tevreden was met haar leventje, zoals ze daar met haar eigenwijze vlechtjes zat te commanderen en beleefde gesprekjes te voeren, dat ze nooit de moeite zou nemen om te leren lopen. Ze hield meer van haar grootouders dan van haar zelden in levenden lijve aanwezige ouders; zij waren veel meer zoals ouders hoorden te zijn, zoals de ouders in prentenboeken – en ze was veel meer hun kindje dan ik geweest was.

Als Sharon sliep en mijn ouders onder de wol lagen, gingen Vic en ik ons amuseren in de rugbyclub met de zuiplappen en de boemelaars van de stad. In de maanden voordat we naar Durham gingen deden we weer mee aan het leven in Whitchurch, aan de louche zelfkant. Die winter had Vic rugby gespeeld in het team van oud-leerlingen, van wie de meesten, net als hun tegenstanders, minstens tien jaar ouder waren en meer dan honderd kilo wogen, en naast de littekens en blauwe plekken bezorgde zijn moed hem een zeker prestige. Eén keer had hij een flinke hersenschudding en herkende mij niet na de wedstrijd, hoewel ik aan zijn tedere glimlach kon zien dat hij ook wel van me gecharmeerd was als ik een volslagen vreemde voor hem was. Maar het beste van de oud-leerlingen was hun club, een sjofel prefabgebouwtje aan de rand van de stad, met stijf gesloten gordijnen met reclame voor Guinness erop, dat tot leven kwam als om halfelf de pubs dichtgingen. Daar heb ik leren drinken en roken. Vic had dat stadium al achter zich, en in het begin moest ik na een paar glazen gin met bitter lemon naar het toilet rennen om over te geven, maar door te experimenteren kwam ik erachter dat pure gin erin bleef. We werden allebei ook vrij goed in darts, wat in Durham van pas kwam – niet de universiteit, maar het andere Durham waar we woonden en waar parttime glazenwassers na sluitingstijd college gaven over het dialectisch materialisme.

Afgestudeerd aan de universiteit van Durham, 1964

Maar zelf waren we maar parttime buitenstaanders, schnabbelaars in het alternatieve wereldje. In Durham spoorden we elkaar aan om te werken, opgejaagd door het verlangen voorgoed weg te komen uit Whitchurch, en hoe dan ook steeds meer geobsedeerd door woorden, zodat we het uit liefde deden. Toen we Nicholas Brooke weer tegenkwamen, begreep ik niet waarom ik hem niet direct herkend had – dat briljante, dat theatrale, dat lichtelijk verbitterde (hij had het gevoel dat hij in Durham op dood spoor zat), de sigaret in de gekromde vingers, de wapperende zwarte toga... dit was mijn eerste mentor zoals ik hem nooit gekend had, in de kracht van zijn leven. We zouden uiteindelijk thuis raken op de universiteit, ook al stonden we vanaf het begin bekend als alternatievelingen en hadden we in de plaatselijke krant gestaan onder de kop DE SAGES DUIKEN IN DE LITERATUUR (met grote ogen een denkbeeldige toekomst in kijkend), naast een gewezen congregationalistische dominee van in de veertig uit Hartlepool. Ik stuurde

et knipsel aan mijn moeder, en die bewaarde het bij mijn
rieven, die geschreven waren als misprijzende berichten
uit een vreemd land ('In Durham zijn ze erg conservatief en
raditioneel, mannen hebben er de eerste rechten'), in een
choenendoos, samen met de foto die op de voorpagina van
le *Mail* stond toen we in 1964 afstudeerden.

We zijn alweer nieuws, want we zijn het eerste getrouw-
le stel van de leeftijd van gewone studenten dat tegelijk af-
studeert in dezelfde studierichting, en allebei met lof. Maar
leze keer staan we met Sharon op de foto en daar gaat het
eigenlijk om – ze is nu vier, en lijkt heel groot en heel wan-
rouwig. Deze foto fungeert als trouwfoto in ons verhaal.
Sharon is degene die verder kijkt dan het eind, niemand
schijnt nog te weten dat we in de jaren zestig zijn beland,
behalve zij misschien. Zij is de echte toekomst, zij vertelt
le wereld dat we de regels hebben overtreden zonder daar
le gevolgen van te ondervinden, en wat de toekomst ook
nag brengen, wij maken er deel van uit.

Nawoord

Toen de foto van de dag dat we afstudeerden in de kran
verscheen kreeg ik een brief van het meisje dat in Crosshou
ses naast me had gelegen, waarin ze me schreef dat ze zicl
nog herinnerde dat ik zo graag examen wilde doen en da
ze blij was dat het allemaal goed was gegaan. Ze stuurde m
een foto van haar gezin – zij had nu vijf kinderen: nog eer
tweeling, jongetjes, en een meisje – daar stonden ze dan
voor een klein huis met op de achtergrond een paar hecta
re miezerige Shropshire-weilanden.

Overleden: grootmoeder is in 1963 overleden en bij groot
vader op het kerkhof van Hanmer begraven. Kort daarna vie
de grafsteen om, ongetwijfeld doordat de grafdelvers er
steenhouwers hem hadden losgewrikt, al denk ik graag da
zij duchtig in de weer is geweest met grootvader, daar on
der de grond.

Vics vader is in 1967 overleden en de plaatselijke Jeho
va's Getuigen zullen wel een zucht van verlichting hebber
geslaakt, want de laatste tijd vroeg hij ze altijd binnen al
ze aanbelden en dan moesten ze urenlang op hun knieër
naar Kanaal 13 luisteren.

Vics moeder is in 1970 overleden, na een eenzame zenuw
inzinking waarbij ze de gekte en het gedrag van haar echt
genoot overnam. De doktoren zeiden dat ze vroegtijdig se
niel was, maar hier was eerder sprake van het mysterie van
het huwelijk. Ze herstelde en werd weer de verstandige, ge
duldige vrouw die we kenden, om ten slotte aan kanker te
overlijden.

Mijn moeder is in 1989 overleden na een beroerte (haar weede) en ligt in Hanmer begraven. Haar dood was voor mij aanleiding dit boek te schrijven.

Andere losse eindjes: Gail heeft een lerarenopleiding gevolgd en is in de kerk van Hanmer met Terry getrouwd, die ze op de academie heeft ontmoet en die ook wel wat van Paul Anka weg had. Ze hebben geen kinderen.

Ik heb juffrouw Roberts nooit goed leren kennen, al heb ik er spijt van dat ik er niet meer mijn best voor heb gedaan. Toen ze in 1960 met pensioen ging, heeft ze mij haar oga gegeven en het deed haar plezier dat ik in de jaren zeventig, niet lang voor haar dood, als recensente voor de *New Statesman* ging werken.

Mijn vader, die het erg moeilijk had – en heeft – met de dood van mijn moeder, woont bij mijn broer Clive en zijn gezin.

Clive is op zijn zestiende van school gegaan, is afgestudeerd ingenieur en werkt tegenwoordig als technisch adviseur, als hij tenminste niet zijn vrouw helpt in hun pub.

Sunnyside bestaat niet meer, of in elk geval zou je het niet herkennen. Het bleek een goede investering: in 1964 hebben mijn ouders de helft van de paddock verkocht aan een projectontwikkelaar, die twee half vrijstaande huizen en een bungalow op het terrein bouwde; en in 1988 hebben ze de rest van de paddock en de boomgaard aan een andere projectontwikkelaar verkocht, die er drie landhuizen in tudorstijl met dubbele garages op bouwde, met de bakstenen van de gesloopte stallen – mijn vader had zich uit de zaak teruggetrokken – en de biljartkamer, waardoor Sunnyside een gewoon huis met een tuin werd. Na de dood van mijn moeder heeft mijn vader in de jaren negentig ook het huis verkocht.

Toen Vic en ik uit Durham vertrokken, is Sharon bij ons

komen wonen, hoewel ze de schoolvakanties nog steeds b
mijn ouders doorbracht. Ze is nu getrouwd en heeft ee
dochter, Olivia, maar ze heeft met de familietraditie gebro
ken door dat allemaal pas na haar dertigste te doen, dus d
generaties volgen elkaar weer normaal op. Ik heb ook me
het patroon gebroken, want ik breng mijn kleindochter nie
groot.

Vic en ik hebben de jaren zestig overleefd, maar de pil e
de abortuswet kwamen te laat om ons seksleven te redde
en we zijn in 1974 gescheiden, al zijn we altijd vrienden e
collega's gebleven. Geen van ons beiden heeft daarna no
kinderen gekregen.

Ik ben in 1979 hertrouwd en daar hoort een verhaal bi
In de badkamer van het nieuwbouwhuis waar Vics ouder
woonden toen we elkaar leerden kennen stond een degelij
krukje met een van groen en naturelkleurig touw gevloch
ten zitting, dat Vics vader als arbeidstherapie uit een bouw
pakket had gemaakt, tussen de elektroshocks in de psy
chiatrische inrichting door. Toen ik in 1979 voor het eers
bij mijn nieuwe schoonouders in een effectenmakelaars
dorpje in de buurt van Londen op bezoek was, trok ik m
terug in een rustige badkamer en trof daar een krukje aa
met een gevlochten zitting van groen en naturelkleuri
touw. Er was in dit huis niets dat leek op iets dat ik va
vroeger kende, maar dit krukje was *precies hetzelfde*. Late
heb ik gevraagd of het badkamerkrukje een geschiedeni
had: eh... ja, zijn vader was in de jaren zestig overspanne
geweest en had het tijdens zijn herstel gemaakt, bij ar
beidstherapie, uit een bouwpakket.

Ik weet niet wat de moraal van het verhaal van het bad
kamerkrukje is. Misschien dit: het is verstandig een paa
losse eindjes voor lief te nemen, want ook al hangt in je le
ven alles met alles samen, daar ligt wel de waanzin.